ブッダ最後の旅をたどる

奈良康明

大法輪閣

はじめに

ブッダは齢《よわい》八十歳になり、生まれ故郷のカピラヴァストゥで死を迎えたいと願っていたようである。インドは王舎城（ラージャグリハ）を出発したブッダはわずかな弟子たちを連れて最後の旅に出る。ゆっくりした旅であった。今のパトナ市、当時は鄙《ひな》びた村であったようだが、ここでガンジス河を渡り、ヴァイシャーリーという大都市の近くで三ヶ月の雨季安居《あんご》を送っている。そして、クシーナガルで病が重くなり亡くなるのだが、旅する各地で珠玉のような説法をしている。

パーリ語の『マハー・パリニッバーナ・スッタンタ』は釈尊のこの最後の旅を詳細に述べたテキストである。原始仏典としては珍しいくらい臨場感がある記述で、最晩年の釈尊を知る格好の経典である。

本書は中村元《はじめ》訳『ブッダ最後の旅』（岩波文庫）に拠りつつ、最晩年のブッダの死出の旅を偲《しの》んだものである。

私はブッダを釈尊と呼び慣れているのだが、それは偶像化された「教祖仏陀」ではなく、偉大な宗教者である一個の人間として受け止めたいからでもある。もう可成り以前のことだが、嘗《かつ》てカルカッタ大学に留学していたころ、農村を旅行していてヒンドゥー教の行者に出逢った。挙措進退《きょそしんたい》に品格があり、知的な風貌に何とも言えないあたたかい人柄がにじんでいた。魅力的な雰囲気を備えた人だった。何時しか、私のなかでこの行者は釈尊ブッダのイメージと重なっていった。私なりのインドでの原体験の一つである。

それ以降、原始仏典を読んでいて「世尊曰く」などとあると、私にはこの行者の顔がでてくる。具体性があるものだから、私は彼に問いかける。彼はチャンと答えてくれ、そしてまた私は問いかけていく。こうして私は釈尊と「知り合」った。釈尊の説く生き方に私は多くのことを学び、戒《いまし》められ、反省もさせられている。喜怒哀楽、いろいろとある人生をめげずに、前向きに生きていくことも教えられた。私にとって釈尊はやはり生身の血の通った人間ブッダであるし、人生の師匠の一人なのである。

『ブッダ最後の旅』を読み進めるあたって、私はできるだけ釈尊、人間ブッダの心の襞《ひだ》に寄り添って理解したいと思った。本テキストには仏教の世界観がふんだんに示されている。教理的術語も可成り出てくるし、その解釈は示してある。しかしその教えが何故ここで説かれたのかという状況も大切だと思う。この姿勢は、先ず、仏教の宗教信仰としての意味と意義を明らかにすることに連なる。釈尊の教えの宗教性はその後の仏教思想の発展をみる際にも有用であるし、さらに私たちが現代を生きる際の指針となるものであろう。そして第二に、釈尊の言葉や行動は当時の古代インドの政治、社会、宗教、文化状況と深く関わっている。本テキストを読み進めるにあたって、この面も重視したつもりである。

このテキストはもともと私の主催する「仏典を読む会」で講義したものである。それを『在家仏教』誌が二年半にわたって連載して下さり、今度は大法輪閣がまとめて出版して下さることになった。単著として出版することを快く許可してくださった在家仏教協会の関係者、特に連載にあたっての協力を得た高梨和巨編集長、また大法輪閣の石原大道社長、編輯担当の谷村英治氏にお礼を申しあげたい。また最初にこのテキストを共に読んだ「仏典を読む会」のメンバーにも謝意を表したい。

本書はこうした多くの方々とのご縁と協力によって出来たものである。

平成二十四年八月一日

著者誌

ブッダ最後の旅をたどる　目次

装幀：Malpu Desien（清水良洋）

なお、本講義では、テキストとして中村元訳『ブッダ最後の旅─大パリニッバーナ経─』（岩波文庫）を使用しています。必要個所はそのつど抜粋・引用いたしますが、お手元に本書を一冊ご用意いただいて適宜ご参照くださいますと、より理解しやすいことと思います。

ブッダ最後の旅をたどる

① 『ブッダ最後の旅』を読む

釈尊を慕って

これから、釈尊《しゃくそん》の最晩年の説法を集めた『マハーパリニッバーナ・スッタンタ』を読んでまいります。テキストには、皆様にもおなじみの中村元《はじめ》訳『ブッダ最後の旅―大パリニッバーナ経―』（岩波文庫）を用います。

今回の講義のポイントとして三つのことを考えています。

お釈迦さんは八十歳になりました。侍者のアーナンダ（阿難《あなん》尊者）ほかの弟子たちと共に王舎城《おうしゃじょう》（ラージャグリハ）を出発して旅に出ます。おそらく故郷のカピラヴァストゥを目指されたのだと思いますが、ゆっくりと道を進めます。そしてクシーナガルで亡くなられるのですが、その途次で珠玉のようなお説教をされます。本書はその最後の旅の模様を述べたものです。

ご承知のように釈尊は人生の問題に悩み、出家修行し、悟りを開かれました。偉大な宗教者としての天分と努力があり、宗教的真実（法）を見いだして四十五年間にわたって教えを説き続けました。様々なことがありました。そして八十歳になられて最後の旅に出られた。途中のふとした言葉や感懐にも、それなりの思いがこもっているに違いありません。お説教も円熟した宗教的心情に支えられているはずです。

釈尊は何を考えておられたのだろうか。どういう思いを抱いておられたのだろうか。教えとして示された言葉はいわば氷山の目に見える部分です。その下にはそれを支えている眼に見えないものがあるはずで、そうした釈尊の心の奥に入り込んで釈尊を偲んでみたい、という気持ちがまず強くあります。

第二に、私は釈尊に、いわば、惚れている人間です。その教えを肯《うけが》っていると同時に、道元《どうげん》禅師の思想にも親しんできました。これは曹洞宗《そうとうしゅう》の僧侶としての私の経歴とも関わっています。そして、お二人の宗教世界には共通するものがとても多いと感じています。道元禅師は、釈尊以来の「正伝《しょうでん》の仏法《ぶっぽう》」を伝えているという強烈な自信をお持ちの方ですが、これは無論、禅師の宗教的理解と自覚の問題です。教理や教え、修道儀礼などに大きな違いはあるのですが、しかし、お二人の信仰や宗教的境涯をさぐっていくと、やはり、「法」、宗教的真実が一貫して伝承されていることが見えてきます。そこで「釈尊から道元へ」ということが、私なりのテーマの一つになっています。

ただ、「釈尊から道元へ」というからには、釈尊から順に発展して道元禅師に至る思想伝承のプロセスを示さなければなりません。その十分な準備は私にはないのですが、しかし、同じ仏教伝承の中における「釈尊と道元」ではどうか。そう考えますと、ある程度は可能に思えます。本書を読みながら、仏法に随順して生きる生き方をこの二人に問うてみたい、と考えています。

現代からのフラッシュバック

同時に、これは第三の視点ですが、仏祖の言葉を読むということは、文言を知的に教理的に読むだけのことではないと思います。別のアプローチがありえます。つまり、あくまでも仏祖の言葉の意味を肯《うけが》いながらも、現代に釈尊が生きていたら何と言われるだろう、道元禅師ならば何と発言されるだろう、と考える気持ちが強くなっているのです。

別な言い方をすれば、現代からフラッシュバックして、現代的な諸問題、たとえば平和や人権、環境、青少年の問題、生命倫理、あるいは自我やニヒリズムなどなどの問題を考えたい。現代に生きる人間として、二人の教えから何をくみ取れるだろうか。釈尊や道元さんならどう言われるだろうか。これは現代を生きるに際して、仏祖の教えをどう応用するかという問題でもあります。私は長らくこうした関心を自分にかかえてきていますし、二十年ほど前に出版した『釈尊との対話』（NHK出版）という本も、未熟ながら、そのような視点から書きました。

「いや、そんなものは関係ない、仏法の本義はあくまでも自己に向き合うことにある。社会のことなどどうでもいい」として切り捨ててしまうのも、それはそれで一つの姿勢かもしれません。禅のお師家さんなどによくみられる姿勢です。たしかに、仏法の本義がなくなったら仏教ではありません。

しかし、そうした純粋な形で仏法つまり真実に向き合え、と言うなら、私は現実の社会にどう生きたらいいのでしょうか。反対に、社会にばかり目を向けていたら、本当の自己に向き合うという仏教の本義から遠ざかる恐れもあります。やはり、仏法に向き合ってゆく方向と同時に、現代の社会に生きている人間としてどう考え、行為したらいいのか、という両面を、自分の中で一つのものとして考え、統合していかなければならないものでしょう。

それは端的に、釈尊なり道元禅師なりとの「対話」です。

仏法を私たちが肯ってゆく時には、一人ひとりの受けとめ方が違うはずです。だから私なら私なりに、「お釈迦さん、この問題をどう考えたらいいのですか?」と問いかけてゆく。釈尊の方から答えが出てくる。また問いかけていく。仏教者として誠実に生きようとしたら、どうしてもそうなります。そういう対話が、問う人が十人いたら、十の対話があっていい。そのように考えていますし、それこそが仏祖の教えの現代化だと思っています。

こうした視点から、このテキストを読んで行きたい、と考えています。

マハーパリニッバーナ・スッタンタについて

まずこの『ブッダ最後の旅』というテキストについての序論的な解説から始めます。

この仏典は、パーリ語で書かれたテキストです。原語は *Mahāparinibbāna-suttanta* で、これを分解すると、「マハー」「パリ」「ニッバーナ」「スッタ」「アンタ」ということになります。

「マハー」とは大きいと言う意味です。マハーヤーナと言えば大乗（仏教）のことですね。「パリ」とは完全なという意味です。「ニッバーナ」とは涅槃《ねはん》です。ふつうは「吹き消す」という意味で解釈され自我欲望が吹き消されて働かない状態、それがすなわちお悟りだというものです。ですからパリーニッバーナとは「完全な悟り」ということですが、ブッダの死のことをいいます。これには少し後代の教理的な解釈が関わっていて、悟りをひらいたブッダでも肉体がある以上、苦しみ、悲しみ、欲望などがなくなることはない。肉体が滅びた時に本当の悟りとなるのだ、ということで、つまり、ブッダの死をいう言葉となりました。これを「般《はっ》涅槃」と言います。

「スッタ」は経典、「アンタ」とは、最終のとか究極のという意味です。ですから原題を丁寧に訳すと、「釈尊ブッダの偉大なる死をテーマにした究極のお経」ということになります。

このお経には漢訳がいくつもあります。中村元先生の解説（岩波文庫本三一九ページ）によれば、年代順に、訳者不明の『般泥洹経《はつないおんきょう》』、『仏般涅槃経《ぶつはつねはんぎょう》』、『遊行経《ゆぎょうきょう》』、法顕《ほっけん》本『大般《だいはつ》涅槃経』と続きます。実は大乗仏教に同じ『大般涅槃経』という浩瀚《こうかん》な経典があります。道元禅師がしばしば涅槃経として引用しているのはこの大乗の『大般涅槃経』でありまして、『ブッダ最後の旅』とは別のものです。

『ブッダ最後の旅』は、八十歳になられた釈尊が王舎城を出て道を北にとり、旅立たれるところから始まります。地図をご覧ください。このテキストにはいくつも地名が出てくるのですが、それが現代のどこの地なのかは、必ずしもわかっていません。それでもおおよそのことは推測されています。

王舎城から当時の主要な交易路を通ってナーランダー、パトナを通り、そこでガンジス河を渡ってヴァイシャーリーで留まり、パーヴァーへ行き、クシーナガルで亡くなります。その道をさらに先に進んだとすると、ティラウラコットに至ります。お釈迦さまの生まれ故郷カピラヴァストゥは、おそらくティラウラコットにある遺跡だと言われています。

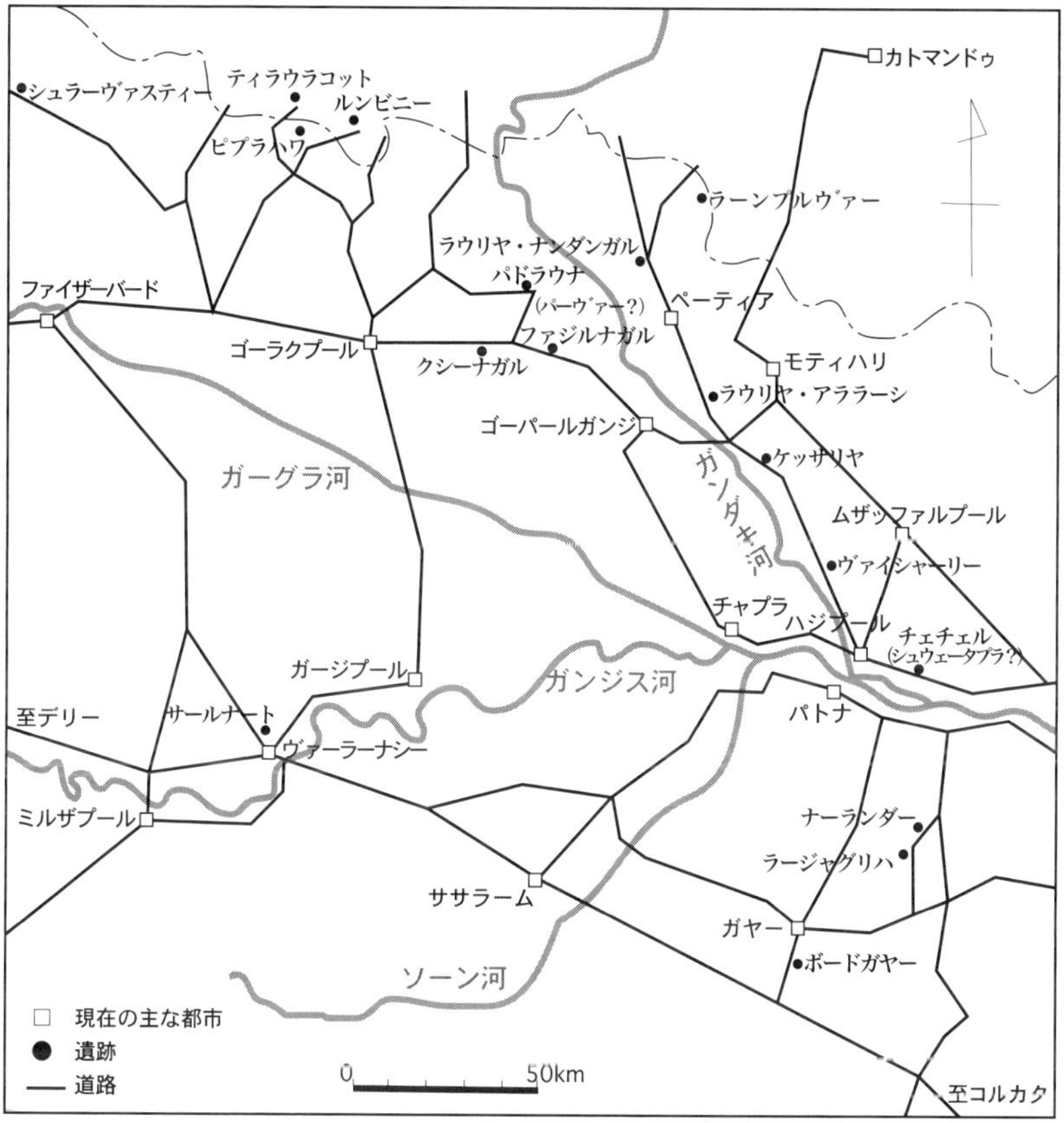

釈尊はアーナンダらごくわずかなお弟子さんを連れてゆっくり進み、途中の町や村で説法をされます。やがて病に倒れ、亡くなられてからのお葬式のことまでが書き込まれています。原始仏典としてはすぐれて臨場感に富む経典です。

釈尊の死後のことまで書いてあるわけですから、当然釈尊が自ら書いたというわけでありません。原始仏典の常として、釈尊の言葉や行動が弟子たちの記憶にとどめられ、それが後代にまとめられました。おそらく西暦前二世紀ないし前一世紀、アショーカ王時代の後のことでしょう。そうわかるのは、パトナが大きな町に発展するというのが暗示されていますから、実際にそうなった後にまとめられたものに違いありません。

人間釈尊

先ほど、涅槃とは自我欲望がなくなったことだと言いました。たしかに、自我欲望は私たちが真実を素直に、あるがままに受けとめることをさまたげます。例えば、「無常《むじょう》」という真実の働きを私たちは嫌だと言い、「常」なるものであれと固執します。真実を曲げるから、思い通りになるはずもないし、欲求不満の苦を生じさせています。だから自我欲望を無くせばそういうことはなくなるはずだ、「安心《あんじん》」が得られる、それが悟りだ、と早く言えばこういう受けとめ方を仏教では教えます。

しかし、生きている限り、自我がゼロになることはあり得ないものでしょう。仏典が「自我欲望を滅する」などというのは、「自我欲望そのものを無くす」ことではありません。「自我欲望を抑制して、悪い方向に働かない」ようにすることです。

ところが後代になると、釈尊は悟りを開いたのだから欲望もない、悩み苦しみもないはずだ、という考え方が出てきます。これは釈尊、仏陀の超人化の傾向に平行しています。しかし、原始仏典の段階では、悟りをひらいた後の釈尊にも迷いが生じています。例えば『相応部経典《そうおうぶ》』(『サンユッタニカーヤ』)の中に「悪魔の章」というのがあり、悪魔(マーラ)と釈尊との会話がいくつか並んで記されています。最初期の仏典では、悪魔は釈尊の心の中の悪しき思いを代表しています。釈尊という宗教者の心の中の善と悪との激突している状況が両者の会話という形で展開します。そういう文学形式だと言ってもいいでしょう。

例えば、悪魔は法を説く釈尊に、人により依怙贔屓《えこひいき》しながら説いているのではないかと問いかけています。つまり釈尊の心の中にそういう疑いが出てきたのでしょう。それに対して釈尊は自らを省み、いや、人気取りのためなどではない、慈悲心から分け隔てなく法を説いている、と言い返しています。

このエピソードで大切なことは、このすぐ後に「悪魔は、釈尊は私を知っている、見抜いている、と意気消沈し、憂《うれ》いに沈んで、姿を消した」という文章が続いていることです。悪魔の正体を見抜いている、ということは釈尊が自信を失いかけた心の迷いを迷いとして自覚し、それをのり超えて自信を取り戻したことにほかなりません。

別のエピソードも知られていて、悪魔は釈尊に「世の中が乱れ、争いが絶えない。還俗《げんぞく》して王位に就き、理想的な政治をしたらどうか」と誘いをかけています。あるいは、托鉢《たくはつ》で食べ物がもらえなかった時に「もう一回行ったらどう?」と出家比丘としてはルール違反になることをけしかけたりしますが、そのたびに釈尊は煩悩の声をきっぱりとはねのけています。

生身の人間でありながら宗教者として生きる人間釈尊の面目躍如というべきでしょう。

私は釈尊を「人間釈尊」としてとらえています。超人化された仏陀像の極致は真実、法（ダルマ）の具現者としての仏（法身仏）であり、それなりに肯《うけが》っています。しかし歴史的存在としての釈尊に関しては、私はあくまでも悟りをひらき、法に誠実に生きた人間としての釈尊に強く魅かれているのです。

釈尊の時代

釈尊の言葉を理解するには、釈尊がどのような時代、社会に生きておられたかを心得ておく必要があります。そこで、ごくごく大ざっぱながら、当時の歴史的状況を概観しておきましょう。

釈尊の生きられた前五～四世紀は古代インド史の激動期でした。

インドでは鉄の使用がおおよそ前八〇〇年頃に始まったといいます。鉄の使用により農機具やその他の道具（武器も含む）は改善されましたが、これは森林をひらいて農地をつくり、農産物の増大につながりました。手工業的な製品の増産にも大いに役立っています。富裕な土地を持つ地主も出現しました。

豊富に生産され、自給自足の範囲を超えた余剰生産物は商品化され、それを売りさばく商人という新しいクラスが出現してきます。水・陸の交易路は整備され、市場が出来、市場を中心に大きな町、都市が成立、発展しました。一定の品質の商品を大量に作る職人集団もそれぞれの組合を作り、都市の中やまわりに住むようになりました。

政治的には村落や町などを包含して国家が成立しました。その多くは部族国家で、釈尊のシャカ国もその一つです。部族国家は共和的な運営を特徴としていて、サンガ（saṃgha）と呼ばれていました。すべての物事は氏族の長が集まって話しあい、決定は投票に依りました。のちに釈尊が教団を作った時、サンガの運営方法をそのまま導入しています。比丘たちは全員平等で一票を持ち、一人でも反対があることはやらない。仏教教団がサンガ（僧伽《そうぎゃ》）と呼ばれるようになったのには、こうした背景があったのです。

一方、商人たちの隊商の安全を確保するために次第に武装集団が生まれ、商人たちと互恵《ごけい》の関係を保ちつつ、武士クラスが力を持ち始めます。この点は日本史の武士階級の成立と似ています。そして、彼らを中核として王国が成立しました。官僚制度と軍隊をもつ強力な政治勢力です。

仏典は当時「十六の大国」があったと記しています。シャカ国は南に隣接するコーサラという王国の保護国的存在で、釈尊の晩年ないし滅後間もない頃にコーサラ国に滅ぼされています。十六大国には入っていません。ヴァッジ人の国は部族国家で大国でしたが、ガンジス川を挟んでマガダ王国と対立していました。この『ブッダ最後の旅』は開巻早々に、マガダの大臣がヴァッジ国を攻めたいのだがと釈尊に相談し、よせと諫《いさ》められています。当時の政治情勢を反映しているエピソードです。

国々は互いに覇権《はけん》を争い、大国は小国を併呑《へいどん》していきます。中国は『春秋』の筆法をかりるなら、国々は「中原《ちゅうげん》に鹿を逐《お》」いつつ、次第に統一大帝国へと収斂《しゅうれん》していきます。それが前四世紀末に勢力をのばしたマガダの勢力マウリヤ王朝で、その第三代がアショーカ王（在位・前二六八?～二三二）です。

都市では旧来の農村とは異なる生活法や倫理、価値観が出てきます。資本家といってもいい大商人たちもおり、組合長たちも都市生活をリードしていたようです。コーサラ国の首都シュラーヴァスティーの南西にある祇園《ぎおん》精舎《しょうじゃ》が仏教教団に寄進された際のエピソードは有名ですね。資本家のスダッタ長者は精舎を建てるのに理想的な雰囲気のいい園林を見つけます。所有者のジェータ（祇陀《ぎだ》）太子に売ってくれと頼みますが、売ってくれません。交渉を続けているうちに、太子は「黄金をそこに敷き詰めても売らない」と言います。スダッタは「あなたは値段を提示したのだから、それが支払われたら売らなくてはならない」と逆手に取り、黄金を車で運び込んで地面に敷き始めます。長者の熱意に太子は園林を寄付しました。こうして出来たのが「祇陀（太子の）園林（に建てられた）精舎」、つまり祇園精舎です。地面に黄金を敷き詰めるということは、話半分にしても、莫大な資力を持つ資本家クラスのいたことを示しています。

うち続く戦乱で、多くの人びとが殺され、傷つけられました。殺伐《さつばつ》とした雰囲気が社会に満ちていました。宗教の面でも、バラモン僧の主導する生け贄《いにえ》を伴う祈願儀礼（供犠《くぎ》）が広く行われていました。釈尊は口を極めて供犠を批判し、止めるように指導しています。釈尊は後に次のように言っています。

殺そうとして争っている人々を見るがいい。武器にたよろうとするから恐怖が生じる。私がかつてショックをうけたその衝撃を述べよう。

水の少ないところにいる魚のように、人々が慄《ふる》え、争い合っているのを見て、私に恐怖が起こった。

（『スッタニパータ』九三五～六）

武器で殺されそうになって恐怖が生じるのではない。武器を振り回すことによって、自分も他人も不安な状況に陥っている。こうした状況に釈尊の心は傷付いています。生け贄の首が切り落とされるのを見て仏典は「なんと非道《ひど》いことを！」と叫んでいます。人や動物が殺されていくことに耐えられないという、当時としては新しい人間的な感覚が、釈尊の平和な慈悲の教えに連なっていることは疑いありません。

価値観の混乱

経済、社会、政治などの大きな変動に従って、人びとの価値観も変わってきています。

最古層の仏典『スッタニパータ』（九二〜一一五）には、祇園精舎における信者と釈尊との問答があります。信者から「破滅への門は何ですか?」と問われて、釈尊は十二の答えをします。例えば、「悪い人々を愛し、善い人々を愛することなく、悪人のならいを楽しむ」（第二の破滅）、「自らは豊かで楽に暮らしているのに、年老いて衰えた母や父を養わない人」（第四の破滅）、「おびただしい富あり、黄金あり、食物ある人が一人美味しいものを食べる」（第六の破滅）、「女に溺《おぼ》れ酒にひたり、賭博《とばく》に耽《ふけ》り、得るに従って得たものをその度《たび》ごとに失う」（第八の破滅）などです。

そして「世の中にはこのような破滅のあることを考察して、賢者、すぐれた人は真理を見て、幸せな世界を体得する」。これが釈尊の言葉として伝えられているわけです。こういう具体例が出てくるということは、それに類する現象があったに違いないのです。少なくとも、昔ながらの農村社会ではありえない混乱した状況だったに違いありません。

社会の変動に応じて、価値観が混乱し、新しい倫理も求められはじめた時代であり社会でした。そうした時に、釈尊は真実に従って真の自己を見いだす道を教え、不殺生を中核とする慈悲の実践を説き、互いに助け合うあたたかい人間関係を重視した教えを説きました。

縁起思想に基づく合理的な思考法は斬新なものでしたし、社会生活を行いつつも全体に埋没しないで個を尊重する倫理は魅力的であったでしょう。個を重視する姿勢は社会階層や職業の差を超えた人間平等の姿勢にも連なってきます。新しい価値観を求めていた当時の社会の上層部の人たち、特に都市に住む王族、商人たちや知的レヴェルの高いバラモンたちは進んで釈尊の教えを受け入れました。それだけ魅力的な教えだったに違いありません。

釈尊の教えは普遍的な内容を持つ、ひらかれた教えでした。当時の状況からいえば、都市型の新興宗教だったのです。

2 霊鷲山にて

「私はこのように聞いた」

それでは『ブッダ最後の旅』（中村元訳・岩波文庫）を読んでまいります。第一章「一、鷲の峰にて」。まず冒頭にこう書き出します。

わたしはこのように聞いた。あるとき……　（Ⅰ・1）

訳者の中村元先生はここにかなり長い説明を加えています。実は学問的に議論があるところで、つまりこの文章を「わたしはこのように聞いた。あるとき……」と訳すのか、「わたしはあるときこのように聞いた」という語順で理解するのか、ということで議論があるのです。たいしたことないようですが、わたしも実はそういう議論に加わったことがありまして、やりだすと面白いんです。

しかしここで確認しておきたいのは、そういう文献学的なことではありません。

ほとんどの原始仏典は「このように私は聞きました」、つまり、漢訳仏典の「如是我聞《にょぜがもん》一時仏在……」という同じスタイルで始まります。当時の偉い宗教者の話というのは、耳で聞いて心で覚えたものであります。紙や筆記用具がなかったということがありますし、聖者への敬意ということもあったでしょう。現代のインドでも聖者さんの話はほとんどノートをとりません。私がインド留学時代に、ジャイナ教の行者さんの話をテープレコーダーに録音しようとしたら、その場で世話役の人に止められました。理由は「尊いお説教をこんな黒い小箱に押し込めてはいけない」ということでした。

釈尊が当時どんなことばで説法されたかということは、実のところ、よくわかっていません。おそらく当時のマガダ地方の方言で話されたものであろうと推定されているのですが、とにかく、みんなが理解できるごく普通の言葉でお説法されたことは間違いないでしょう。ただ、たびたび出てくる言葉は、いつしか詩の形でまとめられたのだと思われます。これは、釈尊が実際そのように表現したのか、それとも聞いた人たちが覚えるためにまとめたのかはよくわかりません。

ただ、インドの人にとって普通の言葉を詩の形で表現するのはそう難しいことではなかったようです。インドの詩はシラブルの数と母音の長短の組み合わせで成り立っているのが普通ですが、現代でも、何かのストーリーを語るのに自ずと詩の形を取ることは良くあります。これは日本でも七五調とか、七七調とかでリズムを取る「語り口」があるのと同じです。

インドでは韻律《いんりつ》のリズムが多くの人に身についています。私がカルカッタ大学に留学していた当時の指導教授はS・セーン先生という方でした。サンスクリット語の散文の仏典を読んでいて、「おや、ここは詩だよ」などと言われ、あらたにそのつもりで読み直されると、見事に詩の形になっている。「ここは散文でなく詩の形にテキストを直すべきだ」などと言って、そのまま先に進んでいってしまう。私たちならテキストのこの部分は散文ではなく詩である、などと学会発表のテーマにもなるのですが、インド人には詩のリズムが身体にしみこんでいる面があります。

釈尊も普通の言葉で説法するうちに重要な表現、しょっちゅう使うフレーズなどはすぐに詩の形でまとめられたものと思います。

一つのフレーズが詩の形をとり、前に何度も使った言い回しが口をついて出てくるというのは、お説教をする人間にとっては楽なんです。それを言いながら、次をどう言うか考える余地ができるからです。同時に、聞いている人にとってはリズムがあるから覚えやすかったものでもありましょう。

詩のことを仏教の伝承では「偈頌《げじゅ》」といいます。仏典は偈頌の部分が古いのか、散文（「長行《じょうごう》」などといいます）で書かれている部分が古いのかという議論があるのですが、私は少なくとも原始仏典古層に関する限り、偈頌で書かれた部分が散文で記されている部分より古いと考えています。

どこまでが「金口の直説」か

釈尊の死後、弟子たちが集まって、その教えと律とを確認しあいました。これをサンギーティ、漢訳で結集《けつじゅう》といいます。その座長を務めたのが十大弟子の一人である大迦葉《だいかしょう》でした。

こんなエピソードが伝えられています。釈尊が亡くなった時に、近くを遊行《ゆぎょう》していた大迦葉はクシナガラに急行するのですが、その時、弟子の一人が「釈尊が亡くなって良かった、もうああしろ、こうしろと、うるさく言われないで済む」と発言したというのですね。大迦葉はその時に釈尊の教えと律をきちんと整理し、権威あるものとして残さなければならない、と決意したといいます。そして釈尊の葬儀が終わるのを待って、五百人の高弟を王舎城《おうしゃじょう》に集めて、経と律の結集、いわば編纂会議を開きます。

弟子たちのなかでいちばん多く釈尊のお説法を聞いていたのは、侍者《じしゃ》和尚の阿難《あなん》でした。そこで結集では、阿難が記憶の中から次々に教えを取りだして唱えます。集まっているお弟子さんたちの中で同じお説法を聞いたことのある人は、自分の記憶に照らしながら確認していって、違うと思ったらそれを指摘します。みんなでチェックしあうのですね。そして最後にこれが釈尊の教えだ、と確認できたところで、みんなで一緒に声を揃えて唱え、記憶にとどめました。

そうやって経典と律を編纂し、後代に伝えていったわけです。

その時の冒頭のフレーズが「如是我聞」です。ですからこの「我」はもともと阿難尊者のことです。阿難がお釈迦さまの言葉をこう聞きましたよ、という意味であると同時に、お釈迦さまの教えを今お伝えしますよ、というメッセージだったのです。

さて、ここまではわかるのですが、問題はこの後、新しく経典が作られるたびに、この「如是我聞」が必ず使われることになります。大乗仏教経典もそうです。

おかしいじゃありませんか。だって、大乗仏教というのは西暦前後から起こった新興の仏教改革運動です。その教えを生身のお釈迦さまが説いたというのです。

釈尊が直接に語られた言葉を「金口《こんく》の直説《じきせつ》」などとも言うのですが、原始仏典古層の部分には金口の直説が多く含まれています。しかし、釈尊の死後数百年経った大乗経典を釈尊が説けるはずがありません。

それでは、大乗仏典は釈尊の教えではないのではないか？

もちろん、こうした疑問は古くからありまして、日本でも江戸時代の学者・富永仲基《とみながなかもと》は、大乗仏教は非仏説である、などと批判しています。

現在の研究においては、この大乗非仏説という指摘は乗り越えられています。釈尊が直接説いたものでなくても、釈尊の悟りの内容がきちっと伝えられていれば、それは仏説だという理解です。ですから、表現は違ってもお釈迦さまのお悟りは厳として引き継がれているんだという主張がこの「如是我聞」にこめられている、とご理解ください。

母系家族流の名乗り

さて、本経典は次のように語り始めます。

あるとき尊師は王舎城の〈鷲の峰〉におられた。

そのときマガダ国王アジャータサットゥ、すなわちヴィデーハ国王の女の子《むすめ》、は、ヴァッジ族を征服しようと欲していた。（Ⅰ・1）

王舎城は当時の最強の王国だったマガダ国の首都です。交通の要衝とされ、釈尊が修行のためにここに出てきた時はビンビサーラが国王でした。有名なエピソードがあって、王は釈尊に還俗《げんぞく》して共に政治を行おう、と提案したといいます。そして求道《ぐどう》の強い意志を聞くと、悟りを開いたら私に教えを説け、と約束させたと伝えられています。後に王は釈尊の信者となり、しばしば霊鷲山《りょうじゅせん》にのぼって教えを聞いています。竹林精舎《ちくりんしょうじゃ》を寄進したのもこの王様です。

このビンビサーラ王を殺して王位を簒奪《さんだつ》したのがその子のアジャータサットゥ（阿闍世《あじゃせ》）で、『観無量寿経《かんむりょうじゅきょう》』の冒頭を飾るいわゆる「王舎城の悲劇」を引き起こした張本人です。浄土宗、浄土真宗の方にはおなじみでしょう。牢獄に幽閉され、食物を与えられないビンビサーラ王に、妃《きさき》の韋提希夫人《いだいけぶにん》は身体に蜜を塗り、米の粉をまぶし、装飾品に飲み物を隠して牢内に赴《おもむ》き、王に与えます。これを知った阿闍世は王も妃も殺そうとし、母親の韋提希夫人に「何の罪ありてかこの悪子を生める」と嘆かせます。

阿闍世王は後に改心して釈尊の信者になります。この『大パリニッバーナ経』では、改心した彼が国王の時のことという設定で書かれています。

阿闍世王の母が韋提希夫人で、ヴィデーハ地方の出身です。だから、阿闍世王は「ヴィデーハ出身の女《むすめ》の子」と書かれています。原語はVedehī-putta（サンスクリットではVaidehī-putra）で、韋提希というのはその音写語です。

「これこれの国ないし家の女性の息子」という言い方については、中村元先生が訳注に書かれているように、「インド原住民の母系家族制の影響」です。

部族社会

この「何地方、家（ないし）何某《なにがし》女の息子」という形式の人名は、実は、仏典に数多く出てきます。それを見ていくと釈尊の回りに集まってきた人びと、ということは仏教教団を支えた人たちの社会層を明らかにすることにもなるので、この問題を少し詳しくみてゆくことにしましょう。

釈尊には、「十大弟子」がいたと言われています。教団を支えた有力な弟子たちであったに違いありません。その名前と出身階層をみてみましょう。

クシャトリヤ：阿那律（天眼第一）Anuruddha
（シャカ族）：優波離（持律第一）Upāli
（　同　）：羅睺羅（学習第一）Rāhula
（　同　）：阿難陀（多聞第一）Ānanda
バラモン：舎利弗（智慧第一）Sāriputta（Rūpasārī-putta）
：目犍連（神通第一）Moggalāna（Moggalī-putta）
：大迦葉（頭陀第一）Mahā-kassapa（Pippalī-kumāra）
：富楼那（説法第一）Puñña-Mantānī-putta
：迦旃延（広説第一）Mahā-kaccāyana（Kaccāyanī-putta）

ヴァイシャ　：須菩提（隠遁第一）Subhūti

十大弟子の中の五人がインドの四姓《しせい》（ヴァルナ）制度におけるバラモン出身者であり、そのいずれもが「何某女の息子（-putta, -kumāra）」という名前を持っています。そのほかにも例えばサーンチーの仏塔に遺骨が祀《まつ》られている高弟たちにも同じ形式の名前を持った人名が知られているのですが、この現象を故岩本 裕《ゆたか》博士はおおよそこう説明されています。

釈尊の時代には四姓制度の観念が確立し、アーリヤ人（岩本博士はインド・アリヤン人と言います）の社会伝統の温存が強く主張されていた。同時に現実問題としてアーリヤ人はガンジス河中流域から東へ、南へと進出した。新しい植民地が開拓され、多数の原住民の間に少数のアーリヤ人が居住し、最初は母系制社会における結婚の関係、すなわち、現住民の女のもとにアーリヤ人の男が通う結婚関係が生じたに違いない。そして、アーリヤ人の社会の定着にともない、原住民の女性がダーシー（女奴隷）として同居するようになった。こうして混血が生じたが、正統バラモンたちは混血者を「堕落階級」として自己の世界観の中に包摂した。すなわち、ヴラーティヤ（vrātya）といって、バラモンやクシャトリヤの家系だが、それにふさわしい儀礼を行わずに「堕落した」バラモン、クシャトリヤであると理解した。つまり彼らはバラモンでありクシャトリヤだが、現実には義務は「シュードラと同じ」として位置付けたのである。そしてこうした混血のバラモンやクシャトリヤは、正当アーリヤ人の影響力が強いガンジス河中流域からみて辺境地帯に多かったし、釈尊の教団を支えた「バラモン」はこうした混血バラモンだったであろう、というのです（岩本裕『佛教事典』読売新聞社、昭和五十三年）。

ヒンドゥー世界の成立とその伝播

岩本説にはそのままには肯《うけが》い難い面もあります。例えば「インド・アリヤン人」という人たちが釈尊の時代にまで純粋な形でいたかどうかは大いに疑問です。ずっと早くから混血はすすんでいたに違いありません。原始仏典にも、アショーカ王の碑文にも、実は「アーリヤ」という言葉は出てきます。しかし、これはアーリヤ「人」ではなく、その人たちが中心にありながらも、様々な度合いで土着文化と混じり合っている「生活様式」とみるべきものです（D・D・コーサンビー博士）。

しかし、バラモンあるいはクシャトリヤと言われる人たちが純粋のアーリヤ人ばかりでないことははっきりしています。混血の人もおり、あるいは原住部族のままでバラモンやクシャトリヤとなったケースもあり、こうした状況は最近明らかになっているのです。シャカ族はクシャトリヤだ、だからアーリヤ人だ、などという大雑把な言い方があるのですが、注意すべきなのです。四姓制度がバラモン、クシャトリヤ、ヴァイシャ、シュードラという社会階層制度をいうものであることは多くの方がご存じでしょうが、実は、誤解が非常に多いんです。

西暦前一五〇〇年ごろから波状にアーリヤ人が民族大移動で西北インドに入ってきて、原住部族の人たちと接触します。

両者は万事に対照的なんです。アーリヤ人は父系制民族で、一方、原住部族は母系制です。アーリヤ人は放牧民族で、空を眺めて自然現象を擬人化した神様を崇拝しました。原住部族の人たちは農業を主としていた関係から、土地の豊穣《ほうじょう》を願う地母神《じぼしん》や山や川の神、コブラ神などを崇拝していました。

アーリヤ人のほうが高い生活文化を持っていましたから、当初は武力で原住部族を制圧し、奴婢《ぬひ》クラスとして自分たちの社会の下部に組み込みました。アーリヤ人の社会には未分化ながら僧職と武士、一般庶民の三クラスがありましたが、ここに原住部族の人たちが組み込まれてきて、これが四姓制度の始まりです。四姓のことをヴァルナ（varṇa）といいますが、ヴァルナとは本来、皮膚の「色」のことです。

しかし、アーリヤ人が勢力を伸ばして北西インドを手中に収め、さらに東進してガンジス河中流域に達する時には、武力は用いていません。主としてバラモン僧たちの呪術的観念と儀礼、そして高い文化が、あたかも水が高いところから低いところに流れるように、しみこんでいったのです。そしてアーリヤ人の生活文化を主体とする「アーリヤ」という生活様式が確定していったのです。

その間アーリヤ人と原住部族の人たちとの混血は不断に進んでいました。言葉も土着の言語の影響で崩れかかってきました。そうしたことからアーリヤ人の指導者の間に自分の伝統的な文化を守ろうとする傾向が生じ、その一つが四姓制度の理論化でした。

ヴァルナ・カースト制度の展開

皆さんは、インドには昔から「バラモン、クシャトリヤ、ヴァイシャ、シュードラの四階層からなるカースト制度があって」と理解されているのではないでしょうか。しかし、実はバラモン以下の「四姓制度」と今日のインドに二千数百あるカースト（インド語でジャーティ。生まれの意）とは、深く関わりつつも、分けて考えるのが正しいものです。

つまり四姓制度とは、バラモンたちが伝統的なアーリヤ人の社会の実態をある程度踏まえながらも、自分を最上位において人為的に作り上げたあるべき社会の理想像です。同時に様々な種族、部族、職業集団があり、宗教的浄不浄の観念に支えられながら成立した差別的な社会がジャーティ集団なのです。しかし四姓制度は世界のすべての人を包摂すべき理論で、だから「第五のヴァルナはない」などと言います。そこでバラモンたちは無数に成立していたジャーティを異なるヴァルナ間の雑婚によって成立した社会集団だと位置付けました。現代でも両者は関係づけて理解されている面があり、だから、インドのカースト制は正しくは「カースト・ヴァルナ制度」と呼べ（故荒松雄博士）という提案もあるくらいです。そしてジャーティよりもっと大きな社会グループは上に述べたヴラーティヤとして、四姓制度の中にあるが、シュードラと同じ扱いをすべき集団と位置づけたのです。

ですから、ここに「四姓制度」と、バラモン僧たちによる「宗教儀礼、祭式の独占」を特色とする特異な文化が成立しました。先ほど「アーリヤという生活様式」といいましたが、これを今、仮に「原始ヒンドゥー教」と名付けておきましょう。それは次第に東に南にと拡大し、非ヒンドゥーの人たちを包み込んでいきました。そこにはバラモンたちを中心とする魅力的な祭式、呪力、高度の知性があり、周辺の部族の人たちはそれにあこがれ、「原始ヒンドゥー教」を受け入れました。つまり「ヒンドゥー化」していったのですが、その際、四姓制度を取り入れることがヒンドゥー化の標識となりました。

このヒンドゥー化の過程において、小さな種族や職業集団はそれなりにカースト（ジャーティ）として位置付けられたことでしょう。しかし、社会的に大きな勢力を持っていたグループはどうなったでしょうか。宗教的職業を中心にしていたグループは自らをバラモンと称してヒンドゥー社会の一員となりました。土地を所有し政治的権力を持っていたグループは自らをクシャトリヤと自称してヒンドゥー社会に加わりました。

ということは、アーリヤ系の文化と土着系の文化が厳然と棲《す》み分けをして、上下にきれいに並んでいたわけではないのです。最初のうちこそアーリヤ系の人たちが主流を成していたかもしれませんが、しだいに土着系のバラモン、クシャトリヤというのが登場してきます。同時に、アーリヤ社会の脱落者が最下位のシュードラとされた例も知られています。

ですから、「原始ヒンドゥー教」と言っても、アーリヤ系の要素が強いものから、土着文化の色合いが濃いものまで、内容は様々であったでしょう。しかし、いずれもカースト制度（四姓制度）とバラモンの権威を認める「生活様式」だったのです。

四姓制度は確かにアーリヤ人が持ってきた社会の考え方ですが、アーリヤ人だからクシャトリヤで、土着民族だからシュードラということにはなりません。ラージプート族は中世の北インドや西インドにいくつもの王朝を建てたクシャトリヤです。本来、インドの原住部族とも、あるいは中央アジアからきた人たちだとも言われていますが、そういう人たちがクシャトリヤとしてヒンドゥー化したのです。また、インド南端のケーララ州のナヤール族は強大な支配者クラスですが、彼らがヒンドゥー化したのは十一世紀以降です。しかもバラモンたちは彼らを「シュードラ」と呼んでいたのです。こういう過程を経て全インドにヒンドゥー世界が広がっていったのです。

バラモンといっても、原住部族と深く関わっていたバラモンたちもいましたし、また、シャカ族やヴァッジ族という部族国家を形成していた部族がクシャトリヤだと言うのにも、こういう背景があったのです。

ヴァッジ族はガンジスを渡ったヴァイシャーリーからケサリヤあたり、今のビハール州北部を最後まで支配していました。明らかに部族社会であり、部族連合の国家でした。連合した部族の一つがリッチャヴィ族で、その首府がヴァイシャーリーです。ヴァイシャーリーは当時の要衝《ようしょう》であり、商業都市であり、豊かでした。この町の人びとと釈尊の親しい交流は仏典に種々に書かれています。また、釈尊と同時代のジャイナ教の開祖であるマハーヴィーラはリッチャヴィ族の出身で、釈尊と同じく「王子」と呼ばれています。つまりクシャトリヤだったのです。

ヴァッジ族の支配する地域の北部がヴィデーハ地方で、阿闍世王は「ヴィデーハ地方（国）出身の女性の息子」です。その阿闍世王がヴァッジ族の国を攻めようとします。マガダ勢力の全国制覇への一つのステップであったものでしょう。

そこで阿闍世王は大臣を釈尊に派遣し、その可否を問わせる、というのが本経典の出だしです。

3 国王に戦争を戒める

マガダ国王、戦争の可否を問う

物語はここから、最後の旅に出かける直前の釈尊とマガダ国の大臣との会話が始まります。

霊鷲山《りょうじゅせん》におられた釈尊のところへ、ヴァッサカーラという大臣がやってきました。マガダ国というのは今のビハール州の南のほうに当たります。同じビハール州の北、ガンジス川を渡ったところにヴァッジ族が住んでいる国があり、マガダ国のアジャータサットゥ（阿闍世《あじゃせ》）王はそこを「攻め……征服し、根絶し、滅ぼし……無理にでも破滅に陥れ」（Ⅰ・3）ようと思っています。そこで、いかがでしょうかと釈尊に意見を求めるのですね。

意見を求められた釈尊は直接にではなく、間接的な形でヴァッジ人の国を攻めることの不可なることを語り出します。

……マガダ国の大臣・バラモンであるヴァッサカーラは、一方に坐して、尊師に次のように言った。

「きみ、ゴータマよ。……マガダ国王アジャータサットゥ、すなわちヴィデーハ国王の女《むすめ》の子、は、ヴァッジ族を征服しようとしています。……」

そのとき若き人アーナンダは尊師の背後にいて、尊師を煽《あお》いでいた。そこで尊師は若き人アーナンダにたずねた。

「アーナンダよ。〈1〉ヴァッジ人は、しばしば会議を開き、会議には多くの人々が参集する、ということをお前は聞いたか？」

「尊い方よ。〈1〉ヴァッジ人は、しばしば会議を開き、会議には多くの人が参集する、ということを、わたくしは聞きました。」

「それではアーナンダよ。ヴァッジ人が、しばしば会議を開き、会議には多くの人々が参集する間は、ヴァッジ人には繁栄が期待され、衰亡は無いであろう。……」（Ⅰ・3-4）

釈尊は大臣に直接答えていません。まず侍者《じしゃ》和尚のアーナンダ（阿難《あなん》）にヴァッジ人たちは「しばしば会議を開くか」と訊《たず》ね、肯定する答えを引き出して、ヴァッジ人たちが正しい生活をしていることを確認します。同じように全部で七項目にわたってヴァッジ人の国の在りようを明らかにし、理想的な社会生活が守られている間は「滅びることはないよ」と一般論のかたちで、侵攻の非なることを説いています。

呼びかけの言葉

この七項目を「七不退法《しちふたいほう》」と言うのですが、その一つ一つについて述べる前に、ここに見られる「呼びかけ」の言葉について少し申し上げておきたいと思います。

どの言語でもそうでしょうが、人にどう呼びかけるかは当事者間の人間関係を示すので、会話の状況を把握するのにとても大切です。大臣は釈尊に「きみ、ゴータマよ」と呼びかけています。信者なら「尊い方（世尊《せそん》）」と呼びかけるでしょうから、ゴータマという名前を出しているのは信者ではないからで、むしろ幾分見下した姿勢が感じられます。

また、釈尊はアーナンダに「**若き人アーナンダよ**」と呼びかけています。

アーナンダは二十五年間、釈尊のそばに仕えていた人です。釈尊は教化活動を展開して何年か経った時に自分のシャカ族の国を訪れています。その時に出家した青年たちの一人がアーナンダで、年齢的には約一世代ほど違います。しかし、仮《かり》に二十歳ぐらいから侍者であったとすれば、この時はもう五十前後の年齢だったかと思われます。その人がなぜ「若き人」なのでしょうか。

ここの原語はアーヤスマン（āyasmant）です。サンスクリットのアーユシュマット（āyuṣmat）にあたりますが、このāyusは、阿弥陀仏が無量寿（Amita-āyus）仏といわれる時のāyusで、寿命という意味です。マット（-mat）というのは「持てる」という意味の接尾辞ですから、「寿命を持てる」という意味で、漢訳では、「具寿《ぐじゅ》」とか「長老」と訳されて通用してきた言葉です。

でも長老と言うと普通はお年寄りを想像しますよね。
それは漢訳者の誤解だ、と言い出されたのは中村元先生です。先生は現代のバラモンが自分よりずっと年下の人に向かってアーユシュマンと呼びかける場面に出会い、訊ねたところ、「これから生きていく年齢がたくさんある人」という意味であることを教えられました。年長者が若い人に向かって呼びかける言葉だというのですね。これはサンスクリットやパーリ文献の用例からも裏付けられることで、だからこそ、先生はここを「若き人」と訳されたのです。

個人的なことになりますが、筆者はインドに留学中、会議でインドに見えられた中村先生をお迎えしました。その時に先生が新たな発見だと言われて、このアーヤスマンの正しい解釈を嬉《うれ》しそうに語って下さったことを思い出しています。

その時、さらに、初転法輪《しょてんぽうりん》の地、サールナート（鹿野園《ろくやおん》）がしばしば「仙人《せんにん》堕処《だしょ》」と漢訳仏典に伝承されていることも誤りだと言われました。原語でリシパタナ（ṛsi-patana）（パーリ語でisi-patana）といますが、ṛsi は仙人、宗教的聖者です。パタナはたしかに〈落ちた〉という意味が普通の言葉ですが、ここでは「集まる」処という意味です。インドでは普通にそう理解されていると、いくぶん気負いこんだように教えてくださったのですね。

たしかに「仙人堕処」では意味が通りません。釈尊は宗教者が〈天から？〉「堕ちた処」ではなく、「集まっている」サールナートで、自らの悟りを説き、世に問うたものに違いありません。今日では、サールナートはインド政府考古局が管理して美しい公園になっています。

先生が晩年に、「だからインド学者はインドに来なければ駄目だ、文献が正しく読めない」としきりにおっしゃられた背景にあるエピソードの一つです。

衰亡なき七つの法

さて、釈尊はヴァッジ人の社会生活の在りようをアーナンダに質問の形で明らかにしてゆきます。

「アーナンダよ。〔1〕ヴァッジ人は、しばしば会議を開き、会議には多くの人々が参集する、ということを、お前は聞いたか?」

「アーナンダよ。〔2〕ヴァッジ人は、協同して集合し、協同して行動し、協同してヴァッジ族として為《な》すべきことを為す、ということを、お前は聞いたか?」

「アーナンダよ。〔3〕ヴァッジ人は、未だ定められていないことを定めず、すでに定められたことを破らず、往昔《おうじゃく》に定められたヴァッジ人の旧来の法に従って行動しようとする、ということを、お前は聞いたか?」

「アーナンダよ。〔4〕ヴァッジ人は、ヴァッジ族のうちの古老を敬い、尊び、崇《あが》め、もてなし、そうして彼らの言を聴くべきものと思う、ということを、お前は聞いたか?」

「アーナンダよ。〔5〕ヴァッジ人は、良家の婦女・童女をば暴力で連れ出し拘《とら》え留める(同棲《どうせい》する)ことを為さない、ということを、お前は聞いたか?」

「アーナンダよ。〔6〕ヴァッジ人は、(都市の)内外のヴァッジ人のヴァッジ霊域を敬い、尊び、崇め、支持し、そうして以前に与えられ、以前に為されたる、法に適《かな》ったかれらの供物《くもつ》を廃することがない、ということを、お前は聞いたか？」

「アーナンダよ。〔7〕ヴァッジ人が、真人《しんにん》（尊敬さるべき修行者）たちに、正当の保護と防禦《ぼうぎょ》と支持とを与えてよく備え、未だ来らざる真人たちが、この領土に到来するであろうことを、またすでに来た真人たちが、領土のうちに安らかに住まうであろうことをねがう、ということを、お前は聞いたか？」

（I・4）

一つ一つの問いに、アーナンダは「そのように聞いています」と確認し、最後に釈尊はそうした「生活が守られている間は、ヴァッジ人には繁栄が期待され、衰亡《すいもう》は無いであろう」と述べていきます。

こう教えられて、マガダの大臣ヴァッサカーラは、

（ヴァッジ人が）衰亡を来たさないための法……七つすべてを具えているなら、……戦争でヴァッジ族をやっつけるわけには行きません。——外交手段だの、離間策によるのでない限り——。

（I・5〔抜粋〕）

と述べて帰って行きます。

部族国家社会の在りよう

七項目あるので、これを「衰亡なき七つの法」（七不退法《しちふたいほう》）といいます。いくつかの重要な言葉の意味をひもどいてゆきましょう。

〔1〕の「**しばしば会議を……**」というのは、部族国家という政治形態にごくありふれた習慣であったと理解してください。というよりも、この七不退法というのは、背景を尋ねれば部族国家のありようをそのまま表現しているのです。

これは前回申し上げたのですが、当時は古代インドの激動期でした。かつては部族中心の国家しかなかったものが、経済上の種々の発展があり、商工業が盛んになり、市場が発展し、都市ができました。そういう新しい動きのなかで、従来の部族国家が解体され、封建的な君主制国家＝王国が生まれます。釈尊の時代というのは、ほうぼうに部族国家と君主制国家が散らばってお互いに勢力を争っていたのです。釈尊の国家は典型的な部族国家です。そしてこのテキストで話題になっているヴァッジ国というのも、部族国家の中で一番最後まで命脈を保った有力な部族国家なのです。

ですからこの七不退法のくだりは、正しい生活をしているから戦争をしかけたって滅びないよ、と言っているのですが、背景にあるのは部族国家の平和な在りようなのです。王国のように一番偉い人間が上から決めてしまうのではなく、各家々の長が集まって民主的に相談して物事を決めているのだということが、しばしば会議を開く、ということなのですね。

引用個所の〔2〕には「**協同して**」という言葉が出て来るとおり、王国のように職務分掌《ぶんしょう》していて上《じょう》意《い》下達《かたつ》で動くのではなく、一つの部族ですからあくまでもみんなが力を合わせて国を保っていたという国家の運営のあり方を示しています。

〔3〕の「**未だ定められていないことを定めず、すでに定められたことを破らず**」、伝統を重んじるその意味では新しいことをやらず、保守的な面があります。これが王国になりますと、新しい制度ですから、王様や大臣がこうやろうと言えば即断即決でそれが行われるわけです。そのへんの違いを押さえておかねばなりません。

〔4〕の「**古老を敬い**」というのは、家を中心とした部族の倫理が社会倫理にまで発展したものと言えます。

〔5〕は性倫理や婚姻の慣習が安定していて、女性が大事にされている社会だと言うことです。社会秩序を保つために重要な要素でしょう。

〔6〕の「**霊域を敬い**」の霊域の原語はチェーティヤ（cetiya）です。現代に残る仏教石窟、たとえばアジャンターなどに行きますと、そこには二種類の施設があります。一つは、ヴィハーラ（vihāra）、つまり僧坊《そうぼう》です。もう一つが礼拝堂《らいはいどう》、これがチェーティヤと呼ばれます。ですから七、八世紀のチェーティヤというと、建物があってストゥーパ（仏塔）や仏像を持つ礼拝施設のことで、「廟《びょう》」「祠堂《しどう》」などと訳されます。しかしそれは後代の発展であります。そこで中村先生のまとめ（岩波文庫本一九三ページ）を借りて、発展の順に次の四つの段階を確認しておきます。

チェーティヤとは、まずはじめに（一）死者の遺骨の上につくられた「塚」を意味しました。（二）トの塚の上に目印として植えられた樹木がある場所ということで「霊域」「霊地」の意味が生まれました。（三）そこに生えた木がおそらく当時の樹木崇拝とも関連して、いかにも厳《おご》かな雰囲気のある木を「霊樹」と呼ぶようになりました。そして（四）この木にはヤクシャつまり「樹神」が住むと言われ、これもチェーティヤと呼ばれました。

このヤクシャは原始仏典にしょっちゅう出てきます。漢字に音訳されて「夜叉《やしゃ》」と書きますが、一般的には人を食い殺す血みどろの恐ろしいイメージがあります。ヤクシャというのは文化史的には複雑なのですが、非アーリヤ系の部族の総称としても出てきまして、釈尊が布教していくなかでいくつかのヤクシャにサポートしてもらっているんです。そういう部族であると同時に、このヤクシャの女性型ヤクシニーは土地の豊饒《ほうじょう》を司《つかさど》る地母神としてしばしば造形されています。例えばサンチーなどの仏塔の門の所で斜めに門の桁《けた》を支えている美しい女性もヤクシニーですし、またマトゥラーの仏塔の玉垣《たまがき》（欄楯《らんじゅん》）などにも等身大の像が浮き彫られています。

チェーティヤという語にはこういう変遷があるということをまず知っておいてください。

本文に戻れば、この〔6〕では霊域としてのチェーティヤをヴァッジ人は大切にしているか、という問いかけであり、祖先崇拝を大切にしている現実を指摘しているのです。

そして〔7〕にある「**真人**」とは、アラハット（arahant）の訳語で、つまり阿羅漢《あらかん》です。尊敬さるべき人、一般の人びとからの供養を受けるに値する人、という意味で、仏教のみならず、ジャイナ教でも使います。ここは訳者の中村元先生が、阿羅漢と書いて仏教の修行者だけを意味すると取られないよう、真人という日本語を用いたのでしょう。

ヴァッジの人たちは、仏教のみならず、すべての宗教者への援助をしていたのであり、宗教を大切にする人たちでした。もっともインドでは、宗派に関わらず宗教者は大切にされており、そうした宗教的寛容性はインド宗教の大きな特徴と言えます。

国王が宗教者へ諮問する意味

さて、一国の王、それもマガダのような強大な王国の王が、出家者である釈尊に政治上のことで意見を求めるというのは、どういう意味なのでしょうか。興味あるところです。

阿闍世王がヴァッジ国に戦争を仕掛けることについて釈尊の意見を求めたことは、原始仏典の他の個所にも記されていますから、そうした歴史的事実があったと見ていいものと思います。

大臣はヴァッジ人の社会生活が正しく安定しているから攻めても無駄であると聞かされました。「それでは外交か離間策《りかんさく》でしか、滅ぼせない」と口にして帰って行ったというのですが、それは裏返すとかなり具体的にヴァッジ国攻略の策を聞きに行ったのか、という推定もなりたちます。渡邊照宏《しょうこう》先生は、「ヴァッジとの戦いが軍事的に得策か否か、出来れば敵方の防備についての軍事的な情報を期待していた」のだと推定されるのですが（『渡邊照宏著作集』第二巻、「涅槃への道―仏陀の入滅―」昭和五十七、筑摩書房）、筆者はこれはすこし無理だと考えています。釈尊は出家者ですし、政策的なことを訊《き》かれても答えようもなかったでしょう。戦争の是非を訊かれて、道義的、宗教的な面から答えられたものでしょう。アーナンダに質問するという間接的な答え方をしているのもそれと関係がありそうです。

今日のインドでも政治家が宗教者の意見を求めることはあり得ることで、ある州知事が政治上の問題について信奉する宗教者の意見を求めた例を筆者は知っています。週刊誌などは揶揄《やゆ》的に扱っていましたが……。インドで宗教者の意見を参考にすることは政策の諮問《しもん》ではなく、道義的なものです。問題性のある政策について宗教者が賛成してくれれば、一般への説得力が増すし、反対されればそれなりに受けとめる。いつもそうだと言うことではなく、たまたま深く信じ私淑《ししゅく》している宗教者に尋ねることはありうることです。

しかし、このエピソードは仏教の「出家修行者」が世俗の問題に関わる際の基本的な姿勢を示していて、重要なものと筆者は受けとめています。他の個所で釈尊は、戦争は「掠《かす》め取るものは掠めとられ、殺すものは殺され、怨《うら》むものは怨まれ、罵《ののし》るものは罵られ、怒るものは怒りを返されるものだから」（取意）と戦争への嫌悪感を表明し、国王に権勢欲を捨てよと説いています（『相応部経典《そうおうぶ》』Ⅲ・２・５）。為政者に平和の理念を説いているのですね。

釈尊の教え、仏教の肝要なポイントは（「老病死」の問題に象徴されるように）個人的苦の救済にあります。決して社会的救済ではない。しかし、社会的事象に目をふさいでいるかというとそんなことはないので、現に、釈尊はここで一国の王に戦争の不可なることを説いて、少なくともこの場は諦《あきら》めさせています。何を説いたかというと、釈尊が自分が育った部族社会の平和の在りようを、自らの宗教的信念の上に載せて説いているのです。

民主主義的で協和の精神で行う国家運営、よき伝統の堅持と安定した社会生活、祖先崇拝の重視、宗教的世界観の重視、といったことで、これは釈尊が他の個所で説いている教えそのものです。

仏教のその後の伝承において、政治家に献言した仏教者は少なくありません。筆者の関わりで言うなら、道元禅師も京都興聖寺《こうしょうじ》におられた時に『護国正法義《ごこくしょうぼうぎ》』を朝廷に提出したと言います。原本が残っていないので内容は不明ですが、仏法に基づく正しい政治理念とあるべき社会像を説いたものと想定されます。釈尊の阿闍世王への訓戒は、仏教者の社会への参画の在り方を示す最古の事例といっていいものだろうと思います。

漢訳仏典の中国的変容

ところで、中村先生は上述の七項目について、諸漢訳では儒教的価値観の影響を受けてかなり潤色または変更されている、つまり中国的変容を受けていることを指摘されています。これは仏教文化伝播の重要な一面を示しているので、すこし言葉を添えておきます。詳しくは中村先生の研究成果（中村元『ゴータマ・ブッダ』Ⅱ（決定版）pp.66-69）を参照して下さい。

一例を挙げますと、七不退法の〔2〕は「**協同して集合し、協同して行動し……**」でしたが、これが漢訳『遊行経《ゆぎょうきょう》』では「君臣は和順し、上下は相い敬う」となっているんです。部族社会には長幼の序あり、ルールはありますが、原則として上下はないのです。これは明らかに中国の儒教社会の反映です。あるいは、〔3〕「**未だ定められていないことを定めず……旧来の法に従って行動しようとする**」については、「法を奉じて、忌を暁《さと》り、礼度に違《たが》わず」という。忌というのはおそらく祖霊崇拝との関わりを盛り込んでいるのでしょう。〔4〕「**古老を敬い、尊び、崇め、もてなし……**」は、「父母に孝にして事《つか》え、師長を敬い順《したが》う」。インドでは親の恩という言葉はあるし、親を尊敬する観念はありますが、「孝行」という考え方はないのです。これはあくまで中国の価値観ですね。中国の文化伝承を受けてかなり読み込まれているんです。

それからもう一つ、漢訳者が無意識的に、あるいは意図的に、「誤訳」するということがかなりあります。無意識であれ意図的であれ、その誤訳が一つの基準となって、その後の中国仏教の思想発展の原点になった、という例がいくらでもあるわけです。それが一つの仏教思想の発展のポイントにもなるということもあるのです。

ということは、「なんだ、どこかで間違ってしまったお釈迦さまの教えを我々は信じているのですか？」と言われても、これはしようがないんですね。反面、むしろここが面白いのですが、中国なら中国の仏教者が苦労しながら「仏法」というものを学んでいく上で、たとえ誤訳を基にしながらも、今度はそれをきちんとした「仏法」の流れの上でどう位置づけ、解釈するかが仏教思想の発展に資したということもあるわけです。漢訳経典を読む際に心得ておくべきことの一つです。

さて、このヴァッジ族の七不退法は、部族国家の社会のありようを言っていると同時に、釈尊が自らの悟りを通してこれが正しい社会生活だと考えているものです。そして実は出家修行者の僧院での生活にも同じ理念が働いているのでして、本書は続いて出家修行者の心得としての「七不退法」を説いてゆきます。

4 修行者の心得を説く

修行僧への七不退法

前回はマガダ国の阿闍世王《あじゃせ》がヴァッジ族に対して戦争をしかけることの是非を釈尊に尋ねる場面（Ｉ・4）でした。釈尊は、ヴァッジ族は七つの伝統的な正しい生活方法（七不退法《しちふたいほう》）を今でも守っているから、攻めても無駄であると、婉曲にヴァッジ族征服の不可なることを説きます。ここには宗教者の教えが政治的権力者によって重んじられている事例を見ることが出来ます。仏教の宗教的権威と世俗の王権との関係は歴史的には幾多の変遷があるのですが、それは別の機会に詳しく触れる機会があるはずです。

この説示のあと、釈尊は今度は修行者への「繁栄が期待され、衰亡は無い七不退法」を説きだします。

汝ら修行者たちよ。衰亡を来たさないための七つの法を、わたしはこれから説くであろう。……

〔1〕修行僧たちよ。修行僧たちがしばしば会議を開き、会議には多くの人が参集する間は、修行僧らには繁栄が期待され、衰亡は無いであろう。

〔2〕修行僧たちが未来の世に、協同して集合し、協同して行動し、協同して教団の為《な》すべきことを為す間は、修行僧らよ、修行僧たちに繁栄が期待され、衰亡は無いであろう。
〔3〕修行僧たちが、未来の世に、未だ定められていないことを定めず、すでに定められたことを破らず、すでに定められたとおりの戒律をたもって実践するならば、修行僧らよ、修行僧たちに繁栄が期待され、衰亡は無いであろう。
〔4〕修行僧たちが、未来の世に、経験ゆたかな、出家して久しい長老たち、教団の父、教団の導き者《て》を敬い、尊び、崇《あが》め、もてなし、そうしてかれらの言は聴くべきであると思う間は、修行僧らよ、修行僧たちに繁栄が期待され、衰亡は無いであろう。
〔5〕修行僧たちが、のちの迷いの生存をひき起す愛執《あいしゅう》が起っても、それに支配されない間は、修行僧らよ、修行僧たちに繁栄が期待され、衰亡は無いであろう。
〔6〕修行僧たちが、林間の住処に住むのを望んでいる間は、修行僧らよ、修行僧たちに繁栄が期待され、衰亡は無いであろう。
〔7〕修行僧たちが、みずから心のおもいを安定し、〈未だ来ない良き修行者なる友が来るように、また、すでに来た良き修行者なる友が快適にくらせるように〉とねがっている間は、修行僧らよ、修行僧たちに繁栄が期待され、衰亡は無いであろう。
（Ⅰ・6）

釈尊は「説法の名手」とよくいわれるのですが、たしかに、判りやすく、相手に応じた教えをいろいろな譬喩《ひゆ》や比較を用いて説いています。ここでは前回の一般の人びとの正しい社会生活の在り方と出家

	ヴァッジ族の七不退法	比丘の七不退法
1	多くの会議	多くの会議
2	共同して集合し、行動し、なすべきことをなす	共同して集合し、行動し、なすべきことをなす
3	制定されざることを制定せず、旧来の法を受け継ぎ行動する	制定されざることを制定せず、制定されたことを破らず、制定された戒律に従う
4	古老たちを尊敬し、その言を聞く	長老、指導的比丘たちを尊敬し、その言を聞く
5	良家の婦人・少女を連れ出し強引に住まわせない	再有をもたらす渇愛に支配されない
6	霊域を尊重し、供物を廃止しない	森の坐臥処を好む
7	宗教者を尊敬し、保護し、領内にやってきて住むことを望む	修行僧が念を保ち、良き修行者が来て、快適に住むよう願う

者のサンガの在り方を比較して説いているのですが、両者のポイントを並べてみましょう（上記参照）。驚くほど似ています。

出家者と在家者の正しい生活を意図的に並べていることは疑いありません。しかし、両者の間に釈尊が共通して強く感じ、意図しているものがあることも間違いないことでしょう。それは何だったのでしょうか。

前回に詳しく述べたように、釈尊のシャカ族は部族国家でした。そこで子供の時からなじみ、育ち、身について覚えた生活、それをこそ釈尊は正しい社会の在り方と受け止めています。協調して働き、調和を尊び、メンバーが平等で、平和裡に暮らす生活、今日の民主主義的社会の理想に近いものを、釈尊は自らの育った社会の在り方に学んでいます。今日のイズムとか、主義主張の問題ではなく、身についた社会の在り方、それをこそ、釈尊は基本と考えていたものでしよう。

だからこそ、釈尊は次第に大きくなる出家修行僧たちの「僧団」（サンガ）に部族国家の運営方法を導入しています。

僧団と教団

各条項を検討する前に、「サンガ」という言葉の用法を限定しておきたいと思います。

サンガ（saṅgha）とは、もともと、群れ、集まり、会合、集団などを意味する言葉です。さらに具体的には部族国家もサンガと呼ばれました。経済活動を行う組合（ギルド）もサンガです。そして釈尊が部族国家の運営方法を取り入れたことから、仏教教団もいつしかサンガと呼ばれるようになりました。ですから、サンガとは仏教教団のことですし、漢訳仏典では「僧伽《そうぎゃ》」と音写されました。

仏教の術語としてのサンガは元来、出家修行者つまり比丘、比丘尼《に》の社会集団をいうものです。だから「仏法僧」の三宝《さんぼう》の「僧」は僧伽のことで、仏法を修行し、法を受け継いで、それを教える者の集団を指します。ここから個人としての出家者も「僧」というようになったのです。

しかし、出家者のみでは教団は維持されません。教団を護持する在家者もいますし、とくに信仰告白した在家信者たちも教団を構成する重要なメンバーです。彼らは優婆塞《うばそく》（upāsaka）、優婆夷《うばい》（upāsikā）と呼ばれ、「かしずく人」というほどの意味の言葉です。比丘、比丘尼、優婆塞、優婆夷をまとめて「四種」サンガなどと呼んでいます。

これとは別に比丘・比丘尼になるための具足戒《ぐそくかい》をうけ得る二十歳前の出家者に沙弥《しゃみ》(Śrāmaṇera・sāmaṇera)と沙弥尼《しゃみに》(śrāmaṇerī・sāmaṇerī)がおり、いわば見習い僧・僧尼です。さらに女性の場合には、受戒の前の二年間は六法戒を守る正学女《しょうがくにょ》の過程を経ます。教団組織が確立し、律の規定が明確になった時にはこのように定義づけられて、合わせて「出家の五種」などといい、さらに、優婆塞・優婆夷を含めて「七種」などといいます。

律の規定もさることながら、現実の問題として、出家者集団と在家信者集団とはいろいろな点で異なっています。前者は凝集力ある、それだけで自己完結している集団です。これに対して信者層は、信仰告白した優婆塞や優婆夷にしても、それぞれのカーストを出ていませんし、ヒンドゥー世界の社会慣行や儀礼と密に関わっています。ですから、共にサンガと称していると説明が複雑になります。そこで出家者集団を意味する時のサンガを、最近はそう呼ぶことが多いものですから、「僧団」と呼びましょう。そして、在家信者を含んだサンガを広く「教団」と呼ぶことにしたいと思います。

前回の「七不退法」は教団の外延にいる在家信者たちへの教えであり、今回の「七不退法」は原始仏教僧団の在り方を説いているものです。

僧団における集会

まず〔1〕と〔2〕は互いに連関しています。

原始仏教僧団の体制が確立した時代には、同一の地域(「界」)に住む僧団のメンバーは「布薩《ふさつ》」や「羯《こん》磨《ま》」を協同して行うことになっています。

僧団のメンバーは月に二回、新月と満月の日に集まって、長老が律の条項（「戒本」といいます）を読み上げます。それを聞きながら、この半月の間に自分がその条項に違反した行為があったと思う者は自分から大衆の前で告白し、許しを請います。長老比丘がこれに対して訓戒し、罪が許されたことを宣言する。これが「布薩」です。これはそう重大な過失や違反ではないかぎり、個々の修行者が自ら反省し、公表し、許しを請うと同時に、今後このような過ちをしないようにしますという自発的な懺悔《さんげ》の意味があったものです。

また、僧団として重要な事柄を決定する際にも全員が集まり相談しています。例えば不届きな行為のあった者に罰を課する時とか、新たな入団者を受け入れる時などです。会議の進行を担当する者が「こういう事柄があり、こうしたいと思うがどうか」と問題提起します。現代の私たちの方法では賛成とか反対といった言葉が出てくるわけですが、当時は、賛成するならば黙っていることになっていたようです。声を出すのは反対の時だけです。一回で決めることもあるし、新人の出家を許すか否かのような重要な問題の時には三回可否を問うことになっていました。そして最終的に反対がないことを確認して、事が決定されました。これを「羯磨」というのですが、原語はカンマ（kamma）で、サンガ（僧団）として「なすべき事」の意味です。

また、三カ月続く雨安居《うあんご》の最終日には「自恣《じし》」という儀礼が行われました。雨安居期間中になした自分の行為の正不正を反省すると同時に、新しい衣の寄進を受ける儀式です。雨安居解散の儀式といってもいいでしょう。

特徴的なことは僧団の全員が等しく一票を持っていたことで、投票も行われました。全員一致というのはなかなか難しいこともあったに違いありませんが、しかし、律を尊重する精神と、修行者としての自覚、そして和合の精神から個人的な好悪での判断は自ずから控えられ、全員賛成をもって事が決せられるという基本方針でそう困難なことはなかったようです。

長老を尊び、その言を聴く〔4〕ということも、意見が異なった時など、自ずと長老の発言に重きが置かれたこともありえたでしょう。ただし、僧団の中では権利の面では全員が平等で、座席の上下は「法《ほう》臘《ろう》」、つまり出家してからの年数、によることになっていました。

仏の制定されたことを変更せず

〔3〕の制定せざることを制定せず、制定されたことに従う、というのは戒律に関わる事柄です。こういうエピソードが伝えられています。釈尊が亡くなられた後、説かれた経と律を確定しようと、五百人の長老たちが集まりました。いわゆる第一結集《けつじゅう》です。

侍者《じしゃ》和尚のアーナンダ（阿難《あなん》）が「私はこのように聞きました」と釈尊の言葉、釈尊の説かれた経を語り出します。みんなが回りで聞いていて、初めて聞く人はそんな説法があったのかと受けとめ、前に聞いたことのある人は反芻《はんすう》しつつ、違うところがあれば指摘し、釈尊はこう説かれたということを確定して、最後にみんなで声を揃えて唱えました。これを結集（サンギーティ）といい、原語の意味は「ともに歌う」ということです。筆記して記録するなどという便法は未だない時代ですし、みんなで唱えて記憶の底にとどめたわけです。ちなみに、阿難が教え（経）を唱えたのに対し、律を唱えたのが持律第一といわれたウパーリ（優波離）です。

律の確定作業が終わる頃になってアーナンダが、思い出したように、「小小戒」は僧団が望むなら捨ててもいいとお釈迦さまは言っていたよ、と言い出すのですね。「小小戒」、つまり小さな小さな戒といいますから二次的な重要性しか持たない律なのでしょうけれども、これが大問題となった。「じゃあその小小戒って具体的に何だ？」と聞かれて、アーナンダは「いや、そこまでは聞いていない」と答えるものですから、長老たちからこっぴどく怒られました。最後には釈尊にその内容を聞いておかなかったことの罪を認めて、懺悔《さんげ》させられているんです。さんざんもめた揚げ句、まとめ役の摩訶迦葉《まかかしょう》尊者が結論を出します。「私どもは釈尊が決められた律をそのまま守り、新しい律は作らない」（『ヴィナヤ』Cullavagga XI,1,9）。それがこの七不退法にある「制定されざることを制定せず、制定されたことを守る」ということです。

これは戒律の受容、特に原始仏教時代から今日の東南アジアにおけるテーラヴァーダ仏教の伝承において、きわめて重要な意味を持っています。

律は修行者の行為を規定するものですが、地域により、また時代や社会の変遷、発展にともなって、決められた通りに実行することが難しいことが生じてきます。釈尊の在世の時でも、まだ仏教が広まっていない地方を布教する際には、新しく比丘を受け入れるのに必要な十人のメンバーが揃っていないこともしばしばあったわけです。また、土地や気候の関係で、裸足では生活できない地方もあります。こうした事柄が出てくると、釈尊は現場に即した方法を例外的に許しています。しかし釈尊が亡くなった後では、誰がその変更を許すのでしょうか。ここで拠り所となったのが上の言葉なので、律は釈尊が制定されたものはあくまでも守り、新しい律は作らない、という大原則がここに打ち出されたのです。

ですから、出家者は金銭を身につけてはならない、という律は貨幣経済が一般化してくるとたいへんに不便なきまりになります。しかし、今日でも、テーラヴァーダ仏教の高僧たちが国際会議などに参加する際には、在家者のお伴がついてきて金銭的な事柄を処理します。しかし、一人で外国に留学している比丘さんたちは自分で処理します。規則を破らざるを得ないのですが、無視するのではなく、「例外」として処理するのですね。原則は曲げないいんです。

だからこそテーラヴァーダ仏教では、釈尊から二千数百年たち、アジアや全世界に広まっていても、三衣《さんね》一鉢《いっぱつ》、律に規定された生活様式の順守などの原則が守られています。形式主義だという批判はあるのですが、しかし、少なくとも形式面においては、僧団の生活が世俗化することにチェックがかかっています。この点、律より戒を重視する大乗仏教の伝承には、一たび修行者としての矜持《きょうじ》と自覚が失われた時には、どこまでも堕ちて行くのか歯止めがかからない、という面があるのですね。この戒と律の違い、その意味については、また別の機会に詳しく申し上げます。

遊行生活から僧院定住生活へ

〔5〕と〔6〕は修行者個人の生活に関わっています。欲望を抑制して悟りを目指す生活を送ることは出家者の基本ですし、それをあらためて「不退法」の一項目として加えているものです。そして欲望を

抑制するためにこそ「林間の住所」に住むことが推奨されています。

しかし、森や林の坐臥処《ざがしょ》を好む、ということは規定が整った僧院での生活とは相容れません。ここには最初期の仏教僧団の生活様式に関して重要な変化が介在しているのです。

釈尊は沙門《しゃもん》として出家しました。沙門とはサマナ（samaṇa・梵語はシュラマナ śramaṇa）の音写語で、当時の東インドに多く見られた一群の出家修行者の総称です。無所有に徹し修行に専念する純粋な出家修行者というイメージが日本の仏教者にとっては新鮮な響きがあったのでしょう。弘法大師《こうぼうだいし》は自ら「沙門空海《くうかい》」、道元《どうげん》禅師は「入唐《にっとう》沙門元」などと自署していますし、澤木興道《さわきこうどう》老師も「沙門興道」と書いています。

その沙門の生活様式として四つの特徴を挙げることができます。樹下座《じゅげざ》、托鉢《たくはつ》、糞掃衣《ふんぞうえ》、陳棄薬《ちんきやく》で、これを総称して「四依止《しえじ》」といいます。出家修行者の衣食住そして薬に関する依りどころの意味です。このうちの樹下座が、七不退法のここで言っている「林間の住所に住む」ことに当たります。なにも樹の下に限りません、洞穴の中でもどこでもいいのですが、とにかく屋根のあるところに住まないこと、つまり文字通りの意味で家を出た生活であり、だから「出家」者なのですね。

ですから、釈尊を中心とする最初期の僧団は、草に寝、樹下に臥す遊行生活でした。しかし、いつの頃からか屋根のついた小屋に住むようになりました。その契機になったのはインド特有の雨季だと考えられています。インドでは酷暑の夏の後に三カ月の雨季が続いてきます。北インドではおよそ六月中旬から九月中旬の間です。スコールが二、三回来る日もあり、日本の梅雨のような静かな雨が一日中降り続く日もあります。大雨が降ると道が流れてしまうこともよくありますし、外出には不向きの季節です。その上に、この時期になると昆虫などの生き物が活発に動くようになります。虫を踏んで殺さないように、という殺生を避ける意味もあって、沙門は町や村の近くに雨季の間定住する習慣がありました。雨を凌《しの》ぐ小屋のようなものを建てて住み、雨季が終わるとそれを捨ててまた遊行生活に戻りました。これを雨安居といいます。

その小屋を「ヴィハーラ」（vihāra・「住むところ」の意）といい、これが「精舎《しょうじゃ》」のことです。仏典には王舎城《おうしゃじょう》の長者が一日に五十の「精舎」を作って寄進したなどと書いてあるのですが、長く定住できるような立派な建物を一度に五十も作れるはずはなく、これはおそらく雨露を凌ぐだけの小屋を建てて、修行者の便宜を図ったということに違いありません。

しかし、次第に雨季が終わっても小屋を出ないで、そこに留まる修行者が出てきました。地域の人たちとの親しい人間関係ができてきたこともあったでしょう。布施をうけて功徳をつませ、心安らかに生きる道を教えるよう要請されたのかも知れません。森や林に住む生活よりは楽ですから、安易に流れたという面もないではないでしょう。次第に一所不住の生活から僧院定住へと修行者の生活様式が変わってきます。それに応じて精舎も恒久的なしっかりした建物に変わり、僧院としてそれなりの機能を持つに至ります。ビンビサーラ王の寄進した王舎城の竹林《ちくりん》精舎とか、舎衛城《しゃえじょう》の祇園《ぎおん》精舎などはその代表です。

これは明らかに四依止にいう沙門の生活からの逸脱です。僧団内部でも批判があったようです。他の沙門集団からも批判があったに違いありません。これはおそらく釈尊の晩年に近い出来事ですが、デーヴァダッタ（提婆達多）の僧団改革の要求という事件が起こっています。この人はアーナンダの兄弟などといわれているのですが、釈尊の弟子の一人です。彼は僧院定住の生活を批判し、厳格な「家なき生活」つまり林野に住む生活を釈尊に要求しています。釈尊はこれを拒否します。欲望を抑制する禅定《ぜんじょう》や念の修行は、森や林、つまり漢訳仏典にいう「阿蘭若《あらんにゃ》」(arañña)で行っても、精舎の中でやっても変わりはない、というのですが、同時に森や林での「樹下座」の生活を否定もしていません。いや、むしろ推奨している記述が仏典では普通です。

結局、当時の原始仏教僧団の生活は遊行生活から次第に僧院に定住する生活に変わってきて、当初は二本立てだったものが、次第に定住に重きが置かれるようになりますが、同時に「森林住」も認められていたということになります。

この「森林住」の伝承は、今日でも、テーラヴァーダ仏教に保持されています。内容は幾分異なりますが、特定の地域に一生住み着いて瞑想に専念する一群の修行者がいて、「森林住」の修行者などと呼ばれています。修行に専念しているからこそ、町や村の僧院に住み、信者たちの日常儀礼を執行する比丘たちよりはるかに高い尊敬を受けています。

沙門として僧院定住は是か非か。これは仏教僧団、そして在家信者をも含んだ教団の運営と伝承に重要な意味を持っています。

本経は実はこの出家者への七不退法に続いて、さらに別の五種類の七不退法と一種類の六不退法が説かれています。出家修行者への教えとして当時まとめられていたものを仏典編纂者が羅列したものに違いありません。しかし、その内容は釈尊の教える出家者の具体的な修行徳目です。次回にそれを取り上げながら、釈尊の理想とする僧院生活の在りようとその意味を検討し、広く仏教僧院の修行を考えることにしましょう。

5 僧院の在り方

僧院修行の心得

『ブッダ最後の旅』第一章の〔二、修行僧たちに教える〕を読んでいます。

在家者への「七不退法《しちふたいほう》」に続いて、釈尊は出家者への「衰亡を来たさないための七つの法」を説いて（I・6）、出家比丘《びく》の心得を説きます。これを守れば修行がおろそかになることはない、つまり出家者が衰退することがないというものです（五三ページ参照）。

本経では続いて、さらに別の五種類の「七不退法」と一種類の「六不退法」が説かれています（I・7〜）。ややくどい感じがするのですが、これはこの経典が当時のいろいろな伝承を集めて成立したものだからです。最初から誰か一人が書き上げたものではありませんし、この経典がまとめられてきた時に、比丘に対するいろいろな教えをみんな並べてみせた、というものでしょう。しかし、内容的には当時の仏教僧団の在り方を示す重要な情報が含まれています。そこでその中のいくつかの教えを中心に見ていくことにします。

第二の七不退法

まず、すぐ続いて説かれている第二の「七不退法」（Ⅰ・7）ですが、本文は表現が重複して分かりづらいので、要点を次のようにまとめました。

1 動作を喜ばない
2 談話を喜ばない
3 睡眠を喜ばない
4 交際を喜ばない
5 悪欲をもたない
6 悪い仲間をもたない
7 （もういいと思って）修行をやめるということがない

2から7までの内容は言葉としては分かります。しかし、1の「動作」を楽しまない、は説明がいるようです。原語はkammaです。中村元先生は「動作」と訳されたのですが、渡邊照宏《しょうこう》先生は「事を起こすこと（を喜ばない）」と理解され（『渡邊照宏著作集』第五巻、筑摩書房、昭和五十七、一八ページ）、岩松浅夫先生は「世間的な行為」を喜ばないと訳されています（『ブッダの生涯』原始仏典一、講談社、昭和六十、一六六ページ）。片山一良《いちろう》先生は、比丘たちのなすべき「仕事」のことで、具体的には衣、針筒、鉢袋、肩紐、水瓶、足布、箒などを作る仕事である。しかし、一日中それを作って「楽しんでいる」比丘がいるのでそれを誡《いまし》めたものである。なすべき仕事をなすべき時にすることは「楽しむ」とは言わない、と注釈書を紹介して説明されています（『パーリ仏典・長部大篇Ⅰ』大蔵出版、二〇〇四年、一八〇ページ）。筆者は他の項目と比較して考え、渡邊先生の僧院生活に相応《ふさわ》しくない動作を言うものであり、「修行者として不適当な行為」をしない、と理解したいと思います。

この七項目はいずれも僧院定住の生活を前提として述べているものです。『スッタ ニパータ』やその他の最初期の原始仏典に見られる一所不住の遊行生活をしている修行者のことではありません。僧院生活の外形的な目に見える在り方の注意です。

古代インドの僧院に住む修行者の心構えですので、それなりに受け取るべきなのですが、実は、ずーっと時代が下がった十三世紀の日本で、道元禅師が教えている僧院生活の教えと驚くほど似ています。仏教の伝統が受け継がれているということでもありましょうし、反面、僧院における仏道修行の基本の普遍性が自ずとあらわれている、と言ってもいいかもしれません。両者を比較しておくことは仏教修行の基本を知ることに連なります。

『正法眼蔵随聞記《しょうぼうげんぞうずいもんき》』というテキストがあります。道元禅師は、仏法を正面から説く時は「上堂《じょうどう》」という形で説法されました。法堂《はっとう》における正式の説法のことです。しかし、折に触れて、おそらくわずかな人数のお弟子さんたちとくつろいだ形で話す機会があったのでしょう。のちに道元禅師の跡を継いで永平寺の二代目住職となった懐奘《えじょう》禅師がその時々の話を記録しており、これをのちにまとめたのがこの『正法眼蔵随聞記』です。修行に関わる心構えが生き生きと示されています。

僧院の生活

「七不退法」（Ⅰ・7）は「談話を楽しまない」ことを教えています。修行に関係ない雑談などを楽しむなというのですが、道元禅師も同じことを説いています。

世間の男女老少、多く雑談《ぞうだん》の次《つい》で、あるいは交会淫色《きょうかいいんじき》等の事を談ず。……僧は尤《もっと》も禁断すべき事なり。……況《いわん》や僧は専《もっぱ》ら仏道を思ふべし。

（長円寺本『正法眼蔵随聞記』二・一四）

雑談の誡めですが、道元禅師の方が具体的です。

（生死事大《しょうじじだい》……無常迅速《むじょうじんそく》……）仏法を行《ぎょう》ぜず眠り伏して空《むな》しく時を過ごさん、尤も愚かなり。

（同三・二〇の二）

（……只管打坐《しかんたざ》……）人に交わり物語りせず、聾者《ろうしゃ》のごとく唖者《あしゃ》のごとくにして常に独坐を好むなり。

（同六・一一）

（……僧侶は世俗に従ってはならない……）仏法は事事皆世俗に違背《いはい》するなり。俗は髪をかざる、僧は髪をそる。俗は多く食《じき》す、僧は一食するすら、皆そむけり。而《しこう》して後、還《かえ》って大安楽人なり。故に一切世俗に背《そむ》くべきなり。

（同三・一九）

「七不退法」の修行者として不適当な行動や談話をするな、眠りを貪《むさぼ》って修行を忘れてはならぬ、という教えはそのまま道元禅師の教えに重なります。修行者仲間や、在家の人たちとの無駄な交際などに拒否感を示していることも同じです。釈尊は「奮起せよ、坐して瞑想せよ。眠っていて何の役に立つのか。矢に射られて苦しんでいるものが、どうして眠ってなどいられるのか」（『スッタニパータ』三三一）と励まし、道元禅師も「無常迅速なり。生死事大なり。しばらく存命《ぞんみょう》の間……ただ、仏道を行じ、仏法を学すべきなり」（『正法眼蔵随聞記』二・八）と言って、真摯《しんし》な求道の志がきびしい僧院生活を支えることを説いています。

「七不退法」の冒頭に述べられている「不適当な行動をするな」ということは、道元禅師が僧院生活は世俗と異なるものだという教えと重なるところが多いものでしょう。僧院は世俗とは隔絶された場です。それだけ特異な生活法があるのが当然で、それを禅師は剃髪、制限された食事を例として示しています。世俗的な事柄を離れて、仏道修行一筋に専念するからこそ、信仰は深まり、自我の悩みを超えて安心《あんじん》を得て生きていけるものだ、というのです。

況や出家人は、一師にして水乳の和合せるがごとし。また六和敬《わけい》の法あり。各々寮々を構えて心身を隔て、心々に学道の用心する事なかれ。一船に乗って海を渡るがごとし。（同五・九）

ここは七不退法の「悪い仲間を持たない」ということと重なっています。和敬とは和合のことで六つの

霊鷲山遠望

事柄に関して互いに同じ修行をすることです。その六つとは身口意《しんくい》の三業《さんごう》、戒法、仏法の世界観つまり縁起とか空《くう》などの見解を同じくすること、そして修行を共にすることをいいます。この教えは重要な意味を持っています。僧院生活とはメンバーが和合し、心を同じくして求道の生活を送る場です。仲間とお喋りするな、付き合いもしかるべく行え、などとは説かれるのですが、反面、修行共同体として、互いに励まし合い、仏道の生活を展開してゆきます。それは同時に悟りを伝承していく場でもあります。

僧院とは修行共同体であり、戒律を守り坐禅するなどの行為を含む「儀礼」を共にする場であり、その意味で修行共同体であり、悟りを伝承していく場なのです。だからこそ禅師はつぎのようにも言っています。

（戒行持斎しさえすればいいというわけでは

ない……その意味を知れ……）学人最も百丈の規縄《きじょう》を守るべし。しかるにその儀式は護戒坐禅等なり。

（同二・一の二）

行為（威儀）の大切さ

道元禅師の仏道修行は最初から僧院における生活を前提としています。

そこでの修行の根本は知識の習得にはありませんでした。知識や教理は無論大事ですが、より本質的なことは真実、法を実際に行動で実践し、生活の上に働かせることです。行動といっても、仏教では「身口意の三業」といって、身体的動作のみならず口による言葉、意（心）の働きをすべて動作（業）といいます。ですから身体だけではないのですが、しかし、道元禅師は普通の「心身」ではなく「身心《しんじん》」と言います。身体の動作、行動を重視するもので、坐禅も真実を働かせる行、動作です。坐禅の延長としての僧院での生活も同様に行です。その行の実践の上に真実が証され、働きだします。「修証一如《しゅしょういちにょ》」などともいいます。この問題は、実は、宗学上の問題として今日までいろいろと論じられてきたのですが、私はこれこそが道元禅師の仏法の最基本の姿勢であり、特徴と言っていいものだと考えています。

禅師は言われます。

四威儀《しいいぎ》の中において一々に先規《せんき》を思ひ、先達《せんだつ》にしたがひ修行せんに、必ず道を得べきなり。

（『正法眼蔵随聞記』三・二〇の一）

四威儀とは行住坐臥《ぎょうじゅうざが》という四つの行動パターンのことです。生活に関わるすべての行動のことで、つまり、いついかなる所でも、僧院で前々から決められたやりかたを大事にして、先輩たちのやることに従って修行すれば、必ず道を得られるし、それが必須の訓練だというのですね。これは、少なくとも曹洞宗の僧院で基本としていることです。

真実、法は私たちを否応《いやおう》無しに包みこみ、存在を支えてくれています。具体的な術語で言えば、無常、無我、縁起、空などですが、宇宙の事実としての在りようであり、つまりハタラキです。その真実に従って生きてゆくところに本当の自分を実現した生き方が出来る、と道元禅師は説きましたし、だからこそ、僧院における行動、ひいては生活の在りようをそれは詳しく細かく教えています。

禅宗の僧院には「清規《しんぎ》」というテキストがあります。道元禅師も『永平清規』を著しています。僧院生活のルールブックではありますが、単なるルールではありません、それに従って生きることが真実を現し、仏として生きることに連なります。

禅の伝承では、清規に従って正しい生き方を学び、繰り返し身体にたたきこみ、身心に熟させていくことを是としてきました。決められたことをやりさえすればいいというものではない。その行の意味を常にさぐりながら、だからこそ本気で体験を積んでいくものです。

しかし、過去においても、そして特に現代では、修行者、僧侶は一生僧院にいるわけではありません。時代や社会も変わり、僧侶は社会内存在です。従って、社会に生きる際に、どういう行動が法に沿うものであるか、については清規がありません。それはどうしても、僧侶を含めた信仰者の応用問題になります。法と自己に対する信仰者の、主体的で誠実な姿勢が要請されています。真実に沿い、真実を我が身にハタラカせることが「仏として生きる」ことだという基本は同じですし、それを理想としなくてはならないものでしょう。

アメリカでは、一九六〇年代中頃から、禅がある程度受け入れられ、定着しています。少なからぬ数の人たちが禅修行に関心を持っていますし、自分の信仰を捨てて出家し、禅の教えに改宗した人も大勢います。これは教化伝道の志に燃えた先達たちがアメリカへ渡り、一対一で青年たちを坐らせて指導し、いろいろ苦労のすえ、禅を広めてくれたおかげです。今ではかなりの数の禅センターが成立しています。アメリカの道元禅研究者の筆頭であるスタンフォード大学教授のカール・ビールフェルト先生が現代アメリカの禅を次のように論じ、日本の禅修行についても忌憚《きたん》のない意見を述べています。

アメリカ人にはそれなりの価値観があるし、宗教に対する姿勢も違う。だから、日本の伝統的な僧院の訓練や指導者（師家《しけ》）の言うことを金科玉条《きんかぎょくじょう》として肯《うけが》うことは難しい。伝統的な訓練がそのまま受容されるとは限らない。しかし、アメリカ人にとっても、真実に従い、それを生活の上にハタラカせることが仏として生きることだ、というのは魅力的だ、と先生は論じているのです。（「〈参加する仏教〉にむけて」、奈良・東編『道元の二十一世紀』東京書籍、二〇〇一年、二一一ページ以下）

結論は正しいのですが、しかし、真実、法の生活とは何かという訓練を経ずして、自分は真実に従って生きていると言っても、それは恣意《しい》的な自我をふりまわして勝手に生きることに連ならないでしょうか。その辺の実践が、これはアメリカ人ばかりではない、私たち日本人にも今後に課せられた重要な問題でありましょう。

その意味で、次の「七不退法」は外形的行動というより、内的な心の在り方を説いています。現代の仏教信仰者が「法に従った生活」を実践し、学んでいく際の根拠となるものです。

信仰のキーワード

第三の「七不退法」(Ⅰ・8)は信仰の在りようをまとめて説いています。

1 信 (saddhā)
2 慚 (hirimant)
3 愧 (ottāpin)
4 博学 (bahussuta)
5 努力 (viriya)
6 念の安定 (upaṭṭhita-sati)
7 智慧 (paññā)

釈尊の重要な教えに「五力《ごりき》」があります。信・勤《ごん》・念・定《じょう》・慧《え》の五つです。ここの七不退法は五力の教えとほぼ一致しています。

この五力は、信仰がどういうかたちで深まってゆくかを示す素晴らしい教えだと私は受けとめています。たとえば、ある人が「仏教の教えってどういうものですか?」と訊ねた時に、誰かが「それは仏に生かされて生きてゆくことですよ」と教えてくれたとします。これを初めて聞いた人は、おそらく意味が分からないと思います。そこで説明をいろいろ受ける、しかし実感はなかなか湧かない道理です。しかし仏法に親しんでいくうちに、少しずつ理解が深まり、うなずけるところが増えてきます。病気になった時は病気になったという事実を素直に認めて、治療にはげむ。それが仏さまの教えに従うことなんだと納得されてきます。仏教を知らなくても結局は同じことをするのですが、自分の悩む心を下から支えてくれるものが違ってくるものでしょう。

こうした経緯を考える時、自分の中にどんな心が働いているのでしょうか。まず第一に、仏に生かされていることを「信」じる。最初は無理にでも信ずるしかないかもしれません。それが次第に確信に変わってくるためには、信仰を深める努力（「勤」）が必要なことは当然でしょう。

そして「念」も大切です。念とは忘れないことです。大切なことを心にとどめておくことです。この念を理解する一番わかりやすい類例は恋愛感情です。いつ何どきでも恋人のことを考えている。やることなすことすべてが恋人のために働いている。恋人のことが心を離れず、忘れられない。そうした思いが念なので、恋人を仏菩薩に置きかえてみてください。いつも仏道を生きる意欲を心にとめて忘れない、それが「念」です。

そうした信と念の深化と共々に働き、知的理解——七不退法の4「博学」がこれで、深く法を聞き、学び、知ることです——が熟してくるには「定」、坐禅という行為が必要です。定とはあくまでも禅定であり、瞑想です。しかし、私は意味を広げて、「無我」なる仏の世界に我が身を同じる行は、定ととらえてもいいと考えています。日本の大乗仏教で言えば、坐禅であれ、念仏であれ、題目《だいもく》であれ、一切のはからいを超えたところで仏さまにお任せしていく行です。心からの合掌礼拝《がっしょうらいはい》も定の入り口にあるとみていいものだと私は思います。この定についてはあらためて勉強する機会が後に出てきます。こうしたプロセスを経ていくうちに、信、念、そして知的に理解されていた教えも身体でうなずかれる確信として熟していく。それが「慧」なのです。

この七不退法のなかで、五力と直接は重ならないものとして、「慚《ざん》」と「愧《ぎ》」があります。いずれも恥じるということです。

慚と愧についてはいろいろな解釈と議論があるのですが、インド仏教の教理としては、慚とは心に自らの罪を恥じることであり、愧とは自らの罪を他に告白して恥じること、と一般に理解されていると言っていいものでしょう。よく慚愧とまとめて用いられていますが、私なりに、より具体的に言わせていただくなら、慚愧とは信仰が深まるにつれて自分の未熟さが思い知らされてくること、修行が足りないことを痛切に自己反省させられることと、ここでは受け取っておきましょう。(上の第二の「七不退法」7にある、悟ってもいないのに、もういいと自惚《うぬぼ》れて途中で修行を止める、のは慚愧がないからです)

これら五つの力は(そして「七不退法」も)、それぞれがバラバラに働くものではありません。一緒に働くものなのです。これを五本の指にたとえて理解してください。それぞれ別のものでありながら、すべてが共同して働いています。

僧院の機能

釈尊の説いた僧院修行の在りようと道元禅師のそれとを比較してみたのですが、後代の禅の僧院の修行生活が古代インドのそれと全く同じだというわけでは無論ありません。両者の間には時間・空間の大きな隔たりがありますし、思想的発展もあります。道元禅師の「修証一如」という思想は、似たアイディアはありますが、原始仏教にはありません。多くの違いがあるにも関わらず、修行道場としての僧院の基本的在りように共通のものを見いだすことが出来ましょう。僧院とは、メンバーが相互に修行上のメリットを得られる共同修行の場であり、悟りを伝承する場であり、それは求道の熱意に支えられた緊迫した空間でもありました。

釈尊が遊行生活から僧院定住の生活に切り換えたことに関しては、種々の異論、反論があったことは前に述べた通りですが、僧院定住の生活を釈尊は認めています。森林住の頭陀行《ずだぎょう》も推奨していますが、仏教教団は歴史的に僧院を基盤とする教団に変わってきています。そして、古代インドには多くの沙門《しゃもん》集団がありました。その中で今日まで残っているのは仏教とジャイナ教だけなのですが、いずれも僧院組織を取り入れた教団です。凝集力ある僧団（サンガ）の維持、修行共同体、（行法を含む）諸儀礼執行の場、法の伝持の根拠としての僧院生活の意味は重要です。僧院を中核とする教団がなかったら、仏教は歴史の中に埋没して姿を消していたに違いありません。その意味では釈尊の見通しのたしかさを讃えるべきだろうと私は考えています。

＊

本経では続いて二つの「七不退法」（Ⅰ・9およびⅠ・10）が説かれ、最後に「六不退法」（Ⅰ・11）を説いて修行僧への説示を終わります。それは「慈心に満ちた身・口・意の業、共同体の仲間と食物を分かち合い、戒を等しくして住み、正しい見解を共有し実践する」というものです。

そして、この章の最後に、釈尊は「法に関する講話」を説いています。

「……戒律とともに修行して完成された精神統一は大いなる果報をもたらし、大いなる功徳がある。智慧とともに修養された心は、諸々の汚《けが》れ、すなわち欲望の汚れ、生存の汚れ、見解の汚れ、無明の汚れから全く解脱する」と。（Ⅰ・12）

これは本書でもしばしば同じ文言であらわれる「決まり文句」です。戒律・精神統一・智慧は、教理的に戒定慧の「三学」と呼ばれるものです。「汚れ」というのは「煩悩」あるいは「漏《ろ》」と訳される言葉で、術語としては欲漏《よくろ》・有漏《うろ》・見漏《けんろ》・無明漏《むみょうろ》の「四漏」または「四暴流《しぼる》」といわれるものです。スペースの関係で後章で検討することにします。

6 真の宗教者の見極め

旅に出る

釈尊はマガダのビンビサーラ王から、ガンジス河の対岸のヴァッジ国を滅ぼしたいのだが、と相談を持ちかけられます。それは無理だということを釈尊は「七不退法《しちふたいほう》」をもって答えました。内なる自己に向き合い、自己実現を説き抜いたにも関わらず、こうして社会的な問題にも目配りをしていた釈尊の姿が見えてきます。さらに、この七不退法を発展させた出家者の修行の在り方を説いたのち、釈尊は最後の旅への第一歩を踏み出します。

釈尊一行は王舎城《おうしゃじょう》を出発して「多くの修行僧たちとともにアンバラッティカーの園に赴《おもむ》き」（1・13）ました。これは王舎城とナーランダー村の間にある美しい園林として知られています。「多くの修行僧とともに」、というのですが、釈尊は何人くらいの弟子たちとともにでかけたのか、私には気になります。本経はいくつかの伝承を集めて編纂されているのですが、その中核をなす古い部分だけを読んだ感じでは、比較的少数の一行だったように思われます。侍者《じしゃ》和尚のアーナンダのほか、おそらく数人の小さなグループではなかったでしょうか。

一行はアンバラッティカーの園林にある「王の別荘」に泊まるのですが、おそらくビンビサーラ王の別荘の一つなのでしょう。私には現代のインドで、尊敬する宗教者が来ると、信者さんが喜んで自宅に迎え、世話し、説法を聞く慣行が思い出されます。時代も社会状況も変わっていますから確言はできないのですが、似たような状況の中に、ここでも、釈尊は説法され、最後に次のようにまとめます。

尊師は……修行僧たちのために、このように数多くの〈法に関する講話〉をなされた。――「戒律とはこのようなものである。精神統一とはこのようなものである。知慧とはこのようなものである。戒律とともに修養された精神統一は、偉大な果報をもたらし、大いなる功徳がある。精神統一とともに修養された知慧は、偉大な果報をもたらし、大いなる功徳がある。知慧とともに修養された心は、諸々の汚《けが》れ、すなわち欲望の汚れ、生存の汚れ、見解の汚れ、無明《むみょう》の汚れから完全に解脱《げだつ》する」と。（I・14）

この一節は同じ形で本経にたびたびあらわれる定型句です。前回のむすび（I・12）にもありました。そして今回の後のほうでももう一度出てきます（I・18）。それだけ本経の編纂者が重視しているのでしょうが、たしかに、仏教の修行のすべてだと言っても過言ではない内容を含んでいます。

戒・定・慧の教え

最初に後半の部分からみてゆきますが、「汚れ」というのは煩悩《ぼんのう》のことです。仏教は「煩悩論」と言ってもいいほど、煩悩を問題にするものですから、いろいろな言葉で呼びます。その一つが「漏《ろ》」で、ここで中村元先生が「欲望、生存、見解、無明の汚れ」と訳されたものは「四漏《しろ》」などといいますし、また、否応《いやおう》なしに私たちの心を悩み苦しむ方向に運び去る洪水のようなものですから「(四《し》)暴流《ぼる》」などとも言います。

「欲望」の汚れと言っても、欲望そのものを否定しているわけではありません。しかし欲望は、ナイモノヲネダリ、カギリナクネダルことによって欲求不満、つまり苦をもたらします。「生存」の汚れとは生存や再生にとらわれる煩悩です。正しくない見解に固執しているのが「見解」の汚れであり、そして無常とか無我などという宇宙の真実の働きを知らない無知が「無明」の汚れです。

無明は単に知識がないということではありません。生まれた時から自ずと人間に、ということは他ならぬ私に、そなわっている本能的な無知であり、自分の都合で道理を曲げてしまう心の傾向を言います。ですから、無明、そしてそれに基づいて働き出す煩悩は自分で制御しようと思っても、そう簡単に制御できるものではありません。煩悩は自我の働きですし、それを制御しようというのも自我の働きです。自我と自我がぶつかっても解決できません。それなりの訓練が必要です。実はその訓練こそが釈尊の得た悟りの生活に近づくものであり、その具体的な方法論が戒律と精神統一と知慧に他なりません。

これは仏教の術語で戒《かい》・定《じょう》・慧《え》の「三学《さんがく》」と言い、仏道修行の基本徳目とされているものです。この三学を中村先生はわかりやすいようにと、このような語で訳されています。

まず、「戒律」と訳されていますが、三学の「戒」の原語はシーラ（śīla）です。修行者が修行者としての本分を弁《わきま》え、自らに選び取り、習慣化した行為がシーラです。これに対して律はヴィナヤ（vinaya）で、罰則をともなう教団のルールです。

戒や律は律蔵に説かれていますが、行為規範のルールを戒とも言い、後には混同して用いられ、あるいは戒律と一語としても用いられています。そうしたことを含んで、中村先生は「戒律」とひろい意味で訳されたものでしょう。渡邊照宏先生も戒律と訳されています。

定は瞑想です。インド仏教だけでも瞑想はいろいろに説かれていますが、ポイントは私たち人間が知性、理性によってすべてを判断する身心の傾向を一度は断ち切る訓練です。私たちの思考は必ずや自我に裏打ちされていますし、普遍的な真実を何らかの特定の視点からしかみません。だからこそ、そうした自我を超え、真実の世界に身を置く訓練が必要ですし、それが定です。

そして、慧は真実、法に生かされていることを身体で肯《うなず》く智慧です。知識ではありません。知識を習うことなら戒も定も要らないので、知性だけあれば十分です。しかし真実は宇宙のハタラキですし、それに包まれ、生かされていることの智慧は、身《しん》・口《く》・意《い》の正しい行動、つまり正しい生活（戒）と自我を超える世界に導いてくれる禅定があって初めて身につくものとなります。

これが三学ですし、戒・定・慧はバラバラではなく相連関しながら働きます。そして煩悩、欲望を制御して生きようとするところに三学の実践がありますし、逆に言うなら、三学とは煩悩を抑制して生きる修行法だと言ってもいいものです。

舎利弗の確信

尊師は、アンバラッティカーの園林に心ゆくまでとどまってから……ナーランダーに赴き、（富商）パーヴァーリカのマンゴー林にとどまった。（Ⅰ・15）

ここでサーリプッタが突然に出てきます。サーリプッタ（舎利弗《しゃりほつ》）はモッガラーナ（目連《もくれん》）とともに釈尊の二大弟子と言って差し支えありません。釈尊の仏法を引き継いだのがサーリプッタで、教団をがっちりと固めた運営責任者がモッガラーナでした。

宗教教団の代がわりは難しいものです。開祖さんは宗教的カリスマを備えた人ですし、それなりに弟子や信者が集まります。教団が形成されますが、開祖さんの人格というか、宗教性でまとまります。問題は後継者です。開祖の宗教体験もカリスマ性も、教団をまとめていく力をも一身に兼ね備えた二代目というのは決して多くありません。近代インドのヒンドゥー教の指導者であるラーマクリシュナの教団を継いだヴィヴェーカーナンダなどはその珍しい例です。道元禅師の場合、その法を受け継いだのは懐《え》奘《じょう》禅師で、それなりに教団はまとまっていましたが、三代目の徹通義介《てっつうぎかい》さんの時から跡継ぎ問題で揉《も》めています。そういう目で各教団をみると、興味深いものがあります。釈尊の教団においてはサーリプッタは「智慧第一」の弟子として法を説いていますし、モッガラーナは「神通第一」ということで、対外的にも、また内部的にも弟子たちの不満や不平をまとめて教団をまとめています。

そのサーリプッタがここで登場し、釈尊に語りかけます。しかし、実を言うと、サーリプッタは釈尊より早く亡くなっています。ですからここに展開される会話は、もっと以前の別の時のものに違いありません。

サーリプッタは釈尊に向かって「尊師よりもすぐれ、悟りを熟知している人は、過去にも未来にも現在にも存在しません」と語りかけます。それに対して釈尊は、

過去の長い時にわたって真人・正しくさとった人々がいたが、それらすべての尊師のことを、心に関して、心でもって〈これこれの戒律をたもっていた〉とか、〈これこれの教えを説いていた〉とか、〈これこれの智慧があった〉とか、〈これこれの暮らしをしていた〉とか、〈これこれの解脱を得ていた〉とかいうことまでも、お前は知っていたのか？　（Ⅰ・16）

と問いかけます。過去の宗教者ばかりでなく、未来、そして現代の悟りを開いた「私」、つまり釈尊についても同じ質問が繰り返されて、そのすべてをお前は知っているのか、「私」が一番すぐれている、とどうして言えるのか、と問い詰めるのですね。サーリプッタがせっかく釈尊を最高の人だと讃えているのに、お前はずいぶんハッキリと言ってくれるじゃないか、いったい何を根拠にそう言えるのか？　と聞き返すわけです。

サーリプッタは次のように答えています。

尊い方よ。過去・未来・現在の真人・正しくさとった人々についての〈心のありさまを知る智〉（他心通《たしんつう》）はわたくしにはありません。しかしわたくしは、〈ことがらを推知すること〉を知っています。……尊い方よ。過去の長い時にわたって真人・正しくさとった人々がいたが、それらすべての尊師は、五つの蓋《おおい》を捨て去って、人を弱くする心の煩悩を明らかに知って、四つのことを心に思い浮べる修行（四念処《しねんじょ》）のうちに心をしっかりと安立し、七つのさとりのことがら（七覚支《しちかくし》）を如実に修行して、無上の正しいさとりを完成しました。……（I・17）

サーリプッタの言葉はまだ続き、このあと同じ言葉で未来と現在の真人についても述べています。私には他人の心を知る（神通力の一つである）他心通はありません。しかし、五蓋《ごがい》、四念処《しねんじょ》、七覚支を修行している修行者ならすぐれた真人であると私は推論することができます。例えば堅固な城があり、門が一つで、しっかりした門番がいるなら、どんな生きものもこの門より出入するしかない、ということを推論することができるようなものだ、というのですね。

言葉について説明しておきますと、「五蓋」とは、心を覆う五種の煩悩のことで、貪《むさぼ》り・怒り・眠り込んだような無知蒙昧《むちもうまい》・躁鬱《そううつ》・疑の五つです。「四念処」とは、身・受（感受作用）・心・法の四つが無常であることを念じて忘れないことです。念とは心と身体に留めおいて忘れないということです。「七覚支」とは、悟りを得るために役立つ七つのことがらで、択法《ちゃくほう》・精進・喜・軽安《きょうあん》・捨・定《じょう》・念の七つです。現代の言葉で言い換えるなら、真実の教えを選び取ること・努力・教えを実践することから生じる喜び・軽やかな身心《しんじん》・対象への執着《しゅうじゃく》を捨てること・禅定・そして法に従って生きる念を持ち続けること、ですが、詳しくは省略します。

ただ、サーリプッタの確信は、現代の脈絡で言えば、本当の宗教者であるか否かはどこで見分けるのか、という問題に連なっています。かつてオウムの問題が大きな話題になった時、宗教者の真贋《しんがん》はどこで見分けるのか、という質問を受けたことがあります。私は本経のこの部分を思い出しながら、宗教者の真偽の判断の基準は語録や説法、著作等に示される「教え」と、自我欲望にどのように対処して生きているか、という「生き方」の二つが基本ではないかとお答えしたことがあります。上に示されている「戒律」、「教え」、「智慧」、「暮らし」そして「解脱」（自我の束縛からの解放）を総合すれば教えと生活姿勢に帰するのではないかと考えています。

このサーリプッタの返事を聞いて、本経では、釈尊が冒頭で引用した「戒・定・慧についての教え」を再び説いた（I・18）ということになっています。

悟りとその記述を巡って

さて、ここまで読んできたところで、真人たちは「これこれの解脱」を得ていると釈尊が説いていました（I・16）。この表現について、訳者の中村元先生は「聖者ごとに解脱の内容がいろいろであり……複数あった」と注釈されています（岩波文庫本二〇五ページ）。お悟りの内容はさまざまだ、ということなのですが、これについて少し議論をしておきます。

解脱、つまり悟りとは自分が真実、つまり法（dharma）に包まれていることへの気づきです。その気づきを言葉でどう説明するかは人によって種々別々だというのは当然です。しかし悟りはさまざまだと言いきってしまうと、例えば禅宗などで、「一器の水を一器に移すがごとく」法を受け継いできた、などと説かれてきたことと矛盾します。

釈尊の悟りについて、中村先生はこう言われています。原始仏典には釈尊がこれを悟ったと書いてある文章が複数あります。そうしたことを踏まえた上で、

> 釈尊は悟ってしばらくしてから十二因縁を観じたのであり、縁起説とさとりとの間に本質的な連関は存在しない。（中略）仏教そのものは特定の教義というものがない。ゴータマ自身は自分のさとりの内容を定式化して説くことを欲せず、機縁に応じ、相手に応じて異なった説きかたをした。だから彼のさとりの内容を推しはかる人々が、いろいろと異なって伝えるにいたった。（中村元『ゴータマ・ブッダI』決定版、春秋社、三九八ページ、四一七ページ）

悟りと縁起説との間に本質的な連関がない、ということも、また、仏教に特定の教義がない、ということも誤解を招きやすい言い方だと思います。現に学者の間から反論が出されています。しかし、悟りの内容を定式化して説かなかったことはその通りだと思います。

釈尊の悟りと教えに関して、私はこう理解しています。悟りというのは理論が頭のなかに出てくることではありません。縁起の理論が悟り体験のさなかに出てくることなどありえません。もっと情動的で、今まではっきりしていなかった疑問が、身体で肯《うなず》かれる。それが宗教体験というものでしょう。その後で、身体で肯かれた内容がすこしずつ整理され、形をなし、理論化ないし言説化されてきます。そうし

た中で、後に教理的理論としてまとめられてくる教えが、断片的ながら意識されてくる。その段階の教えは『ウダーナ』とか『スッタニパータ』のような最初期の仏典の中に出てきます。

こういう重要な記述があります。

まことに、真摯《しんし》に瞑想している修行者にダンマ（dhamma：真実）が顕《あら》わになるとき、そのとき、かれの一切の疑惑は消失する。何故ならかれは縁起の法を知ったのであるから。

まことに、真摯に瞑想している修行者にダンマ（dhamma：真実）が顕わになるとき、そのとき、かれの一切の疑惑は消失する。何故ならかれは諸々の縁の消滅を知ったのであるから。

まことに、真摯に瞑想している修行者にダンマ（dhamma：真実）が顕わになるとき、かれは悪魔の軍隊を粉砕して安立している。あたかも太陽が虚空を照らすがごとくに。

（『ウダーナ』1・1〜3）

釈尊の悟りの内容を示した見事な記述です。修行者に真実、それは宇宙の大きな働きでもあるし、「いのち」と言ってもいいものですが、それに否応なしに包まれ、生かされていることが身体で肯かれた。おかげで、今まで悩んできた疑問が明らかになり、解消された、そういう宗教体験がここにあります。しかし、その真実の内容が縁起の法であることが判るのは、上の詩の説かれた状況を仏典がいみじくも言っているように、「(悟りを開いた釈尊が）七日の間ずっと足を組んで、解脱の楽しみを享《う》けておられた」後での言説化なのです。中村先生は悟り体験そのものについては何も言われていないのですが、悟りと縁起とは関係がない、と言われるのは、おそらく、こうした体験と言説化とのあいだに時間的隔たりがあり、知性による理論化のプロセスがあることを言われているのではないかと思います。もしそうなら、ここまでは私も賛成なのです。

法と教

その際、宗教体験の中身が言説化され、理論化されてくる時、状況や相手に応じて異なる形で表現されることは当然あり得ることでしょう。一つの例ですが、愛とはどういうものかと尋ねられた時、誰と話しているか、どういう脈絡で語っているかによって答えは違ってきましょう。「カルピスのように甘くて酸っぱい」などと言うこともあるし、「人生に生き甲斐が見つかった」などということもありえます。シャンソンではないけれど、「恋は苦しきものよ」という表現もありましょう。

ですから、釈尊の悟りの内容が種々の形で説かれ、文献にのこっていることは決して矛盾することではありません。それでは、釈尊が悟り、それこそが縁起とかその他いろいろに「教」として表現され説かれることになった、そのものは何と呼んだらいいのでしょう。

それこそが「法（ダルマ、ダンマ）」「真実」なのです。上の『ウダーナ』も「法」が修行者に顕わになる、といっています。また、次の仏典の言葉も釈尊の悟りをズバリと言い当てている大切な記述だと私は受けとめています。

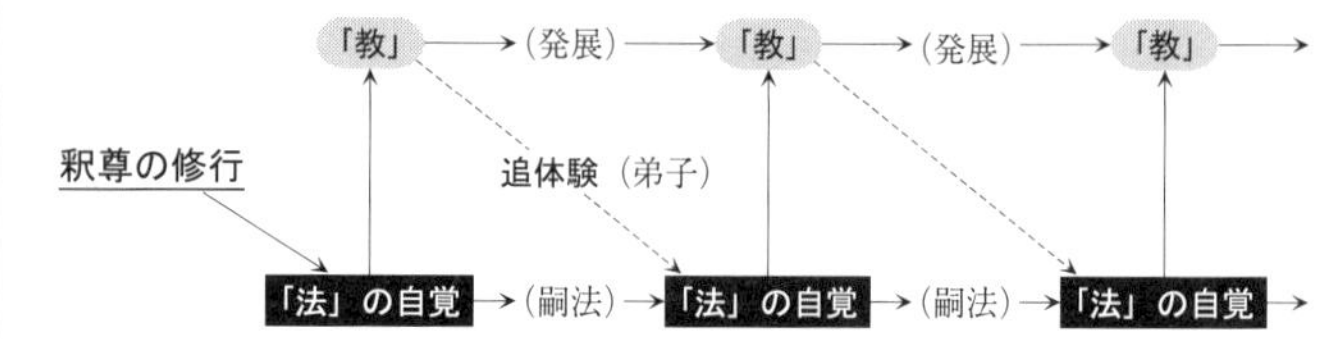

「法」と「教」の関係

私はこの法（ダンマ）を悟ったのだ（ayaṃ dhammo mayā abhisambuddho）。
私はこの法を大事にし、敬意をはらい、たよることにしよう。
（『相応部経典』Ⅵ・1、2）

では、縁起は本当に悟りとは関係がないのでしょうか？

そうではないと思います。釈尊は縁起の理論そのものを悟ったわけではありませんが、後に縁起として説かれてくる内容は釈尊の悟り、肯きの重要な内容としてあったとみるべきでしょう。釈尊の悩みや修行、迷いの苦悩などは、やはり、釈尊が生きていた生活環境や思想、実践など、当時の「文化」の中でのできごとです。そのなかの宗教体験です。その証拠に、釈尊の瞑想体験のなかからキリスト教の神の観念など出てくる余地はありません。カトリックのアビラのテレジアの宗教体験と縁起の観念とは無縁です。体験の起こる以前の学びや修行などはそれぞれの文化伝承の中で行われているわけですし、そうした形で見いだされてきた縁起思想は釈尊の体験をひろく規定する文化の中での出来事とみるべきでしょう。悟り＝縁起ではありませんが、縁起の観念や思想は悟り体験をささえる文化に源泉を持っているとみていいものだと思います。

こうした状況をふまえて、私は「法」と「教」の関係を次のように考えています。

釈尊は修行して真実つまり「法」に目覚めました。その「法」を自覚した上で、自分なりに、「教」を説きました。それは相手に応じ、縁起であったり四諦八正道《したいはっしょうどう》であったりしました。弟子たちはその「教」に導かれて、追体験する努力をします。

やがて弟子の一人が悟りを開く。仏典にも、最初の五人の弟子の一人であるコーンダンニャが「わかった！（アンニャータ）」と叫んだという。「わかったか？」「わかりました！」というわけで、アンニャータ・コーンダンニャというニックネームで呼ばれるようになったというエピソードが伝えられています。これが「嗣法《しほう》」ということです。

そうして「法」を自覚したお弟子さんがまた「教」を説く。その「教」は当然、師匠の「教」を受け継ぎながらも、そこに（教理的ないし宗教的な）発展があるはずです。その「教」によってまた弟子の誰かが悟りを体験していく、そういう流れになります。

仏教では八万四千《はちまんしせん》の法門、教えがあると言われます。それだけ後代の修行者たちが「法」をさまざまに解釈し、多くの「教」を生み出してきたわけです。もしもそこに釈尊以来の「法」が伝えられていないとすれば、それは仏教とは呼べません。しかし逆に、その「法」さえ伝えられているならば、誰がどう説いても仏教であると言っていいものでありましょう。

三衣一鉢

釈尊一行はナーランダーから歩を進めて、パータリ村に赴《おもむ》きます（I・19）。

パータリ村は現在のパトナ市です。ビハール州の州都で、ガンジス河右岸に位置し、水陸交通の要衝です。釈尊と親しかったマガダ国王のビンビサーラの時代には、首府は王舎城《おうしゃじょう》でした。しかしその後を継いだアジャータサットゥ（阿闍世王《あじゃせ》）は、ここパータリ村に町を建設することを計画します。釈尊がここを通ったのはまさにそういう時であったらしく、この経緯の一部は本経にも反映しています。その箇所は次回に読む予定です。

マウリヤ王朝期にはすでにパータリプトラ（華氏城《けしじょう》）として知られ、マガダ国の首府でした。シリアのセレウコス・ニカトール王から大使として派遣されたメガステネースはここに駐在して、『インド誌』という記録を残しています。原本は散逸してしまいましたが、他書に引用されたりしていて大部分が復元され、当時の歴史的状況を知るきわめて重要な資料です。彼はこの町のことを「光の町であり、木の壁さえもガラスのように輝いている」と述べています。アショーカ王はここのクムラハールというところに、ギリシャ建築の影響を受けた王宮を建てたのですが、今でもホールの列柱の遺構が残っています。しかし、釈尊の時代にはまだ辺鄙《へんぴ》な村であったようです。

　そこで尊師は、内衣《ないえ》を着け、上衣《じょうえ》と鉢《はつ》とをたずさえて、修行者たちとともに休息所に近づいた。近づいて、両足を洗い、休息所に入って、中央の柱近くに、東に向かって坐った。（Ｉ・22）

　釈尊はいわゆる三衣《さんね》を身につけているという理解で語られています。釈尊も出家修行者たちも、教団の最初期には三衣などというセットになった衣服を用いていません。沙門の生活は無所得の生活を前提としていましたし、食は托鉢《たくはつ》でいただき、住は屋根のないところに寝て、着るものはいわゆる糞掃衣《ふんぞうえ》です。

　糞掃衣は所有者のいない布を集めて縫い合わせたものといい、人の「捨てた布」を用いました。鼠が噛んで捨てた衣服とか屍体《したい》から剝《は》いだ衣服なども糞掃衣ですが、人が汚《けが》らわしいとして捨てた布を身にまとうことは、出家沙門《しゃもん》の世俗の一切を捨て自我をつぶしていく修行の目的に叶《かな》っていたものでしょう。しかし、僧院の成立と相俟《ま》って仏教教団は次第に信者の寄進による綺麗な衣服を用い始めます。現代のテーラヴァーダ仏教にもこの三衣の伝統は受け継がれています。

　三衣は上衣（または大衣）と二種類の内衣です。経典にはここでは「上衣と鉢をもって」とあります。後には托鉢用の鉢と衣服は三衣一鉢《いっぱつ》などとも言われるようになりました。出家者の基本の持ち物であるだけに出家のいわばシンボルとして考えられました。中国では禅宗の祖である達磨《だるま》が弟子の慧可《えか》に衣と鉢を与えて法を伝えた証拠としたといい、ここから「衣鉢《えはつ》を継ぐ」という表現も使われるようになりました。

「安心」の生活

本文に戻ります。釈尊が「東に向かって坐った」とあり、修行僧たちがその後ろに同じく東に向かって同様に坐り、在俗信者たちは相対するように西に向かって坐りました。

この東に向かって坐るというのが当時いつもそうだったかどうかはよく分かりません。ただ、インドの歴史を考えますと、アーリア人がインドの西側から入ってきて東に向かいます。つまり東の方向が前で西が後ろになります。右が南で左が北になります。インド語では、「東」という言葉と「前」という言葉が同じなのです。西と後ろ、南と右、北と左がそれぞれ同じ言葉です。つまり東というのが明るいイメージを持っていたようです。中国では君子南面などというのですが、それぞれに文化伝承が違うのですね。

そこで尊師はパータリ村の在俗信者たちに告げて言った。

「資産者たちよ。戒しめを犯したために、行ないの悪い人にはこの五つの禍《わざわ》いがある。その五つとは何であるか？

ここで、資産者たちよ。行ないが悪く、戒しめを犯した人は、なおざりの故に、大いに財産を失うに至る。これが、戒しめを犯したために行ないの悪い人に起る第一の禍いである。

また次ぎに、資産者たちよ。戒しめを犯した、行ないの悪い人には、悪い評判が近づいて来る。これが、戒しめを犯したために行ないの悪い人に起る第二の禍いである。

また次ぎに、資産者たちよ。戒しめを犯した、行ないの悪い人は、いかなる集会におもむいても、すなわち、王族の集会でも、バラモンたちの集会でも、資産者たちの集会でも、修行者たちの集会でも、どこに行っても、不安で、おじけている。これが、戒しめを犯したために行ないの悪い人に起る第三の禍いである。

また次ぎに、資産者たちよ。戒しめを犯した、行ないの悪い人は、死ぬときに精神が錯乱している。これが、戒しめを犯したために行ないの悪い人に起る第四の禍いである。

次ぎに、資産者たちよ。戒しめを犯した、行ないの悪い人は、身体がやぶれて死んだのちに、悪いところ、苦しいところ、堕ちるところ、地獄に生れる。これが、戒しめを犯したために行ないの悪い人に起る第五の禍いである」


（Ⅰ・23）

まずここで釈尊が語りかけているのは「パータリ村の在俗信者たち」（Pāṭaligāmiyā upāsakā）ですが、ウパーサカ（優婆塞《うばそく》）とは、信仰告白した信者のことです。その信者たちに釈尊は「資産者（gahapati）たちよ」と呼びかけています。ガハパティとは「家（gaha）の長（pati）」のことですが、漢訳仏典では「居士《こじ》」と訳されている言葉です。ほとんどがヴァイシャ、つまり商業に従事していた人たちで、資産家と理解されています。こうした人たちが法話を聞くために集まっていたわけで、釈尊の信者が富裕な社会層の人たちであったことを示しています。

釈尊のもとで出家した者や、あるいはその教えを肯《うけが》い、教団をサポートした信者たちは王族や資産者が多く、主として都会に住み、社会の上層にいた人たちでした。この点についてはあらためて検討していくつもりですが、仏教は当時として都会型であり、社会の上層部に受け入れられていた宗教だったのです。

「戒しめを犯したために、行ないの悪い人」について、原文は「戒のない人、戒を離れている人」(dussīla-, sīlavipatti-)といい、後の注釈書には「受戒していない人、受戒していても戒を守らない人」とあります(片山一良『パーリ仏典・長部大篇Ⅰ』一九三ページ)。しかし、必ずしも戒の条項をきちんと守らない、という意味に取る必要はありません。シーラとは「習性」という一般的用法がありますし、中村先生の訳されたように、行ないの正しくない人というほどの意味で理解していいものでしょう。

そういう人に禍いがあるというのですが、その第一の禍いは、ルーズな生活をすれば財産をなくすよ、ということです。第二は、評判が悪くなるということです。第三は、いろいろな人の集まりに出向いた時に、行ないの悪い人は自信が持てず、胸を張っていることができない、ということです。第四の禍いは、死ぬ時に心が乱れることだといいます。そして、第五の禍いは地獄に生まれるという内容ですが、ここで「悪いところ、苦しいところ、堕ちるところ、地獄」と言っているのは、原文では同義の言葉を連ねて、地獄ということを強調する表現になっています。

こうして禍いについて第一から第五までを示し、悪いことが起こると説いた後で、これに続く節では、それらをひっくり返したかたちで「戒めをたもち品性のある人」の利点を第一から第五まで挙げています。つまり、財産が増え、評判が良くなり、臆することなく、死ぬ時には安らかであり、死後には天に生まれることができます。

このうち、第四の「死ぬ時に精神錯乱することがない」というところを、中村先生は訳注において「臨終正念《りんじゅうしょうねん》」という後代の浄土教の言葉を使って説明されるのですが、誤解を招きやすいように思います。臨終正念とは死ぬ間際に極楽往生を願うことですし、死の直前の自分をさらけ出した真面目な心で何かを、例えば極楽往生を念《ねが》うことでしょう。しかし、ここでは天界に生まれることを信じているから心が乱れることがない、というほどの意味です。ですから第五の、天に生まれることが出来るということと連関しています。

ここで学んでいただきたいのは、釈尊は出家比丘に対しては、きわめて厳しい姿勢で自我欲望を抑えてゆく生活を説きます。一方、在家信者に対しては、同じことを説いているのですが、表現がずっと柔らかくなります。一般の人に「無所得」「自我をつぶせ」などと言っても難しいことでしょうから。釈尊が「人生は苦なり」と説くことは、出家も在家も同じです。世の中は無常で、自分たちの都合の良いように動いてはくれません。ですから在家信者にも、欲望をしかるべく抑制していくところに、心安らかに生きていけると説くのですが、具体的には当時の一般的な社会倫理にのせて説いているのです。

ヴェーサーリー付近の農村風景

業・輪廻

そういうわけで、釈尊は一般信者に対して、悪いことをすれば地獄に堕ちる、善いことをすれば天に生まれる、と説いています。これは言うまでもなく「六道輪廻《ろくどうりんね》」を前提とした考え方です。業《ごう》・輪廻という考え方ですが、仏教徒の生活にきわめて大きな意味と意義をもっている思想であり、慣行です。ここで少しまとめて学んでおきたいと思います。

業・輪廻の思想は古代インドの民俗信仰で、人間の死後の在り方への関心から生じたものです。人びとは人間の生命は死を持って終わるものではなく、不滅の霊魂が死後にも残ると考えました。

霊魂は生前の善悪の行為（これを業、カルマンkarmanといいます）により生じた潜在的影響力（これも業といいますが、行為としての業と区別して業力《ごうりき》ともいいます）を担《にな》って、それに相応しい世界に生まれ変わります。どんな世界に生まれても、行為（業）は必ずなされますし、それに応じて業力は生じますから、人は永遠に生死を繰り返していく。これが輪廻です。

当然ここにはいくつかの死後世界が想定されます。まず、善業にむくいる良い世界としての天（または天界。仏教では天国とはいいません）と、悪業の者が赴く悪い世界としての地獄があります。人間や動物に生まれ変わるという発想はごく自然ですから、人間界と動物の世界（畜生界）はなければなりません。こうして四つの死後世界が発展しました。ヒンドゥー教ではこの四つが標準的な死後世界です。しかし、仏教ではこれに餓鬼《がき》世界が地獄の上に加わり、またすこし遅れて、人間と動物世界の間に阿修羅《あしゅら》世界が想定されました。これが六道輪廻で、迷いの世界です。

業のハタラキには、「自業自得」と「果報の必然性」という二つの鉄則があります。

自業自得とは自分でなした業（行為）の果報は自分だけが受けるということです。他人の業の果報を自分が受けることはないし、自分の業の果報を他人に負わせることも出来ない。これは当然のことでしょう。これを因果応報《いんがおうほう》といい、具体的に善因善果・悪因悪果といいます。もっとも、原因の善悪ははっきりしていますが、その結果が善か悪かはっきりと決めがたいことがあります。そこで善因楽果・悪因苦果などとも言われています。これを時間軸を広げて考えれば、いま自分が悪い（ないし苦しい）状況にあるのは前世の悪業の故であり、いま自分が幸せなのは前世の善業の結果だ、ということになります。

そして古代インド人はこの考え方をさらに一歩ふみこんで、過去（世）の具体的な行為と現世の具体的な状況を直結させるところまでいってしまいました。過去世で人を殺したから現世では短命だとか、油を盗んだから油虫に生まれた、などという発想です。しっかりした根拠があるわけではありません。安易な心理と通俗的な倫理が恣意的につくりあげた偽りの因果関係に過ぎないものです。しかし、例えば『マヌ法典』のように古代インドのもっとも権威あるとされるヒンドゥー教の法典にも明示されていますし、今日のインドでも一般的な観念として定着しています。

私が現地で聞いたことですが、北インドでは借金を返さずに死んだ人は貸した人の家の下男として生まれると言います。借金は返すべきだという倫理と、自分の使用人のところに生まれた子供が恣意的につなげられています。これが西インドでは、貸し主の牛として生まれ変わると信じられていました。思いつきに過ぎません。しかし仏教でも同様で、古代のインドの仏典に同類の話は頻繁に出てきます。

第二の「果報の必然性」とは、行為の果報は必ずあらわれる、立ち消えになることはない、ということです。しかし、現実の世界は複雑で、人間が予期するような簡単な形で業とその結果があらわれるわけではありません。善い行いをしていても、現実には苦しい状況にある人もいるし、逆に社会的に非難されるような悪い行為をしていながら、恵まれた生活をしている人もあり得ます。ここに自ずと「三時《さんじ》業《ごう》」という考え方が出てきました。つまり、今生きているこの世で行った行為の結果は、現世か、来世か、来来世以降の「三時」にあらわれる、というものです。これは業果の必然性を主張しつつ、同時に、今の善行（悪行）がそのまま現在の幸（不幸）に連なるものではないことを説明するものです。

業・輪廻思想の功罪

古代インドで発展した業・輪廻思想は、一つには、現世の不平等で不条理な状況の原因をとにかく説明しました。同時に、現世での善業ないし悪業は、来世の善・悪ないし楽・苦の結果をもたらすということで、今この世において何故、善い行為をしなければならないのかという理由、つまり倫理的根拠を提供しました。だからこそ、ヒンドゥー教、仏教を問わず、宗教者は天界の楽しさと餓鬼世界や地獄世界の恐ろしさを説き、人びとに善行を勧めてきました。戒行を守り、布施し、功徳を積んで、天や人間界の恵まれた環境に生まれること、すなわち「良き後生《ごしょう》」を願うのはこうした考え方に基づくもので、ヒンドゥー教徒や仏教徒の倫理的生活を大きく支えてきた歴史があります。

しかし、反面にこうした業の考え方は、現在ただいま不幸な状況にある人びとには過酷な考え方となりました。貧困や病気、あるいは階級や身分、性、身体障害等の差別に苦しむ人は、その不幸は自分のなした行為の結果だと教えられました。それは過去世の悪業の結果であるから今更どうしようもない、だから現世を善く生きることによって来世に幸せを期待せよ、と説いたのですね。しかし、貧困とか差別とかは歴史的、社会的な問題でしょう。ところが業理論ではそれを個人の行為の問題にすりかえてしまい、善行を勧め、救いを来世に求めさせました。貧困、差別などの現実の状況に目を背けてしまったわけで、そのために差別の原因を業・輪廻説が説明し、正統づけることになってしまったのです。

善行を勧める倫理が、しばしば、同時的に差別肯定の論理として働いた仏教文化の歴史は、忘れてはならないものでしょう。

同時に、業・輪廻についてはこういうことも忘れずに付け加えておく必要があります。仏教は輪廻よりも、特に業の観念を宗教的に高め、自己をきびしく見つめる実存的な思想を発展させてきています。それが例えば道元禅師の業論や、親鸞《しんらん》聖人の宿業《しゅくごう》という信仰に連なっています。それが具体的にはどういうことかは、あらためて学ぶ機会がありますので、今回は省略します。

悟れば輪廻しない

さて、経典を読み進めましょう。善い行いをする者は臨終の際に心が惑うことなく、死んで天界に生まれる、とありました（I・24）。さりげない書き方ですが、ここにはヒンドゥー教の、そして仏教の基本的な思想が関わっています。

これはヒンドゥー教でも仏教でも同じなのですが、輪廻は「迷いの世界の出来事」です。そして解脱すればもはや輪廻しない、と説かれています。

仏教に「十二縁起《えんぎ》」という基本的な教理があります。何故「苦」が生じるのか、という経緯を説明するのに十二の項目をたて、すぐ前の項目に「縁《よ》って」次のことがらがおこり、最後の苦が生じると説くものです。その中核をなす部分は、「無明《むみょう》（無常などの真実を知らない無知）…→…愛（根本的欲望）→取《しゅ》（根本的欲望が対象を取る）→有《う》（迷いの存在）…→…老死（苦）」と言っていいでしょう。要は、無常（などの宇宙の真実）を実感していないから、自我欲望を振り回して「ナイモノヲネダリ」、「カギリナクネダル」のが私たちの現実のすがたです。結果は欲求不満、つまり苦です。そうした存在状況を「有」(bhava) というのですが、これは存在という意味の言葉です。しかし単に人間としての存在というよりは、「迷いの存在」（中村元）です。和辻哲郎《わつじてつろう》先生は「輪廻の存在」などと呼んでいます。

ですから、私たちが宇宙の真実（つまり無常、縁起、空《くう》、無我など）に否応《いやおう》なしに包まれ、生かされていることを本当に身体で肯《うなず》き、生きて行ければ、苦を乗り越えることができますし、それが悟りです。ですから悟り、涅槃《ねはん》を得れば、もはや輪廻しない、と説かれているのです。

私の生存は尽きた。（自我欲望を乗り越える）梵行はすでに確立した。なすべきことはなし終わった。もはやこのような（迷いの）存在に戻ることはない。

（『相応部経典』Ⅲ、二二ページ）

この句は本経（『マハーパリニッバーナスッタンタ』Ⅴ・30）にもあります。漢訳では「我生已尽梵行已立所作已辨自知不受後有」（『大正大蔵経』第一巻一ページ）といい、仏教の慣用句です。後有の有は「迷いの存在」のことですし、後有を受けないということはもう輪廻しないということです。

良き後生を願う功徳

しかし解脱とか悟りは容易なことではありません。原始仏教のある時期以降、悟りは出家者のみにあり得る、とされました。出家者にも悟りは容易なことではありませんでした。悟れなかったら、輪廻するよりほかに道はありません。生まれ変わるなら安楽な世界を望むのは当然でしょう。ここに天界が浮かび上がってきます。現世で苦労しながら正しい生活をし、功徳を積んだのです。その代償が天界ですから、これは楽しい世界でなければなりません。世俗の歓楽の生活を最大限にひきのばした世界が天の世界です。

仏教の究極の目的は悟りです。しかし、在俗の信者にとって死後に天に生まれること、生天《しょうてん》は大切な問題でした。人生を前向きに生きていく原動力が作功徳《さくどく》（功徳を積む行為）であり、生天への望みでした。作功徳は死後の幸福を保証する重要な行為であり、生きる目的を与えるものです。次の釈尊の教えは端的にそれを示しています。

功徳（puñña）と罪悪（pāpa）の果報にしたがい、業の（導くが）ままに人々は（死後の道を）歩む。罪悪の業をなせば地獄に、そして功徳の行為をなせば（puñña-kamma）善趣（善い死後世界、特に天界）に赴く。だからこそ、未来世のための蓄財である善（kalyāna）を為《な》せ。

（『相応部経典』Ⅲ・三・二）

功徳は来世のための蓄財なのです。そして功徳は布施、特に仏教教団に布施することによってもっとも効果的に積むことが出来ると説かれました。「(星の中で月が最上であり、輝くもののなかで太陽が最上であるように）サンガは功徳を求めて供養する人にとっては最上」（『スッタニパータ』五六九）のものでした。ですからサンガは「福徳（＝功徳）を生み出す田」という意味で「福田《ふくでん》」ともよばれています。信者にとって教団（サンガ）は説法を聞き、儀礼を行ってもらい、功徳を積ませてもらう存在です。同時に功徳を積んだ人は死後に天界に生まれることを確信することで、死を安らかに迎えることが出来ます。

私がスリランカはコロンボ市の北のケラニヤという町にある僧院で見聞したエピソードがあります。スリランカでは月に一回「ポーヤデー」という祝日があります。ポーヤとは布薩《ふさつ》（ウポーサタ）のことです。この日は映画館や飲食店など歓楽的なものは皆、休業です。私は早朝からこのお寺につめさせて頂いたのですが、次第に白い衣服の信者さんが集まり、お昼過ぎにはさしもの広い境内が信者さんで一杯になってしまいました。一時間おきにラジオ放送で全国に高僧の説法が流され、受戒が行われます。夜にはみんなが蝋燭《ろうそく》をともして礼拝します。信仰の熱気は胸をうつものでした。私はご住職が言われた言葉を今でも反芻《はんすう》しています。「こうして功徳を積むおかげで、信者たちは死ぬ時もこわがらないんです」。

今日、日本でもホスピス運動で、とくに浄土信仰をお持ちの方には、「死んだら阿弥陀様が迎えてくださるから」という安心《あんじん》の与え方があると聞いています。古代インドや今日のテーラヴァーダ仏教では「作功徳 ↓ 生天」の教えが現実に生きる力を与え、死の恐怖を乗り越える機能を果たしてきましたし、今でも厳然と働いています。

本経において釈尊が「行ないの正しい人は、死ぬ時は心安らかに、そして死後には天界にゆくことができる」と教えているのには、こうした背景があるのです。

8 土地神への供養

パトナ村の都市化計画

マガダ国の二人の大臣であるスニーダとヴァッサカーラとは、ヴァッジ族（の侵入）を防ぐために、パータリ村に城郭を築いていた。（I・26）

パータリ村はガンジス河の南側にある町です。アショーカ王の時代には首府パータリプトラ（パータリプッタ）として繁栄しましたが後に滅び、その地の上に、現在のパトナ市が建設されています。釈尊の時代にはまだ大きな都市はできていなくて、村にすぎなかったものでしょう。

「二人の大臣」のうちヴァッサカーラは『ブッダ最後の旅』の冒頭に出てきました。マガダ国王がヴァッサカーラを釈尊の所に行かせて、隣国のヴァッジ族を攻め滅ぼそうと思うがどうかと釈尊に意見を聞きます。すると、ヴァッジ族は伝統的な習慣を守り宗教的な観念もしっかりしていてとても滅ぼせないからおやめなさいと釈尊が答えました。そこで戦いはやめたものの、それでもヴァッジ族とのトラブルがいろいろあったのでしょう。逆にヴァッジ族に攻め込まれないようパータリ村に城郭を築こうとします。今日読むところは、城を築き、町づくりをしていくという際の話です。

そのときパータリ村では、千をもって数える多くの神霊《しんれい》たちがそれぞれ敷地を占有していた。優勢な（えらい）神霊たちが敷地を占有しようとする地方には、優勢な国王または大臣が住居を建築しようとする気になる。中位の神霊たちが敷地を占有しようとする地方には、中位の国王または大臣が住居を建築しようとする気になる。低位の神霊たちが占有しようとする地方には、劣勢の国王または大臣が住居を建築しようとする気になる。（I・26）

ここで「神霊」とあるのは、いわゆる「神」とは違います。神はデーヴァ（deva）の訳語です。仏教の世界観でいうと、六道輪廻の中でいちばん安楽な「天」（天界）にいる住人が「神」です。帝釈天《たいしゃくてん》とか梵天《ぼんてん》などと言われる神々です。

一方、「神霊」とはデーヴァター（devatā）の訳で、これは日本の神道《しんとう》でいえば山神、河の神、森の神など、身近にいる存在、地上に住む「鬼霊《きれい》」です。

つまりここでパータリ村の千の神霊たちと言っているのは土地神のことで、そのなかでも有力な神霊が住んでいる場所は、雰囲気が良いということなのでしょう。というより、いかにも雰囲気のいい所には有力な土地神が住んでいるのだと信じられていたものに違いありません。

さて尊師は、清らかな、超人間的な天眼をもって、千をもって数えるそれらの神霊がパータリ村に敷地を占有しているのを見た。そこで尊師は、朝早く起きて、若き人アーナンダにたずねた。（I・27）

釈尊はパータリ村に城郭を建設しているのが誰なのかをたずね、マガダ国の大臣たちであることを知って、このようにおっしゃいます。

アーナンダよ。パータリプッタが立派な場所である限り、商業の中心地である限り、ここは首都であり、物資の集散地であるであろう。しかしパータリプッタには三種の災難があるであろう。すなわち火と水と内部からの分裂とによるものである。（I・28）

釈尊の時代には、まだパータリプッタという大都市は建設されていません。マガダ国の首府であり、政治経済の中心地として栄えたのは後代のことです。ですからこの文章は、都市がすでに完成したことを知っている人が、釈尊の時代に当てはめて書いていることは明らかです。

そして、釈尊はのちにパータリプトラ（パータリプッタ）と呼ばれる町を作ろうとしていることについて、良い場所に目をつけたねえ、きっと繁栄するよ、とマガダ国の大臣たちに認めているわけです。

土地神への供養

そう聞いて喜んだ大臣たちは、釈尊にお礼を申し上げ、釈尊を食事に招待します（Ⅰ・29、30）。食事を終えると、釈尊は次のような説法をされます。

聖賢の生れなる人が
住居をかまえる地方において、
そこで、有徳にして自ら制せる清浄行者たちを供養したならば、
そこにいる神霊たちは
かれらに施与（の功徳）をふり向けるであろう。
かれら（＝神霊）は供養されたならば、またかれを供養し、
崇敬《すうけい》されたならば、またかれを崇敬する。
かくて、かれを愛護すること、
あたかも母がわが子を愛護するようなものである。
神霊の冥々《めいめい》の加護を受けている人は、つねに幸運を見る。
（Ⅰ・31）

こういう文章なのですが、実は、どう理解したらいいのか、長い間研究者を悩ませてきた箇所なんで

す。

中村先生の訳のポイントはこうなります。〈賢者が〉〈住んでいるところで〉〈修行者を供養するなら〉〈神霊たちは修行者に功徳を振り向ける〉〈供養によって崇敬された神霊たちは賢者を崇敬し、加護を与える〉。つまり、賢者が比丘に供養して得た功徳を、神霊たちが比丘にふり向ける。供養された神霊たちは供養者である賢者を供養し、崇敬する、ということなのですが、供養と功徳を誰が誰に与え、ふり向けるのか、はっきりしません。

渡邊照宏先生は、賢者は比丘にご馳走し、神霊たちを供養せよ、供養され崇敬されたものは相手を供養し崇敬する、憐《あわ》れみをかけてもらえる、と理解し、「新築したときには土地神を供養し、有徳の人にご馳走する古代インドの習慣」とされています（『著作集』二巻、四〇～四一ページ）。岩松浅夫先生は、賢者が比丘に供養すると神々が降臨し、祝詞を与え、供養を愛《め》でる、という意味に訳されています（『原始仏典』一、一八四ページ）。

いろいろと理解が違っています。実は最近研究が進んで明らかになったのですが、ポイントは中村先生が「ふり向ける」と訳されたアーデーサナー（ādesanā）という言葉の解釈にあります。これは「指し示す」という意味の言葉です。

最近の研究成果に基づいて訳すとここの文章は次のようになります。

清く賢く生まれたものが、（自分の）居住するところで、戒律を守り梵行を修する修行者たちに（食物を布施して）供養し、（修行者は）その布施（の功徳）を神霊たちにさし向ける（廻施《えせ》する）。（こうして）供養され、崇敬されたもの（神霊）たちは、その（供養した）人を供養し、崇敬し、……愛護し、……加護を与えてくれる。

どういうことかと言うと、上に掲げた図を見てください。布施をする人がいます。その人たちが布施物をサンガあるいは宗教者に供養します。すると当然、布施をした人たちには功徳が生じます。だまっていれば功徳は布施者のものになるのですが、そこで修行者たちがその功徳を、布施者ではなくて神霊に行くように、「指示する」こと、これがアーデーサナーです。廻施と言ってもいいし、回向《えこう》と言ってもいいものです。そうやって手厚くもてなされた神霊たちは、それに応じてギブ・アンド・テイクで布施者に恩恵・安心を与えます。それが〈供養されたならば……供養し、崇敬されたならば……崇敬する〉ということの意味です。

もちろん儀礼としては神霊を直接供養し、祈るという素朴な方法もありますが、こうした人間と神霊との間に宗教者が介在する儀礼もあるので、このようにワンクッション置いた形で功徳を届ける。そう

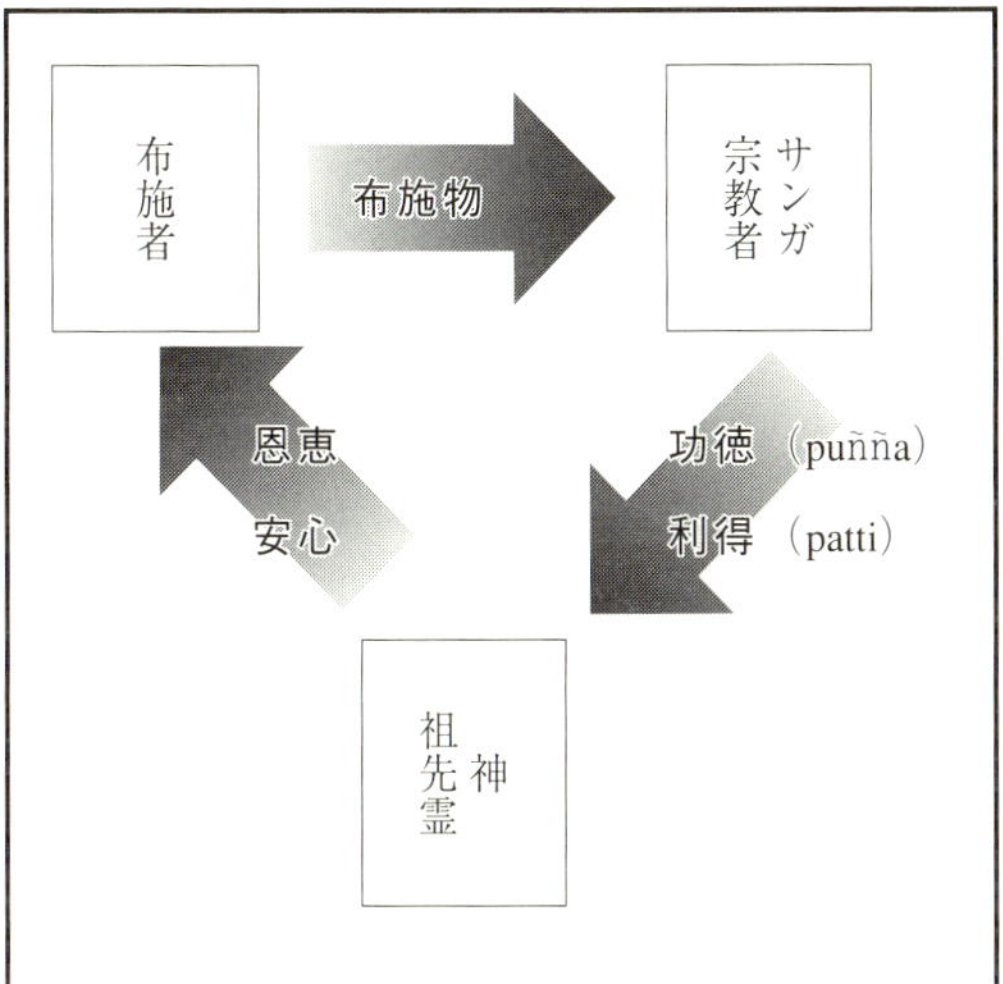

廻施（ādesanā）のしくみ

するど土地神は満足して布施者を保護してくれるわけです。

これは日本的に言えば、地鎮祭《じちんさい》と同じ思想です。建物や施設を建設する時には、日本でもその土地の守り神を供養して保護を求めるのですが、神式、仏式を問わず、宗教者が介在しています。

例えば神式では、〈いかなることがあっても土地が動き傾くことなく、平らかに、礎《いしずえ》が堅固なるように永遠に守り給え〉と祈るのですが、その際には「此の地を宇志波伎坐《うしはきま》す（領有する）大神等の大前に何某恐《かしこ》み恐み白《もう》さく」（神社本庁「地鎮祭祝詞」・三橋健『神道』大法輪閣、平成七年、三一三ページ）と建築主に代わって神主に祝詞《のりと》を唱えてもらいます。

仏教でも、各宗派によって細部には違いがありますが、基本的には、何某家（施主）のために僧侶が地天諸神のために供養、読経して工事安穏、諸災消除を祈ります。

なお、因《ちな》みに申し上げておくと、一般の信者が宗教者に布施し、その功徳を自分が取らずに世界を異にする存在に行くよう宗教者に廻施してもらう、ということの構造は、インド以来、今日の日本に至るまで、祖先崇拝の法要をささえているものです。

鬼霊崇拝

いったい仏教において、土地神などの神々や鬼霊を崇拝することはどう理解したらいいのでしょうか。これは仏教信仰と民俗信仰とがどう関わるのか、ということでも大きな問題に直結しています。

はっきりいうと、釈尊や祖師方が教える仏教信仰と、民俗信仰とは宗教的レヴェルが違います。前者は法（ないし「法身仏《ほっしんぶつ》」としての仏）への絶対帰依《きえ》です。法とは真実のことですが、具体的には無常とか、縁起、空《くう》などと具体的に術語で説かれる宇宙の大きなハタラキと受けとめていいものです。私たちはこの法、真実の中にしか存在しえないし、そこに生かされています。だからこそ、真実を無視したような行動は苦をもたらします。逆に、法に随順していくところに「思い通りにならない」「苦」を乗り越えることが出来ます。

例えば、自宅が火事に遭ったら、自分は今、家を失ったという無常の現実に出会っているのだと「あるがままに」受けとめなければならない。何故なら火事に遭ったということはすでに起こってしまった「無常」の真実なのですから。現実の生活に即して言うなら、家が焼けてしまったという認めがたい事実から目を背け、逃げ出してはならない、ということです。そのうえで、再建の努力をしてゆく前向きの強い心を失わずに生きていけ、と説かれます。

少し難しい言葉を使うなら、仏教信仰の本義は自己の内なる心を凝視し、真実、法に随順して生きていく「出世間《しゅっせけん》レヴェル」の教えなのです。釈尊が「自らを拠り所とし、法を拠り所として生きよ」（自灯明《とうみょう》・法《ほう》灯明）と説いたのもこの意味です。

民俗信仰ではこういう困難な姿勢はありません。真実がどうだというよりも、私たちの自我欲望が満足されるような方向で、物事を期待します。だから、神や仏などに、どうぞ家が焼けませんように、と祈ります。そう祈ることで一時《いっとき》であれ、心を安らかにすることもあり、救いとなることもたしかです。自宅が焼けそうになった時、神様、仏様、助けて、家が焼けませんように、と誰でもが祈るのではないでしょうか。こういう声を出さざるをえないということは、声を出すことによって心が幾分でも安んじられるからです。
民俗信仰とは自分の努力で事態をどうするというよりも、神、仏に頼んで欲望の充足を図るものです。自分で努力する前向きの生き方ではありません。「気休め」と言っては言い過ぎかも知れませんが、しかし、「気休め」も大切な救いなんです。これはすなわち「世間レヴェル」の救いと言ってもいいでしょう。

ですから、民俗信仰的な「救い」は、仏教信仰の本来の「救い」から言えば、本当の「救い」ではないということになります。だからこそ、釈尊は自灯明・法灯明を強く説いたのですし、道元禅師も〈山神鬼神等に帰依することなかれ〉とはっきり言っています。仏教の説く「救い」はあくまでも「出世間レヴェル」の教えなのです。

さて、ここで問題になってくるのですが、それでは、「出世間レヴェル」ではない「世間レヴェル」の救いは求めていけないのでしょうか。仏教徒としてなしてはいけないことなのでしょうか。しかし、道元禅師は〈山神鬼神等に帰依することなかれ〉と説きつつ、例えば、白山権現《はくさんごんげん》などに対して敬意を表することは否定していません。今日でも白山神社は永平寺の守護神とされ、春彼岸の入りの日には修行僧たちは神社に詣で祝祷《しゅくとう》します。

また曹洞宗の寺院での朝課では、経典読誦《どくじゅ》の後に、その功徳を釈迦牟尼仏《しゃかむにぶつ》や曹洞宗の二人のお祖師様方に「供養し奉《たてまつ》り、無上仏果菩提《むじょうぶっかぼだい》を荘厳《しょうごん》」します。つまり仏祖の悟りを讃え、広まることを祈ります。次いで、「護法の諸天、護法の聖者、当山の土地護伽藍神《どじごがらんじん》、招宝七郎《しょうほうしちろう》大権修理菩薩、合堂の真宰《しんさい》に祝献す。……」と回向文を唱えます（『曹洞宗行持軌範』）。

ここに明らかに見るように、祝祷とか祝献ということは決して「帰依」することではありません。帰依とは仏菩薩などへのひたすらな帰投であり、信仰です。山神鬼神、ないし寺の守護神などには敬意を表し、法を守護するよう見守って欲しい、という趣旨の挨拶とみていいものです。異なる言葉で祈りの内容が厳然と区別されているのです。

世間と出世間――二つの宗教レヴェル

個人の信仰はそれとして、教団という立場から見るならば、「世間レヴェル」の観念や儀礼はなくてはならないものです。これは歴史が証明しています。

インドの仏教でも、悟り、つまり「出世間レヴェル」での教えはあくまでも仏教信仰の本義として堅持されつつも、教団の側から見るなら、「世間レヴェル」の観念や行法は時代と共に増しています。功徳をつんで良き後生を願うこともその一例です。原始仏典には早くも仏教信者たちが菩提樹や仏塔などに現世利益《げんぜりやく》の願いをこめる事例が多く出てきます。大乗仏教の伝承を見ても、仏菩薩への「帰依」とは別に、諸天や明王などへの祈りは、今日でもごく普通でしょう。

『観音経』も本来的には現世利益の経典です。ここには観音による七難《しちなん》救済（一番最後の偈頌《げじゅ》の部分「普門品偈《ふもんぼんげ》」では十二難）が記述されています。よく知られている偈頌部分での最初は『仮使興害意《けしこうがいい》　推《すい》落大火坑《らくだいかきょう》　念彼観音力《ねんぴかんのんりき》　火坑変成池《かきょうへんじょうち》」で始まります。たとえ悪意をもって火の燃えさかる坑《あな》につき落とされても、観音の名号《みょうごう》を唱えれば、即座に火坑は冷たい水をたたえる池に変わり、救われる」ということです。

実は観音救済の意味については、従来より、二つの意見があって、一つは現世利益を説いているとするものです。他は「出世間レヴェル」での信仰の在り方を譬喩《ひゆ》として説いている、と理解します。つまり、ここでいう火とは欲望のことであり、観音信仰によって欲望をなくし、宗教的に救済されると理解するのですが、これは「出世間レヴェル」での解釈です。

『観音経』にはたしかに「出世間レヴェル」での救いが説かれていることは疑いありません。しかし、だからといって具体的な観音救済のすべてをそうした譬喩として理解することは正しくないと私は考えています。『観音経』が本来、現世利益の経典として成立したものであり、次第に「出世間レヴェル」にまで内容が高められたものです。さらに、中国、日本における観音信仰の大部分は現世利益ですし、だからこそ観音信仰や『観音経』はポピュラーになりました。『観音経』の救済は「二重構造」だと私は理解しています（拙著『観音経講義』東京書籍をご参照下さい）。

ついでながら、キリスト教でも事情は同じです。現世利益を教理的に拒否するプロテスタント諸派でも、現実には様々な呪術的祈祷や心霊操作などが行われています。カトリックはこの点ではおおらかで、たとえばルルドの泉（フランス）とか各地の土着信仰と融合したマリア崇拝などで現世利益は行われていますが、同時に、信仰の本義はがっちりと守られています。

私は「出世間レヴェル」の信仰と「世間レヴェル」の民俗信仰とは両立していいものだと受けとめています。迷信的なものは無論別として、功徳の観念、葬祭、祖先崇拝、通過儀礼や農耕儀礼など、それなりに意味があり、人生の潤滑油として機能しているのですから。

「世間レヴェル」と「出世間レヴェル」との関係は微妙で、はっきりと一線を画することは難しいものです。教団の歴史的伝承の間に、「出世間」は民俗信仰を取り込む傾向を示しています。「世間レヴェル」の民俗は悟りに関わる世界観と融合して「仏教化」してきました。こうした現象は仏教の堕落と見るべきものではありません（現実には、堕落したと言わなければならない現象がいくらでもあるのですが）。信仰として純粋培養された教理、教義のみを仏教として、民俗信仰のすべてを切り捨てることは、教団の存在、発展を不可能にします。教団の発展には両レヴェルの存在が不可欠なのです。むしろ「世間レヴェル」の信仰を仏教本来の信仰に導き、昇華させていく努力が現実的な姿勢だろうと考えています。本経の「土地神への崇拝」はこうした仏教発展史の一齣《こま》として理解すべきなのです。

ガンジス河を渡る

さて、テキストに戻ります。以上のように、これからパータリプッタという城を建設するにあたり、その土地神たちに敬意を表しておきなさいよ、という説法をして、釈尊は立ち去り、ガンジス河を渡ります（I・31）。

……尊師が出て行かれたその門は〈ゴータマの門〉と名づけられたのである。（I・32）

……尊師はガンジス河におもむいた。そのときガンジス河の水は満ちていて、水が渡し場のところまで及んでいて、平らかであるから烏《からす》でさえも水が飲めるほどであった。……あたかも力士が屈した腕を伸ばし、また伸ばした腕を屈するように、まさにそのように（僅かの）時間のうちに、こちらの岸に没して、修行僧の群れとともに向う岸に立った。（Ⅰ・33）

……尊師は……この感興《かんきょう》のことばをひとりつぶやいた。

沼地に触れないで、橋をかけて、（広く深い）海や湖を渡る人々もある。（木切れや蔓草を）結びつけて筏《いかだ》をつくって渡る人々もある。聡明な人々は、すでに渡り終っている。（Ⅰ・34）

〈鳥でさえも水が飲める〉というのは面白い表現です。水が満々とたたえられている、という意味で暑いインドでは望ましいことの一つなのでしょう。浄土経典にも、極楽にある蓮池をこう表現しています。

〈感興のことば〉とはウダーナといい、釈尊自身の心の思いを述べた言葉、詩偈ということです。ですから、これは河を渡った時の描写ではありません。伝承では、釈尊一行はあっという間に岸を渡ってしまった。このあたりにすでに釈尊の超人化が始まっていることを見てとることができます。

現実には、沼地や河を渡るのに橋を架ける人もいれば筏を使う人もいる。いろいろな人がいて、いろいろな方法があることを言うと同時に、人間の欲望によって渡ることの難しい人生の沼地・河を、私はすでに渡ってしまっていますよ、というつぶやきなのです。

9 悟りへの道・四諦八正道

四諦八正道を説く

『マハーパリニッバーナ・スッタンタ』第二章に入ります。

釈尊は修行僧たちを連れてコーティ村におもむきます（Ⅱ・1）。コーティ村というのはガンジス河を渡ってヴェーサーリーへ向かう途中の小さな村です。その地にとどまって、釈尊は修行僧たちに「四つのすぐれた真理」について説きはじめます。

中村先生は仏教の術語をなるべく使わず、普通の日本語で表現しようとされています。ここでも、「四つのすぐれた真理」とありますが、無論これは「四諦八正道《したいはっしょうどう》」として知られているものです。経典は四諦八正道をさりげなく説いているので、スッと読んだだけでは、なるほどそういうものかと通り過ぎてしまいそうです。しかし、ここで釈尊が説いたという教えはとても重要な、仏教の最基本だと言ってもいいものです。

釈尊や祖師方は言いたいことをズバリと表現します。それだけに、私はいつも思うのですが、仏典に言葉で示された教えは、海面上に姿を現わしている氷山のようなものです。その下には、その教えを支えている何倍もの内容が隠されているのです。

この四諦八正道にしても、釈尊の悩み、修行、悟り、そして覚者つまりブッダ（仏）としての生活実践などがその下に重く、広く横たわっています。表面の言葉の意味を知っただけでは不十分です。なるたけ海面下に隠れた釈尊の心の世界を偲《しの》びながら、読んでいきたいと思います。

修行僧たちよ。四つのすぐれた真理をさとらず、通達《つうだつ》しないが故に、この長い時間にわたって、わたしもお前たちも、このように流転し、輪廻したのである。

修行僧たちよ。〈苦しみ〉という尊い真理をさとらず、通達しないが故に……。

修行僧たちよ。〈苦しみの起るもと〉という尊い真理をさとらず、通達しないが故に……。

修行僧たちよ。〈苦しみの止滅〉という尊い真理をさとらず、通達しないが故に……。

修行僧たちよ。〈苦しみの止滅にみちびく道〉という尊い真理をさとらず通達しないが故に、この長い時間にわたって、わたしもお前たちも、このように流転し、輪廻したのである。（Ⅱ・2）

四つのすぐれた真理とは、術語では「苦集滅道《くじゅめつどう》」といいます。第一は〈人生は「苦」である〉という真理、第二は〈苦の原因（「集」）は欲望である〉という真理、第三は、だから〈欲望を「滅」すれば苦もまた滅する〉という真理、そして最後は、そのための〈八つの正しい実践の「道」という真理〉です。「諦《たい》」とは明々白々な真実というほどの意味で、同時に真実を明らかにする、という実践的意味合いをも含みます。「真理」とも訳されます。ですから四諦を「苦諦、集諦《じっ》、滅諦、道諦」といい、あるいはそのすべての主要なテーマが苦でありますので、苦諦、苦集諦、苦滅諦、苦滅道諦などと呼ぶこともあります。

テキストはこの四諦を悟らなかったからこそ、私もお前たちも輪廻《りんね》してきたのだと、釈尊は説きます。そして、四諦を悟ったら、輪廻しないですむ、と続けます。

しかし、修行者たちよ、〈苦しみ〉というすぐれた真理がさとられ、通達された。……〈苦しみの起るもと〉……〈苦しみの止滅〉……〈苦しみの止滅にみちびく道〉という尊い真理がさとられ、通達された。生存に対する妄執《もうしゅう》はすでに断たれた。生存にみちびく（妄執）はすでに滅びてしまった。もはや再び迷いの生存を受けるということはない。（Ⅱ・2）

四諦を悟り、実践することは真理を悟ることですし、苦なる輪廻を脱することだといいます。

なぜ苦は生じるのか

悟ると輪廻を脱する、ということについては、前々回で幾分詳しく学んだところです。

輪廻説は古代インドの民俗信仰です。人は生前になした善悪の行為（業《ごう》）の結果として働く影響力（業力）によって、それなりの死後世界に生まれ変わります。どんな世界にあっても、業（行為）はあり、業力は生じますから、人は限りなく生まれ変わり、死に変わって行きます。それが輪廻です。そして、輪廻するのは人間の欲望によるものですし、右の文章に「生存に対する妄執」とあるのがそれです。ですから輪廻は「迷いの存在」であり、苦なるものと受けとめられています。しかし宗教的解脱を得ると業力は働かず、生まれ変わりません。永遠に解脱するとはつまり「不死」であり、宗教的喜びに満ちる世界にとどまることができます。

しかし、これは教理です。現実の問題としてはどう受けとめたらいいのでしょうか。それには釈尊の悩まれた「苦」について考える必要がありそうです。

釈尊は老病死に悩んで出家したといいます。これは間違いない事実です。しかし、老病死にどう悩んだのでしょうか。結論を言うと、釈尊の悩みは、例えば死についていうなら、「死にたくないという自我欲望」と、「死なねばならない現実」との間に、自我が引き裂かれたものと言っていいでしょう。一般的に言い直せば、「思い通りにしたい」自我と、「思い通りにならない」現実との間に、自分の自我をどう捉《とら》えていいのか判らなくなったのです。私どもにしても、自分で自分が判らなくなってしまうことがあるではありませんか。

釈尊はこうした心の乱れを、おおよそ、つぎのように述べています。〈人は欲望を起こすが、それが叶《かな》えられないと矢で射られたように苦しむ。欲望に執着《しゅうじゃく》すると「無力なるもの」つまり煩悩に圧倒され、危難に陥《おちい》る。だから「欲望を捨て去って彼岸に達せよ（取意）〉（『スッタニパータ』七六七―七七一）。

ここに書かれている内容が後に「十二縁起《えんぎ》」という教理にまとめられてきます。これは十二の項目を用いて苦がどのようにして生じてくるのかを示した公式のようなものです。十二の項目すべては挙げず、基本構造だけ申しますと、こうなります。

無明……（渇）愛……取……有……老死
（無知）（根源的欲望）（執着）（迷いの存在）（苦）

「愛」とは根源的欲望というほどの意味です。原語はタンハー（taṇhā）で、喉《のど》の渇《かわ》きのことです。つまり、無性に水を欲しがる喉の渇きにも似て、何かを欲しい欲しいと求めていくハタラキをいいます。本能的な貪《むさぼ》りの心といってもいいし、これがない人間はいません。

ところがこれだけでは具体的な欲望にはなりません。その本能的衝動が対象と結びついて、あれが欲しい、これは要らない、と具体的な欲望になります。対象と結びつくことが「取《しゅ》」です。私たちが普通に欲望と呼んでいるものを、「愛」と「取」の二つのハタラキに分けて説明していると考えて結構です。

人生は苦なり

次の「有《う》」というのが、仏教独特の見方になります。欲望とは「欲しがる」こと、ネダルことですが、「ナイモノヲネダル」「カギリナクネダル」という二つの面をもっています。この欲望のおかげで人間は常に新しいものを発明し、発見し、いわゆる文明を発展させてきたといっていいものでしょう。しかし、思い通りにならないと言って嘆き、自分を不安におとしいれることの原因になっているのもこの欲望です。仏教が問題にするのはこうして欲求不満で苦しむ欲望なんです。

私は「後期高齢者」です。あまり語感の良い言葉ではありませんが、日々に老が深まっていることを実感しています。しかし老が嫌だからといって、若さを取り戻したい、といったら、それは「ナイモノネダリ」ではないでしょうか。いや、それを求めるのが科学だ、いつか若返りの方法が見つけられる！などと言うなら、どうぞやってください。実現されれば有り難いことです。しかし、それは未来に属する事柄です。自分が今生きている現実の問題として、老が嫌だ、と嘆いていたら、出口のない欲求不満で自分を苦しめるだけではないでしょうか。同じように病気になってしまったら、病を否定出来ません。死についても同様です。

やはり無常なる現実は事実として自分の身の上に起こったことを認めざるを得ない。無常なるままに、老病死を素直に認められるなら、「ナイモノネダリ」は止《や》む道理です。もっとも理屈通りには行きません。老病死という無常の現実はなかなか受け入れがたいものですし、それを受け入れられるためにこそ信仰が意味をもっています。しかし、こうして、自分の今の老なら老の無常の現実を認めようとしない、あるいは認め得ない人間の愚かさを無明《むみょう》と言うんです。

無明とは無知のことですが、知識のないことではありません。無常とか縁起《えんぎ》、空《くう》などと表現されている宇宙の真実のハタラキを認めない、いや、認められない人間の持つ根源的な愚かさを無明というのです。

その結果が「有」つまり「迷いの存在」ですし、それは「老死」に代表される「苦」を生じる、というのが、右の十二縁起の中核の思想です。有とは普通「存在」と訳される言葉ですが、単なる存在ではなく、苦なる存在を言います。中村元先生は「迷いの存在」と言い、和辻《わつじ》哲郎先生は「輪廻《りんね》の存在」だと理解されています。

さて、こうした経緯で「苦」が生じてくるものなら、それは単なる感覚的な苦でないことがご理解いただけると思います。これは少し後代の理論的な仏教教学でいう術語なのですが、苦には「三苦」あり、といいます。苦苦《くく》、壊苦《えく》、そして行苦《ぎょうく》です。苦苦とは痛い、ひもじいといった感覚的な苦です。壊苦とは物事が衰退し消滅していく際に感じる苦で、精神的な苦です。おごれる平家久しからず、はかないねぇー、などと嘆く苦です。最後の行苦の行とはすべての現象というほどの意味で、つまりすべての存在は苦である、ということです。仏教の基本的なテーマである「一切皆苦《いっさいかいく》」ということです。

一切皆苦、あるいは「人生は苦なり」という時、人生には苦もあるが楽もあるではないか、苦楽織りなすのが人生で、仏教はその楽を見ずに苦のみを取り上げる後ろ向きの宗教だ、などとよく言われます。欧米の人と話しているとしばしば聞かされる批判であり、質問です。しかしこれは間違っているんです。

人生は苦なり、という時の苦とは苦楽相対の苦ではありません。今見てきたように、私たち人間は「ナイモノヲネダリ」「カギリナクネダ」っては欲求不満、つまり「思い通りにならない」苦を自ら招き入れています。根底に真実を見ない、あるいは見えない愚かさがあります。それは人間の性《さが》とでもいうべきものではないでしょうか。「人生は苦なり」というのは、こうした「人間の」、ということは「私たちの」、いや、もっと端的に言うなら、「私の」人生が常に自ら苦を作り出している存在ではないか、ということなのです。ですから、時折説かれるように、「人生に苦あり」ということとは区別してください。

そして釈尊はこうした苦の在りようを見いだすことで、自らの苦を乗り越えたのです。

欲望は滅せられるか？

四諦の三番目は、その苦の原因が滅すれば苦もまた滅する、ということです。しばしば誤解されるので、少し説明しておきます。「滅」の原語はニローダ（nirodha）で、遮《さえぎ》る、妨《さまた》げるという意味の言葉です。水が流れているところに土砂を積んで流れをブロックする、これを nirodha というのです。水の流れそのものはなくせませんが、流れを遮ることによって水はこなくなります。

「人生は苦なり」と迷いの存在を自ら招き入れている私たちですが、それならこの欲望をなくせばいいじゃないかというと、どっこい人間の自我欲望はなくなりません。なくせるはずもありません。そうではなくて、欲望をしかるべき方法で抑制すると、欲望が具体的にハタラキ出ることが抑えられます。それを滅といったのであって、つまり、「欲望そのもの」をゼロにすることではなく、「欲望の悪《あ》しきハタラキ」が具体的に出てくることをなくす、ということなんです。

若返りたいな、という欲望は誰にでもあります。欲望はあっても、それはできない相談なのだと納得すれば、若返れないという不満は解消するでしょう。そんなこと当たり前じゃないか、とおっしゃるかも知れません。たしかに老が若さに戻れないことはあまりにも明らかですから、若返りが出来ないと本気で悩んでいる人はほとんどいません。

しかし事柄が例えば、失恋だったらどうでしょう。恋人の心が変わった。それは無常の現実です。しかし、それが踏ん切りがつかないで、私たちはいつまでも苦しんでいるのではないでしょうか。私は自分の学生時代に流行《はや》った言葉を時折思い出します。失恋した仲間に、「捨てちゃえ、捨てちゃえ、どうせ拾った恋だもの」などと語っていました。軽いノリで語りかけているのですが、実は、失恋した現実をはっきりと自覚させようとする忠告でもあったわけです。

繰り返します。釈尊は欲望をなくせとは言いませんでした。欲望を抑制せよと言ったのです。それが「滅」の意味です。のちの大乗仏教では「煩悩即菩提《ぼんのうそくぼだい》」などという表現も出てきます。煩悩欲望をゼロにする、という意味はありません。

実践の道・八正道

どうすれば欲望を抑制し、その具体的なハタラキを滅することが出来るのか。そのための方法論として、四諦は最後に「道」を説きます。歩いていくべき道です。具体的には八つの項目があって八正道といわれます。

八項目を四つのグループに分けて書くとこうなります。

・正見
・正思、正語、正業
・正命
・正精進、正念、正定

正見《しょうけん》とは正しい見解です。私たちは縁起の道理で変化し続ける無常の世の中を、欲望の赴《おもむ》くままに、こうあって欲しい、ああでなくちゃ困るとか言っているのですが、正見とはそうした自我欲望に振り回されずに真実の在りようを正しく見ることです。

その正見を心得て、正しく行為しよう、というのが次のグループです。正しく思い、正しく語り、正しく行動しようというのですが、仏教では行為を身体と言葉（口）と心（意）の三者を含むものとして考えます。これを身口意《しんくい》の三業《さんごう》と言います。

身口意の三業が正しくなれば自ずと生活自体も正しくなる道理ですが、正命《しょうみょう》とは正しい生活の意味です。

その理想を実践するために最後の三つの要件が挙げられます。精進《しょうじん》とは努力することです。念とは常に心にかけて忘れないこと。寝ても覚めても恋人のことを思うのと同じように、法を思い、正しく生きることを思い続けるのが正念《しょうねん》です。

以上の行動を実践するには自我を調えなければなりません。そのために瞑想が必要だというので、これが定《じょう》です。禅定のことです。禅定は私たちを自我を超えた境涯に導いてくれるものです。瞑想、禅定にはさまざまな機能があることが知られているのですが、自我を超えて「無我」の世界に導いてくれることは禅定の重要なハタラキの一つだと思います。八正道の実践は単なる身体的行動の規定だけではなく、精神的訓練と実践を含んでいるものです。

悟りへの道を歩く

さて、この八正道を考える上で大事なのは、道《みち》ということです。まず、道は歩くものです。頭で理解することではありません。第二に、道はここまで歩けばいい、というものではないことです。仏道という道はどこまでも歩き続けるものです。修行するとその結果として悟れる、などとよく言われます。しかし、悟ったかどうかということは精神的な自覚の問題です。仏道は生きることなのですから、死ぬまで歩き続けなくてはならない。どこまで歩けばいい、ということではないのですね。

八正道にしても、身口意の三業を正しくするとか、正しい生活（正命）などと言います。一時の精神の転換、ないし、肯《うなず》き、といった悟りではなく、正しく歩き続けていくことが「道」というものでしょう。それは単なる知的な理解や慣習でもない。大切なのは、それを実践していこうという意欲を起こすことなのです。それが仏教の原点だと思います。

修行者は（正しい道の）ほかには、見解、伝承の学問、戒律、道徳、思想のうちのどれによっても清らかになるとは説かない。かれは禍福《かふく》に汚《けが》されることなく、自我を捨て、この世において（禍福の原因を）作らない。

（『スッタニパータ』七九〇・中村元訳）

これはとても重要な教えです。「清らかになる」というのは原始仏典にしばしば出てくる表現で、悟りのことです。迷いの人生を超えて「安心《あんじん》」の生活をするためには、正しい道を歩く以外に方法はないことを強調しているのですが、だからこそ、口先ばかりの議論や意見は役に立たない、というのですね。伝承されてきた学問も、また思想も所詮は知的な営みでしかない。戒律でも駄目だ、というのは、戒律を否定しているのではなく、形式的に戒律を守るだけでは真実に触れることが出来ない、生活全体が問題だというものでしょう。道徳も同じです。

釈尊が説きたかったのは、自我を野放図に振り回すことから生じる「思い通りにならない」苦の克服でした。それこそが釈尊の悩みであったのですし、仏教の教えの中心にあるものです。だから道を歩くことが悟りに連なります。それをもう一つ推し進めれば、「自我を捨て」、つまり自我を抑制しつつ、正しい道を歩くことが悟りの実現だった、と言ってもいいのではないかと私は受けとめています。

原始仏典に、諸仏も四諦八正道の道を歩くことで悟りに至ったことを示す興味ある譬喩が説かれています。「古城」というテーマの文章です。

「私は人気のない林をさまよっていて、ふと古い道を発見しました。昔の人が歩いていた道に違いありません。その道をたどっていくと、昔の人の住んでいた古い城がありました。園林があり、岸も美しい蓮池がある古城です。王様、そこに町を作ったらいかがでございましょう」

王は町を作らせた。町は栄え、人々は集まり、殷賑《いんしん》をきわめた。

比丘たちよ。私も同じように過去の仏達がたどった古道、古径を発見したのだ。

比丘たちよ。過去の仏達のたどった古道、古径とは何であろうか。それはかの八正道である。…

…これが過去の仏達のたどった古道、古径であって、この道を歩んで行きながら、私もまた老死を知り、老死の生じる原因を知り、老死の滅を知り、老死の滅にいたる道を知ったのである。

（『相応部経典』Ⅻ・65）

釈尊は老死という苦をテーマにしながら、その苦を自覚し、その原因を尋ね、苦を滅することが可能であることを知り、そのための実践の道である八正道を「古径」と呼んでいます。釈尊が自ら、苦労しながら、森の中に隠されていた古径を発見し、歩き、真実という城に到達しました。それが悟りでした。そして、過去仏たちも同じこの道を歩いて悟りを得た普遍的な道であることを実感しているのです。

ブッダとは「目覚めた」という意味の言葉ですし、釈尊は真実に「目覚め」、「自覚」したからこそブッダと呼ばれました。真実に目覚めた人がブッダなら、釈尊以外にブッダがいてもおかしくありません。現にジャイナ教の古い文献には、弟子のサーリプッタ（舎利弗《しゃりほつ》）がブッダと呼ばれていたことを記しています。そして原始仏典は比較的早い時期から、釈尊以前に六人の過去仏がいたという伝承を伝えています。

四諦八正道は悟りへの道として、昔も今もその意味を失っていない仏教の最基本の教えと言っていいものでしょう。

10 遥かなる悟りを目指して

死んだらどこへ行くのか?

釈尊はコーティ村からナーディカ村に赴《おもむ》きます。そこで侍者《じしゃ》和尚のアーナンダは釈尊にこう尋ねます。

尊い方よ。サールハという名の修行僧がナーディカで亡くなりました。かれの行きつくところは何でしょうか? かれはどこにおもむいたのでしょうか?

尊い方よ。ナンダーという名の尼僧が亡くなりました。かの女の行きつくところは何でしょうか? かの女はどこにおもむいたのでしょうか?

尊い方よ。スダッタという名の在俗信者がナーディカで亡くなりました。かれの行きつくところは何でしょうか? かれはどこにおもむいたのでしょうか?

尊い方よ。スジャーターという名の在俗信女がナーディカで亡くなりました。かの女の行きつくところは何でしょうか? かの女はどこにおもむいたのでしょうか? 《以下、七名の在俗信者につい

て同じ文章が続きます》（Ⅱ・6）

死んでからどこへ行くのか？　これは切実な問題です。今日の私たちもしばしば同じ問いを発しています。ご先祖さんの国へ行ったのか。山か海の彼方に行ったのか。墓の中にいるのか。それとも千の風になってあなたと共にいるのか。あるいは六道輪廻のどこかの世界に生まれ変わっているのか。これは親しい人を失った私たちの問いでもあるし、あるいは私たち自身の問題でもあります。

しかし、実は、ここでの問いは脈絡が全く違うのです。

仏教は悟りを求めるものです。悟りのない仏教はありません。しかし悟りほど難しいものもないでしょう。

原始仏典では、出家者の悟りの例がしばしば説かれています。一方、在俗信者は、原則的には、悟れないことになっているのですが、しかし、悟りに向かうプロセスは説かれています。実際に信仰の生活に入ってみれば、信仰は次第に熟してくるものですし、それだけ悟りに近づいてきているなという心境、ないし自覚は実感されることです。原始仏教時代の出家者や信者たちも同様であったに違いありません。悟ったか、悟っていないのか、という二元論ではなく、悟りに近づく段階がいろいろと想定されたに違いありません。また、それに応じた修行の段階も意識されたものでしょう。そして、結論を先に言うなら、その段階はこの一生の中だけではなく、死後の生にまで関わって説かれたのです。

悟りの種種相

釈尊は悟りを開くと、すぐにヴァーラーナシーに赴き、初めて法を説いています。初転法輪《しょてんぼうりん》として知られていますが、指導した相手はかつての修行仲間である五人の比丘《びく》でした。マン・ツー・マンの厳しい修行のぶつかり合いがあったようです。そして、ある日、コンダンニャという比丘が「そうか、わかった！」と真実に眼が開けた自覚を口に出します。これは理論がわかったことではありません。身体で肯《うなず》かれた宗教体験です。つまり、悟ったぞ、という自覚なのですが、釈尊も嬉《うれ》しかったのでしょう。「コンダンニャ、お前はわかった。わかった！」と確認します。

この「わかった」というのは悟りの智慧「アンニャー」（パーリ語で aññā、梵語で ājñā）を得たという意味です。ここから彼はアンニャータ・コンダンニャ（「悟った・コンダンニャ」）と呼ばれるようになりました。漢訳仏典は彼を阿若憍陳如《あにゃきょうぢんにょ》と音写し、釈尊のもとで最初に悟りを開いた人として知られることとなりました。

続いて他の四人も「心解脱《しんげだつ》」を得、ここに、釈尊も含めて「この世に六人のアラハント（arahant 阿羅《あら》漢《かん》）がいた」と仏典は記しています。

さらにヴァーラーナシーの豪商の息子のヤサが修行して悟りを開き、続いて彼の四人の友人、さらには五十人の友人がいずれも悟りを開いたので、ここに六十一人の「阿羅漢」がいた、と仏典は伝えています（『ヴィナヤ』大品、I・6・47）。

「アンニャー」という悟りの智慧の内容はよくわかりません。しかし、釈尊も弟子たちも同じく「アンニャー」の智慧を得たのであり、仏典はその悟りに差がある書き方はしていません。しかし、仏典は間もなく、釈尊の悟りの智慧は「パンニャー」(paññā、梵語「プラジュニャー」prajñā)すなわち「般若《はんにゃ》」の智慧であるとし、弟子たちの悟りの智慧と区別して、より高次の悟りだったと表現するようになってきます。

弟子たちで悟りを開いた最高者がアラハント(阿羅漢)と呼ばれました。ですから阿羅漢はブッダより一格下の聖者ということになりますが、しかし、別の脈絡では、「仏の十号」つまり仏陀の異名を並べたところでは阿羅漢が含まれています(後述)。この辺は仏教の歴史的発展の中で術語の意味もいろいろな変遷、変化を経ていることを示しています。

遙かなる悟りへの道

出家者は現世で悟りを開くことが出来ます。原始仏典には悟りを開いた弟子たちの事例が述べられています。しかし、悟れない人も沢山いたわけで、この人たちは死んだらどうなるのでしょう。古代インドでは、ヒンドゥー教でもそして仏教でも、解脱し、悟りを開いた人はもう輪廻しないとされています。これは本シリーズ第7回ですでに見たとおりです。つまり、悟った人はもうこの世には戻ってこない道理です。では悟れなかったらどうなるのか。

天の世界に生まれるより他に考えられません。

在俗の信者たちは、功徳《くどく》を積めば天界に生まれると教えられ、そう信じています。布施し（施）、善い行い（戒）をして功徳を積むことは、善き死後の「資料」（材料）である、と釈尊も説いています。ましてや出家者はきびしい仏道修行をしてきた人です。動物とか餓鬼《がき》、地獄の世界に堕ちることはないと考えられました。

天の世界に生まれ変わり、そして天にとどまる功徳の業《ごう》が尽きると別世界、具体的には人間の世界、に転生《てんしょう》します。そこで出家修行すれば悟りを開くことが出来ます。いや、修行の名残がありますから、それだけ悟りに近いと考えられたようです。

「ジャータカ」という一群の仏教説話文学があることは御存知でしょう。釈尊が悟りを開かれたのは、この世での修行だけではない、何生にもおよぶ前世での徳行、功徳のおかげだ、と考えられました。悟りの難しさと輪廻の観念の上に、釈尊は幾多の前生において徳を積んだに違いない、それでなければシャカ族の王子としてのあの一生だけで悟れるはずがない、と人びとは考えたのです。そこに、当時のインドで広く語られていた寓話が結びつき、ジャータカ物語、すなわちブッダの前世の物語（前生話）が発展したものです。パーリ語の『ジャータカ』というテキストには五百四十七のジャータカ物語が集められています。釈尊はさまざまな人間や動物となって、仲間を導き、あるいは救って、「それが前生の菩薩」――ここでは釈尊のこと――だと関係づけられています。

ジャータカ物語が成立したのは無論、釈尊の時代ではありません。仏滅後のことですが、西暦前三世紀末以降のサーンチーやバールフトの古い仏塔の欄楯《らんじゅん》（玉垣）や塔門柱などにジャータカ物語のシーンが浮き彫りされていますから、おそらくその時代以降のものでしょう。

そして、出家者ばかりでなく在俗生活をしている信者さんたちも同様でした。出家者、在家信者を問わず、熱心に仏道を実践する者は、現世では悟れなくても来世、ないしそれ以降の生において悟れる、いや悟れるよう努力しなければならない、と考えられたようです。

そして次第に、現世での修行が進み、信仰が深まると、未来世においていつ悟りが開かれるかという、先行きが見通されるようになりました。修行の進展に応じて、あなたはもう動物、餓鬼、地獄などの悪い苦しい世界に転生することはありませんよ、とか、一度だけこの世に生まれ変わってそこで（出家修行し）悟れるよとか、転生した世界で悟れるからこの世にはもう戻ってこないですむよ、などと説かれたようです。

輪廻世界の観念の上に、信仰が深まったその度合いを評価したくなるのもよくわかります。

本経で、上のようにナーディカ村出身の比丘、比丘尼、在俗信者と信女たちがどこに生まれ、どこに赴いたかと尋ねているのは、正にその意味なのです。だから死後の行方ではなく、遙かなる悟りに向かって、どの辺まで歩いているかを問うものだったのです。

いくつかの段階

釈尊はアーナンダの問いに応じて答えます。

アーナンダよ。

仏界		
無色界		非想非非想処
		無所有処
		識無辺処
		空無辺処
色界	四禅	色究竟天
		善見天
		善現天
		無熱天
		無煩天
		広果天
		福生天
		無雲天
	三禅	遍浄天
		無量浄天
		少浄天
	二禅	極光浄天
		無量光天
		少光天
	初禅	大梵天
		梵輔天
		梵衆天
欲界	六欲天	他化自在天
		楽変化天
		覩史多天
		夜摩天
		三十三天
		四天王衆天
	地表	倶盧洲
		牛貨洲
		勝身洲
		贍部洲
		傍生
	地下	餓鬼
		等活地獄
		黒縄地獄
		衆合地獄
		号叫地獄
		大叫地獄
		炎熱地獄
		大熱地獄
		無間地獄

仏教の宇宙観
（定方晟『仏教に見る世界観』より）

①修行者サールハは諸々の汚《けが》れが消滅したが故に、すでに現世において汚れの無い〈心の解脱〉〈知慧による解脱〉をみずから知り、体得し、具現していました。

②尼僧ナンダーは、ひとを下界（＝欲界）に結びつける五つの束縛を滅ぼしつくしたので、ひとりでに生れて、そこでニルヴァーナに入り、その世界からもはや（この世に）還って来ることが無い。

③在俗信者であるスダッタは、三つの束縛を滅ぼしつくしたから、欲情と怒りと迷いとが漸次に薄弱となるが故に、〈一度だけ帰る人〉であり、一度だけこの（欲界の）生存に還って来て、苦しみを滅ぼしつくすであろう。

④スジャーターという在俗信女は、三つの束縛を滅ぼしつくしたから、〈聖者の流れに踏み入った人〉であり、悪いところに堕することの無いきまりであって、必ずさとりを達成するはずである。

（Ⅱ・7）

《注：各段落冒頭の丸数字は引用者が便宜上挿入したものです。以下、八人の信者および五十人以上のナーディカ村の信者について②と同文の文章が続き、九十人以上の信者について③と同じ文章が続き、そして、五百人以上の信者について①と同じ文章が続きます》

まず言葉の説明をしておきましょう。

汚れのない心と智慧の解脱とは「心《しん》解脱」「慧《え》解脱」のことで、それぞれ、心と智慧で欲望を離れ解脱したことです。

欲界とは世界、つまり人間存在の領域を欲望のありようによって、欲界、色《しき》界、無色界の三つに分けたもの（三界《さんがい》）の一番下にあるものです。六道輪廻は欲界での出来事です。「子は三界のかすがい」などと日本でも一般に使われています。後代には、色界、無色界の諸天に深まりゆく禅定の諸段階があてはめられるようになりました。

「五つの束縛」とは「五下分結《ごげぶんけつ》」という術語のことです。人を世界の下方である欲界に結びつけ転生させる五つの煩悩、つまり、「欲貪《よくとん》・瞋恚《しんに》・身見《しんけん》・疑《ぎ》・戒禁取《かいごんじゅ》」の五つを言います。このうち身見とは「我見」のことであり、「疑」とは四諦八正道《したいはっしょうどう》の真実を疑うこととされています。「戒禁取」とは正しくない戒をまもること、戒への正しい理解を欠くことです。

「三つの束縛」とは「五下分結」の終わりの三つの、身見・疑・戒禁取をまとめた「三結」のことです。上の文章は、三結を断じたおかげで瞋・恚が「弱まった」人と、三結を断じただけの人を分けています。

「悪いところ」は「悪趣《あくしゅ》」のことで、輪廻する世界のうちの動物（畜生）、餓鬼、地獄の世界を指します。

悟りへの道筋の理論化

前の文章を整理してみるとこうなります。

①サールハ比丘：現世で心解脱・慧解脱……（涅槃を得る）→輪廻せず
②ナンダー比丘尼：五下分結を滅ぼす……再生しそこで悟る→この世に還らず
③スダッタ信者：三結を滅ぼす……瞋《しん》と恚《い》（欲望・怒り）が弱くなる→一度だけこの世に還る
④スジャーター信女：三結を滅ぼす……→悪趣に墜ちず、聖者の流れに入る

面倒な説明ですが実はこうした分類は、後世のアビダルマ哲学における「四向四果《しこうしか》」という教理の先駆となったものなのです。四向四果とは悟りにいたる修行の階梯《かいてい》を言うもので、預流向《よるこう》と預流果《よるか》、一来《いちらい》向《こう》と一来果、不還《ふげん》向と不還果、そして阿羅漢《あらかん》向と阿羅漢果のことです。「向」というのは修行目標、「果」は到達した境地です。

つまり仏教信仰が進んで、「預流」に向かって修行し、その境地に達する。預流とは「（悟りへの）流れに入る」ということです（右の④）。

次いで三結を断じ、ここでは瞋・恚が弱まると、一度だけ欲界に生まれ、そこで（さらに修行して）死ぬともう欲界に転生しない。一度だけ欲界に戻ってくるから、「一来」といいます（右の③）。

さらに修行、境地が進むと五下分結を断じて天界に転生し、そこで悟りを開いてもうこの世界に戻ってこない。だから「不還」です（右の②）。

そして最後に、この世で悟りを開くと阿羅漢となります（右の①）。本経では阿羅漢という言葉は使っていませんが、それを意味していることは明らかです。四向と四果を合わせて、聖者の境涯に入った人を「四双八輩《しそうはっぱい》」とも言います。

こうした四向四果は後代の煩瑣《はんさ》なアビダルマ哲学で確立した教理です。釈尊がこんな細かな分類を説いたとはとても思えません。しかし、仏教徒の信仰が進むと悟りの境地への接近が自覚され、この現世で悟りが開かれないまでも、未来における遙かなる悟りへの憧憬《どうけい》があって、こうした教理が作られてきたとみてよいものでしょう。

法の鏡

釈尊はこうしたことをまとめて、まず次のように説き出します。

「人間は死ぬものだが、私はどこへ行くのかと、みんながブッダに聞くのは煩《わずら》わしい。だから私は〈法の鏡〉という教えを説く。これによって弟子たちは地獄、畜生、餓鬼の境涯に陥《おちい》ることはない。自分は聖者の流れに踏み入った者であり、必ずさとりを究《きわ》める者である、と自分の運命をはっきりと知ることが出来よう」

（Ⅱ・8取意）

ここでは四向四果などは触れられていません。悪趣《あくしゅ》に墜ちることはないことと、聖者の流れに入って悟りを目指せることとの自覚が述べられているだけです。四向四果という理論が作り出されてくる発想の原点はこの辺にあったものに違いありません。

そして釈尊は「法の鏡」という教えを説きます。

アーナンダよ。その〈法の鏡〉という名の法門とは何であるか? ――それを具現したならば、立派な弟子は、もしも望むならば、みずから自分の運命をはっきりと見究めることができるであろう。

（中略）

アーナンダよ。ここに、立派な弟子がいて、①ブッダに対して清らかな信仰を起している、――〈かの尊師は、このように、真人・正しくさとりを開いた人・明知と実行とを完成している人・幸いな人・世間を知っている人・無上の人・頑《かたく》なな男を統御する御者・神々と人間との師・ブッダ〈覚《さと》った人〉、尊師である〉と。

またかれは②法に対して清らかな信仰を起している、――〈尊師がみごとに説かれた法は、現にありありと見られるものであり、直ちにききめのあるものであり、実際に確かめられるものであり、理想の境地にみちびくものであり、諸々の知者が各自みずから証するものである〉と。

かれは③サンガ〈つどい〉に対して清らかな信仰を起している、――〈尊師の弟子のつどいはよく実践している。尊師の弟子のつどいは真っ直ぐに実践している。尊師の弟子のつどいは正しい道理にしたがって実践している。尊師の弟子のつどいは和敬して実践している。尊師の弟子のつどいとは、すなわち、二人ずつの四組と八人の人々（四双八輩）とであるが、かれらを敬うべく、尊ぶべく、もてなすべく、合掌すべきであり、世間の最上の福田《ふくでん》である〉と。

かれは、④聖者の愛する、切れ切れではなくて、瑕《きず》の無い、斑点《まじり》のない、よごれていないで、自在であって、知者の称讃する、汚《けが》れの無い、精神統一をあらわし出すような戒律を、身に具現している。（Ⅱ・9）

《注：丸数字は便宜上、挿入しました》

ここで釈尊は仏法僧の三宝《さんぼう》への帰依《きえ》と戒律の遵守《じゅんしゅ》が悟りへの道であることを明らかに示しています。

①では「仏（の）十号」を通して、悟りを開いたブッダのさまざまな徳性、宗教的ハタラキが説かれています。「仏十号」は今日でも法会《ほうえ》、法要などで仏陀に帰依と祈りを捧げる際に、ごく普通に唱えられていますので、通常もちいられている漢訳を示しておきましょう。

「如来《にょらい》・応供《おうぐ》・正遍知《しょうへんち》・明行足《みょうぎょうそく》・善逝《ぜんぜい》・世間解《せけんげ》・無上士《むじょうし》・調御丈夫《じょうごじょうぶ》・天人師《てんにんし》・仏世尊《ぶつせそん》」（最後の仏と世尊を分ければ十一号になりますが、普通に十号と言い慣わしています）

このうち二番目の応供が阿羅漢のことです。原語の arahant が（供養するに）「値《あたい》する」という意味があるところから、供養に応じ得る人、応供といいます。

②では、法とは自らに実践し、自らの生の中に実践し、明らかにし、証していくべきものであることが見事な言葉で示されています。仏教、仏道とは生きる道のことです。理論の理解ではなく、自分が生

きるという行為を通じて実証されるべき仏法の根幹を示している言葉であると、私は受けとめています。そして、③の僧（サンガ）は教団ですが、単なる出家者のことではなく、四双八輩として信仰に生きる聖者の集団であることを明らかにしています。

今回のテーマである四向四果は、釈尊の教えそのままではあり得ません。漢訳を含めた伝本も内容が異なったりしていて、後代の伝承が紛《まぎ》れ込んでいる可能性も高いようです。しかし四向四果の教理は、教学上の議論を云々する前に、仏教徒の悟りへの意欲と憧憬が根幹にあるとみて良いものでしょう。現世のみならず、来世、来来世以降にかけて実現さるべき悟りへの憧憬。それ自体は釈尊の教えと矛盾しないし、その実践としての「法の鏡」にも釈尊の仏道実践への深い洞察が秘められています。

11 遊女に法を説く

アンバパーリーの園にて

釈尊一行はヴェーサーリー市に到着し、アンバパーリーという遊女が所有するマンゴー園に滞在します（Ⅱ・11）。ここで経典は遊女アンバパーリーの華やかなエピソードを語り始めます。

アンバパーリーは後代の注釈書によると、ヴェーサーリーの町のマンゴー（サンスクリット語でアームラ、パーリ語でアンバ）園の捨て子です。園の番人が見つけて育てたので「アンバ園の番人の娘（パーリー）」と呼ばれたようです。長じて美貌をうたわれ、ヴェーサーリーを代表する遊女となりました。彼女を目当てにトップクラスの人たちが他国からもやってきたので、この町の発展にも貢献したといいます。伝承によると隣国マガダの王ビンビサーラも彼女のもとにかよい、出来た子供がジーヴァ（仏典では耆婆《ぎば》）だというのですが、この人は仏典では名医として知られています。

彼女は釈尊に帰依《きえ》し、自分のマンゴー園を教団に寄付しています。このマンゴー園で釈尊の行ったいくつかの説法は原始仏典に残っていますが、ずっと後の大乗仏教時代になっても、『維摩経《ゆいまきょう》』では仏陀はここで説法を開始し、最後もここで説法を終えています。仏教伝承において、このアームラパーリー園林は有名なのです。

アンバパーリーはのちに出家して尼僧となり、悟りを開きました。『テーリーガーター』（二五二～二七〇偈）には彼女の作とされる詩が十九偈のこっていて、美しかった肉体がみるかげもなく老化し、衰えるのが人間の真実のすがたであると語っています。

ですから、この経典では、若くて美しいアンバパーリーが八十歳の釈尊に説法を願い、ヴェーサーリーのトップクラスの貴公子たちとやりあうエピソードが語られるのですが、事実に反しています。釈尊が八十歳の時には彼女は少なくとも尼僧となっていたはずですし、この挿話はずっと以前、数十年以前の出来事であったものでしょう。本経典がいくつかの古い伝承をつなぎ合わせてまとまった作品に編纂されたものであることは、今までにも申しあげたとおりです。以下の記述はそうしたことも踏まえたうえで、そのまま受け取ることにしましょう。

釈尊は正念と正知を説く

このマンゴー園で釈尊は修行僧たちに正念《しょうねん》と正知《しょうち》の重要性についての説法をします。アンバパーリーは未だあらわれていません。

そこで尊師は修行僧たちに告げられた、――

「修行僧たちよ。修行僧はみずから念じて気をつけておれ。これが、お前たちに説くわたしたちの教えである。

修行僧たちよ。修行僧が念じているというのは、どのようにすることなのであるか？　修行僧たちよ。ここで、修行僧は、身体について身体を観察し、熱心に、よく気をつけて、この世における貪欲《とんよく》や憂《うれ》いを除去していなさい。

感受に関して感受を観察し、熱心に、よく気をつけて、この世における貪欲や憂いを除去していなさい。

心について心を観察し、熱心に、よく気をつけて、この世における貪欲や憂いを除去していなさい。

諸々の事象について諸々の事象を観察し、熱心に、よく気をつけて、この世における貪欲や憂いを除去していなさい。このようにしてこそ修行僧は、（正しく）念じているのである。」（Ⅱ・12）

ここで「念じて気をつける」と訳されているところの原語は"sato...sampajāno..."です。「念」（正念）とは何時も心にとどめ置いて注意深くあることですし、sampajāna とは「正知」とも訳されて、意識している、というほどの意味の術語です。生活行為の一々を教えに従って正しく行うことを常に心にとどめ、意識して行うことで、だからこそ、続いて釈尊はこう説いています。

「また、修行僧たちよ。修行僧がよく気をつけているというのは、どのようにすることなのであるか？
修行僧たちよ。ここで、修行僧は、出て行くときにも、もどるときにも、よく気をつけていて、前を見るときにも、後をみるときにも、よく気をつけていて、腕を屈するときにも、伸ばすときにも、よく気をつけている。大衣《だいえ》や衣鉢《えはつ》をとるときにも、よく気をつけている。食し、飲み、噛み、味わうときにも、よく気をつけている。大小便をなすときにも、よく気をつけている。行き、住し、坐し、眠り、めざめ、語り、沈黙しているときにも、よく気をつけている。修行僧たちよ。修行僧はこのように実によく気をつけているのである。修行僧たちよ。修行僧は、このように念じて、よく気をつけておれ。これが、お前たちに説くわたしたちの教えである。」

（Ⅱ・13）

正念、正知を渡邊照宏先生は「思慮深く、意識的に行動せよ」と訳されています。

本経典のこの箇所に正念や正知の教えが修行僧たちに説かれたことについて、後代の注釈書はこう述べています。「尊師はアンバパーリーを見たので、気をつけて落ち着いているようにと、ここで特に（気をつけて念ずる）という教えを説き始めたのである」。中村先生はこれを引用されているのですが、しかし、この記述は例えば『長部経典』第二経の『沙門果経《しゃもんかきょう》』にも同じ文言で載っていますし、その他の箇所にもそれぞれの脈絡で説かれています。必ずしもアンバパーリーという「美人」を見て心を乱すなという意味で、釈尊が修行僧たちに語ったかどうかはわかりません。ですから、渡邊照宏先生のように「美女への連想からこの説法をここに入れた『ネハン経』編集者の心遣いが察せられる」、としておくのが無難なのかも知れません。

リッチャヴィ族とアンバパーリーの確執

さて、アンバパーリーは美しい車に乗って出かけてゆき、釈尊の説法を聞きます。その内容は示されず、単に〈法に関する講話〉を語られたとなっています（Ⅱ・14）。

アンバパーリーは釈尊の説法を聞いて喜び、釈尊を食事に招待します。釈尊は招待に同意しました。「沈黙をもって同意し」、そしてアンバパーリーは喜んで、「右肩をむけて廻って、出て行った」というのは聖者に対して敬意を表する普通のジェスチュアーで、仏典の決まり文句です。

一方、リッチャヴィ族の貴公子たちも釈尊が来られたことを知って、聞法したいと願います。

リッチャヴィ族というのは、この『マハーパリニッバーナ経』の冒頭で、マガダ国王がヴァッジを征服したいという相談を釈尊にしたという挿話がありましたが、そのヴァッジという部族連合体の国家の主力がリッチャヴィ族で、この国の代表でもあるので、ヴァッジ族とも呼ばれていました。ヴェーサーリー市はその首府です。

西暦前六世紀は古代インドの激動期で、しきりに戦争が行われていました。当時のインドには二種類の国家が存在していて、一つはこのヴァッジ族やシャカ族のような部族国家です。もう一つは小規模ながら官僚組織を持ち、軍隊を持つ王国で、コーサラとかマガダというのは当時の有力な王国でした。リッチャヴィ族について本経典は、或る者どもは紺青で、紺青色であり、紺青の衣をまとい、紺青の飾りをつけていた。……或る者どもは、黄で、黄色であり、黄色の衣をまとい、黄色の飾りをつけていた。……或る者どもは赤みがかっていて、赤色であり、赤色の衣をまとい、赤色の飾りをつけていた。……或る者どもは白くて、白色であり、白い衣をまとい、白い飾りをつけていた。（Ⅱ・15）

と描写しています。ここはいろいろな解釈があるところで、中村先生はヴェーサーリーは商業都市であり、人種的にいろいろな系統の人がいたことを示すものだと理解しています。しかし、皮膚の色ではなく、いろいろな色彩の飾りを人々が自由に用いていた、と理解している注釈書もあります。いずれにせよ、当時としては国際的な商業都市で、殷賑《いんしん》を極めていた都会であったことは疑いありません。

このリッチャヴィ族の若者たち、といっても社会の最上層にいる貴公子たちと見るべきでしょうが、車を連ねて釈尊のところへ出かけてゆきますが、途中でアンバパーリーの車と接触してしまいます。彼女は「尊師を明日、修行僧たちとともに、私の家でお食事をするよう招待した」ので急いでいたからと釈明します。貴公子たちは「十万金」でその食事のおもてなしをする権利をゆずれともちかけるのですが、アンバパーリーはたとえ「ヴェーサーリー市とその領土とをくださっても」ゆずれないと拒みます。

ここには、遊女とはいえ、当時の商業都市を牛耳るトップクラスの貴公子たちと対等に会話ができるアンバパーリーの高い社会的なステータスを見ておくべきでしょう。

若者たちは「ああ、われわれは女の子にまけてしまった、ああ、われわれは女の子にたぶらかされてしまった」とぼやいたと経典は記しています（Ⅱ・16）。

アンバパーリーの供養

それでもリッチャヴィ族の若者たちはアンバパーリーの林に出向きます。

尊師は、それらのリッチャヴィ族の者どもが遠くからやって来るのを見た。見てから修行僧たちに告げられた。――

「修行僧たちよ。修行僧たちのうちで、三十三天の神々を未だ見たことの無い者どもは、リッチャヴィ人たちの集まりをよく見なさい。……」（Ⅱ・17）

やって来たリッチャヴィ族の貴公子たちがカラフルで高価な衣装を身にまとっていますから、三十三天という天の階層の一つの神々にも見間違うほど華やかな服装、雰囲気の人たちであった、ということです。

彼らは釈尊のところにきて挨拶し、〈法に関する講話〉を聞いて、心に喜びが生じます。

そこでリッチャヴィ族の者どもは……尊師に次のように言った。――

「尊い方よ。尊師は明日わたしどもの家で修行僧がたとともに、お食事なさるのをご承諾ください」と。

「リッチャヴィ人たちよ。わたくしはすでに、明日、遊女アンバパーリーから食事を受けることを承諾しました。」

そこでそのリッチャヴィ族の者どもは指を弾《はじ》いた。

「ああ残念だ。われわれは、たかが女の子に負けてしまった。ああ残念だ。われわれは、つまらぬ女の子にだまされた。」（Ⅱ・18）

前節でアンバパーリーの申し出を受ける時には「沈黙をもって」同意を示されたのですが、今度は先約があるからと説明して断るわけです。断られたリッチャヴィ族の若者たちは悔《くや》しがりながらも、法話を聞けたことを喜んで帰っていきます。

さて遊女アンバパーリーは、その夜の間に（徹夜して）自分の園に、美味の噛む食べ物（固い食物）・吸う食物（柔らかい食物）を準備させて、尊師に時を告げた、――「尊い方よ、時間でございます。お食事の用意ができました」と。（Ⅱ・19）

料理の種類を調理法や食材で説明するのではなく、固いとか柔らかいなどの表現で説明するのは仏典の一つの決まり文句です。いろいろなごちそうというほどの意味で理解してください。

……遊女アンバパーリーはブッダを上首《じょうしゅ》とする修行僧たちに、手ずから、美味の噛む食物・吸う食物をもって、満足させて、飽《あ》くまで給仕した。
さて尊師が食し終わり、鉢と手とを洗われたときに、遊女アンバパーリーは他の低い席をとって、一方に坐した。一方に坐した遊女アンバパーリーは尊師に次のように言った。――「尊い方よ。わたくしはこの園林を、ブッダを上首とする修行僧のつどいに献上します」と。尊師はその園林を受けた。そこで尊師は〈法に関する講話〉をもってかの女を教え、諭《さと》し、励まし、喜ばせ、座から起《た》って、去って行った。（Ⅱ・19）

その講話の内容は、これまでも繰り返し出てきました戒《かい》・定《じょう》・慧《え》の「三学《さんがく》」という仏道修行の基本的な徳目・行法です（Ⅱ・20）。

古代インドの都市と遊女

アンバパーリーについてはいろいろな伝承があって、彼女はヴァーサーリー市が諸国の商人を接待するためのホステスだったとも言います。私がカルカッタ大学に留学していたころ、「グランド・ホテル」というベンガル映画をみたことがあります。一流ホテルに住んでそれなりの接待をする一種のお抱え高級ホステスが主人公でしたが、私はアンバパーリーや古代インドの都会生活の一端を思い出したりしていました。

日本でも平安から鎌倉期にかけての白拍子《しらびょうし》とか、またギリシャのヘタイラなど、美貌で教養あり、文学や芸能にも通じている遊女たちが都会のトップの生活を華やかに彩《いろど》っていたことは知られています。その背景には都市生活とそれを支える王族や大商人たちがいました。

すでに前五〜四世紀の釈尊の時代にも、祇園精舎《ぎおんしょうじゃ》を寄進したスダッタ長者（給孤独《ぎっこどく》長者）のような人が知られています。祇園精舎を建てる土地を購入するため、地面に黄金を敷き詰めるなどというエピソードは、話半分にしても莫大な富を所有するクラスがいたことを示しています。スダッタはコーサラ国の首府である舎衛城《しゃえじょう》の人ですが、彼の娘が王舎城《おうしゃじょう》の長者に嫁いでいます。それが縁となって彼は釈尊と知り合うのですが、ここの王様がビンビサーラ王で竹林《ちくりん》精舎を寄進しています。

ヴェーサーリー市はこの二大都市と並び立つ商業都市で、律典にも「……人間が集まり、物資は豊かであり、七千七百以上の宮殿や楼閣、遊園、蓮池があった。遊女アンバパーリーは美貌で蓮華のような容色あり、舞踊・歌謡・音楽を能くし、一夜に五十金を受けた……」（取意・『ヴィナヤ』大品、Ⅷ、1、1―3）などと書かれています。

『マハーパリニッバーナ・スッタンタ』が編纂されたのは、マウリヤ王朝第三代のアショーカ王より後の時代であることは疑いのないところで、前三〜二世紀ころ、ないしそれ以降のこととみていいものでしょう。大帝国の出現は国内の交通網を整備し、統一的行政制度も商業を促進させました。

国内だけでなく海外との貿易も盛んになりました。シルクロードというのは後の時代のことですが、この当時はアラビア海を通じて西方世界との貿易が行われました。インドの西海岸から東海岸にかけて次第に港町が形成、整備されていきます。一世紀中葉にはギリシャの無名の船乗りが『エリュトラー海案内記』を著す必要があるほど、交易は盛んになっていました。この記録によると、インドからは香料、甘樹香《かんじゅこう》、マハバトロン（軟膏調製用）、ダイヤ、サファイアなどの布石、鼈甲《べっこう》、絹布、綿布などが輸出され、かわりに、地中海沿いの各地から酒、銅、錫《すず》、鉛、珊瑚《さんご》、ガラス、金・銀器などが輸入されています。インド各地方への有力者には少年歌手、少女、酒、織物などが送られたといいます。支払いは金貨をもって行われたようで、現在でも、南インドの西海岸一帯、さらには東海岸からは退蔵されていたかなりの数の金貨が出土しています。

そうした情況の中で、インド各地に都市文化が展開します。上層クラスの人たちはナーガラカ（「都人士」。ナガラとは町、都会の意）などとも呼ばれ、サロン的雰囲気のなかで、サンスクリット文学や舞踊音楽などを発展させました。そうした伝統が四～五世紀の詩聖といわれるカーリダーサなどに結晶してゆくこととなります。

西インドのウッジャインという都会もその一つです。そしてここを舞台にして、三世紀中葉にサンスクリット語で戯曲が書かれています。作者は不明でシュードラカとして知られるだけですが、『土の小車』（Mṛcchakaṭikā）という作品です。ここにウッジャインという大都市の高級娼婦の館が詳しく描写されています。アンバパーリーとは時代がちがいますが、古代インドの都市生活の雰囲気の一端を知るために訳出してみましょう。

この戯曲の主人公は今は落魄《らくはく》したが有徳の人として知られている商主チャールダッタ。彼を慕《した》うヒロインは遊女ヴァサンタセーナーで、彼女はチャールダッタの子供が小さな土製の車を玩具《おもちゃ》にして遊んでいるのを見て、黄金の車を与えようとする純情の持ち主でもあります。彼女の館は豪奢《ごうしゃ》を極めます。

「門扉は黄金で創られ、ダイヤモンドがちりばめられている。門柱の両側には水晶の花瓶が象牙の装飾とともにかざられている。中には八つの区画がある。第一の区画には黄金の階段や水晶の丸窓をもつバルコニーがある。第二の区画には肥えた牛、馬、闘技用の牡羊《おひつじ》が飼われている。第三は紳士方のための部屋で、賭博《とばく》台には宝石造りの賽子《サイコロ》がおかれ、書物が並べられ、熟年の紳士たちが歩きまわっている。第四の区画では若い女性の楽師たちが快い音楽を奏《かな》で、遊女たちのあでやかな歌や踊りが供される。第五は香料や油がにおう料理場。第六の区画には虹かとまがう輝きを持つ宝石をちりばめた門があり、宝石師たちが精を出している。種々の香が調合されて遊女や客たちを楽しませる。第七はインドラ天の楽園にも似てさまざまな鳥がうつくしく鳴き交わしている。第八がヴァサンタセーナーの住居で、〈おかあさん〉と共に豊かな生活を送っている。さらに果樹園が連なっていて、花が咲き乱れ、生い茂った木の下には絹のブランコがおかれている」（取意）

文学的潤色を割り引いても、豪奢な生活の雰囲気は伝わってきます。

アンバパーリーはこれより古い時代の東インドの人ですが、大きな都会の上層クラスの贅《ぜい》をこらした生活は同じような雰囲気があったとみていいものでしょう。かって遊女であって出家した尼僧は他にも知られています。ヴィマラー尼（『テーリーガーター』72―76）やアッダカーシー尼（同25―26）などですが、いずれも上層クラスとして贅沢に生きてきたにも関わらず、自分を見失いかけた人たちでした。釈尊の教えを受け、帰依した人たちのクラスがどういうものであったかを示しています。

アンバパーリーという遊女への説教、そして彼女を取り巻くヴェーサーリーの人たちにはこうした背景があることをおさえておいていただければ、と思います。

⑫ 旅に病む

雨季到来

『マハーパリニッバーナ・スッタンタ』という経典には全編にわたって素晴らしい説法が展開されているのですが、今回と次回に読むところは、その中でもピークというか、ハイライトと言ってもいい場面の一つになります。仏法の根幹に関わる教えが説かれます。

遊女アンバパーリーに法を説いた後、釈尊はベールヴァ村に赴《おもむ》きます。ちょうど雨季にはいったようで、釈尊は弟子たちにそれぞれに雨安居《うあんご》の場所を定めるように命じます。

「さあ、お前たち修行僧よ。ヴェーサーリーのあたりで、友人を頼り、知人を頼り、親友を頼って、雨期の定住（雨安居）に入れ。わたしもまたここのベールヴァ村で雨期の定住に入ろう」と。

「かしこまりました」と、その修行僧たちは尊師に答えて、ヴェーサーリーのあたりで、友人を頼り、知人を頼り、親友を頼って、雨期の定住に入った。尊師もまたそこの〈ベールヴァ村〉で雨期

の定住に入られた。（Ⅱ・22）

インドでは雨季が約三カ月以上続くのですが、その間、出家修行者たちは遊行《ゆぎょう》生活を中止し、一箇所にとどまって修行する習慣がありました。これを雨安居といい、中村元先生が「雨期の定住」と訳したのがこれです。理由は雨季になると虫が多く出てきて無闇に歩きまわると踏みつぶすおそれがあるから、などと言われています。しかしそれだけではないので、雨季の状況を知ると、雨安居をしなければならない理由がよくわかります。

インドの雨季を経験した方はそう多くないでしょうから、すこし説明をしておきます。インドでは酷暑の夏のあとに雨季がきます。私が住んでいたカルカッタ（現コルカタ）市、つまりベンガル地方では、おおよそ六月中旬から十月が雨の季節です。

インドでは雨季の開始を告げる雨の前線は南インドから北上してきます。真ん中が下方に少しへこんだ弓状の曲線が僅かに右肩上がりの形で、北上してきます。ですからカルカッタが雨季に入ってもそれよりはるか西北にあるデリー周辺は二週間くらい遅くなります。釈尊が今居られるヴェーサーリーの地区はほぼ同じですから、本経の今読んでいる箇所は、二千年以上も前のことではありますが、おそらく今日の六月中旬から下旬にかけてのこととみていいでしょう。

雨季の前は酷暑です。カルカッタあたりはピーク時には四十二度ほどの気温が二週間続きます。ヴェーサーリーは今のビハール州で内陸ですから、ベンガル地方より湿気が少なく、それだけ気温が高くなります。

前回読んだアンバパーリーへの説法も、この経典が言っているように雨季直前のこととすると、酷暑の時の、気温がまだそれほどあがらない早朝の出来事と見て良さそうです。雨が降り出す三、四日前あたりから、ねずみ色のさまざまな形の雲が素晴らしい早さで南から北へと流れてゆきます。雨季到来を告げる雲です。

カルカッタは海抜ゼロメートルの町で、しかも坂があります。大雨が降ると低いところにはすぐに水がたまってしまいます。ラジオが今日の午後に雨が来ると予報していた日、近くのスラム街の子供たちが半裸の姿で待ちかまえていました。ザッとスコールのような激しい雨が降り出しました。たちまちに坂の下にたまった泥水の中を子供たちが喜々として転げ回っていました。耐え難い酷暑の後に雨を待ちこがれるインドの人の心情を間近に見て、感に堪《た》えた思いでした。

雨安居の必要性

私はインドで二度目の雨季をベンガル地方の農村で迎えました。大地は赤茶色にひび割れています。雨が来ました。大地はそれこそ貪《むさぼ》るように雨を吸い込んでいました。見ていると、たしかにそんな気がするのです。そして数日たって、あっという思いとともに気がついたのですが、大地一面にふわっと緑が浮き上がってきているのですね。目を見張るような見事な変化でした。今までどこにいたかと思われるほど、いろいろな小虫たちが草の間に動き始めています。道路は踏み固められていますから、そんなことはないのですが、野原などは歩くと確かに小虫などを踏みつけてしまいそうです。古代の修行者が虫を殺さないようにと一箇所に定住したのも、すなおに頷《うなず》けました。

しかし、雨季に出歩かない理由は、もっと当たり前の理由からだという思いも強くありました。毎日、あてもなく、雨に濡れながら歩くわけにはいかないんです。雨季以外には木の下などで夜を過ごすことはできます。しかし、一たび雨季に入ると、スコールのような激しい雨が二、三回降る日もあります。日本の梅雨のように一日中静かに降り続く日もあります。いずれであれ、雲間の晴れることはめったにありません。岩屋とか洞窟などもそう方々にあるわけもありませんし、木の下では雨は防げません。小さな、わずかに雨を凌《しの》ぐ程度の小屋のようなものを建てて、そこに住んでいたに違いありません。仏典に王舎城《おうしゃじょう》のある長者が一日に五十の「精舎《しょうじゃ》」（ヴィハーラ・vihāra）を建てたというのも、こうした小屋のこととみていいものでしょう。

すこし激しい雨が降ると、道が流されてしまうことも稀《まれ》ではありません。五十年も前のことではありますが、私が農村地帯を旅行していた時にも道や橋が流されて、バスも馬車も通れず、予定の所に行きつけなかったことを経験しています。今日ではインドの道路事情は大幅に改善されていますが、古代では、雨季に旅することは修行者にとってもいろいろな危険がありました。

ですから、修行者たちは雨季の間は特定の町や村の近くに住み、特定の場所で托鉢《たくはつ》していました。本経において、釈尊が弟子たちに分散して雨安居を行えと命じたのも、小さな村では大勢の弟子たちの食事を得ることが難しかったから、と見るのが一番自然です。

漢訳仏典にはこの地方が飢饉《ききん》だったから分散させたとあるのですが、その地方全部が飢饉だったら、分散したところで意味がありません。パーリ語のテキストには飢饉のことは書いてありません。漢訳者がインドの事情を知らずに推定したものだろう、という思いが私には捨てきれません。都会なら別ですが、小さな村では大勢の修行者を三カ月も養いきれないのです。

旅に病む

この村で雨安居に入られた釈尊は重い病にかかります。

さて尊師が雨期の定住に入られたとき、恐ろしい病が生じ、死ぬほどの激痛が起った。しかし尊師は、心に念じて、よく気をつけて、悩まされることなく、苦痛を堪《た》え忍んだ。

そのとき尊師は次のように思った、——「わたしが侍者たちに告げないで、修行僧たちに別れを告げないで、ニルヴァーナに入ることは、わたしにはふさわしくない。さあ、わたしは元気を出してこの病苦をこらえて、寿命のもとを留めて住することにしよう」と。

そこで尊師は、元気を出してその病苦をこらえて、寿命のもとを留めて住していた。すると、尊師のその病苦はしずまった。（Ⅱ・23）

釈尊は八十歳です。大変な長寿で、釈尊はよほど節制のきいた生活をしておられたものと私は考えています。現代のインドで私は何人もの老行者さんに会っています。心身共に質素で節制した生活をしているることがうかがわれました。釈尊もやせぎすで、引き締まった身体だったろうと私は勝手に想像しています。歩き続けてきたせいで、足腰も強かったに違いありません。しかし、さすがに八十歳です。身体はぼろぼろになっていたことでしょう。この少し後で、釈尊は自分の老を語り、古い車がやっと動いていることに自分を喩えています。

雨季に入り、きびしかった暑さの疲れが出てきたのかも知れません。釈尊は病に襲われます。意識をしっかりと持ち続け、毅然と病にたち向かうことで、激しい苦痛に耐え、病は一応治《おさ》まりました。しかし、自分の死をあらためて思われたものでしょう。死ぬのなら、その前に弟子たちに別れを告げておこう、と考えられたようです。

右の文章で「ニルヴァーナに入る」とあるのは釈尊の死のことです。ニルヴァーナ（パーリ語ではニッバーナ）は涅槃《ねはん》と音写され、悟りのことをいいます。

しかし後になると、心が解脱《げだつ》しても肉体は病気や苦痛が残る、これは本当の悟りではない。肉体がほろびて、つまり死んで始めて完全な悟りと言えるのではないか、という考えが出てきました。そして、部派時代には煩悩の働きは滅しても未だ肉体が残っている状態を「有余依涅槃《うよえ》」といい、肉体も滅した時に「灰身滅智《けしんめっち》」の状態である「無余依涅槃《むよえ》」に入る、などというようになりました。

人間釈尊への思い

有余依涅槃とか無余依涅槃とかは釈尊自身が教えたことではありません。そして私は人間釈尊を慕い、生身である偉大な宗教者として仰いでいるものですから、悟りを開いても肉体的な苦痛はあって当たり前だと思っています。煩悩欲望もあったに違いありません。煩悩のない人間は死者に等しいものでしょう。

原始仏典に『相応部《そうおうぶ》経典』という大部の経典があります。そのなかに「悪魔の章」とでも言うべき章があって、釈尊と悪魔との会話が記されています。原始仏典では悪魔（マーラ・Māra）は釈尊の内なる煩悩の声を代表しています。ですからマーラが釈尊に語りかけることは釈尊の心の中に煩悩が生じたことです。しかし両者の会話は何時も釈尊が煩悩を「働か」せることなく、マーラの言うことを断固として拒否する形で話が進みます。最後にマーラは「この人は私を知っている」とつぶやきながら、姿を消していきます。釈尊は自分の煩悩を煩悩として知っているのです。

つまり、釈尊は悟りを開いた後でさえ、煩悩の心を起こしています。生身の人間として当然ではないでしょうか。しかし、それを抑えきります。「煩悩がなくなった」のではなく、「煩悩が具体的行為として働くことがなくなった」のです。これは区別しなければなりません。

しかし仏教の歴史は時代とともに釈尊を超人化していきます。肉体に苦痛があるのは本当の悟りではない、などというのもその一例です。だからこそ、ニルヴァーナはブッダの死を意味するものともなりました。いやそれをさらに美化して「完全な悟り」という意味で『パリ・ニルヴァーナ』（音写して「般《は》涅槃《ねはん》」）とも言うようになりました。本経典はその上にさらに「マハー」（偉大な）をつけて「（ブッダの）偉大な死・完全な悟り」（マハー・パリ・ニッバーナ）と題されているものです。

アーナンダの素直さ

雨安居で釈尊を世話していたのは侍者のアーナンダ一人だったようです。苦痛とたたかう釈尊を看護し、心を痛めていたに違いありません。苦痛のおさまったのをみて、声をかけます。

「尊い方よ。尊師は快適でいらっしゃるようにお見受けします。尊師が健《すこ》やかになられるのをわたくしは拝見しました。わたくしの身体はいささかこわばっているようです。（呆然自失《ぼうぜんじしつ》して）諸々の方角さえも、わたくしにははっきりとわかりませんでした。諸々の教えもわたくしには明らかではありませんでした。それは尊師の病いの故でした。ところが〈いまは〉〈尊師が修行僧たちについて何ごとか教えを述べられないあいだは、ニルヴァーナに入られることは無いであろう〉という或る安心感がわたくしに起こりました」と。

（Ⅱ・24）

アーナンダの言葉は先ほど弟子たちに別れを告げてから死ぬ、という釈尊の思いと連動しています。経典編纂者のストーリーの作り方でもあるのですが、釈尊は亡くなる前に何か特別の教えを説くであろうし、未だそれは説かれていない、「ですから釈尊がすぐ亡くなられることなどありませんよね」とアーナンダは語りかけているのです。

アーナンダのやさしさと師匠を思う心の誠実さをうかがわせる会話です。この人は釈尊の晩年二十数年にわたって侍者を勤めた人ですが、仏典のいろいろな場面に名前が出てきます。そうした挿話を読んでいくと、自ずとアーナンダという人の人柄が浮かび上がってくるのですが、卓越した知性と心の優しさを併《あわ》せ持っていた人のようです。素直で、親切で、気がやさしい。しかも美男子であったようで、托鉢に行って女性に惚《ほ》れられた、などという話も残っています（余談ですが、日本でもそのハンサムぶりは知られていて、こういう歌が残っています。古今の美男子を並べているのですが、「僧で阿難《あなん》か安珍《あんちん》さまか俗で業《なり》平《ひら》浦島太郎」）。

とにかく誠実で気が良くて他人のことを思いやる気遣いの出来る人ではあるのですが、ボンボンで、人の言葉の裏を読むなどということは苦手です。ここでも釈尊が回復したのをみて、「よかった！」という思いがこういう素直な発言をさせたものでしょうが、釈尊はいまさら何を言うのか、という感じで、アーナンダをたしなめます。

ダルマの普遍性を説く

アーナンダよ。修行僧たちはわたくしに何を期待するのであるか？　わたくしは内外の隔《へだ》てなしに（ことごとく）理法を説いた。完《まった》き人の教えには、何ものかを弟子に隠すような教師の握拳《にぎりこぶし》は、存在しない。（Ⅱ・25）

握り拳とは俗に言う「握り屋」のことで、つまりけちのことです。教師の握り拳とは「これは秘義である、もう少し先になったらお前に教えてやろう」などと教え惜しみすることです。従って教え惜しむのは口や動作で教える「教え」でなければなりません。中村先生は（内外の隔てなしに）「理法」を説いた、と訳されるのですが、ここは少し議論しておく必要があります。

原語はダンマ（dhamma・梵語のダルマ dharma）です。ダルマという言葉には実に多くの用法があります。言葉としては「支える（もの・こと）」という意味があり、ですから宇宙万物を支える宗教的「真実」はダルマです。仏法、仏道、理法などと使います。その真実が具体的に口や文字で説かれたものも信仰を支えるものですからダルマで、つまり教法、教えです。教えが実践面で「当然なすべき正しい行動規範」となればそれもダルマですし、それが社会的慣行として認知されれば倫理、道徳です。さらに規制力をともなえば、それで社会を保つ法律ですし、これもダルマです。

中村先生もダルマに習慣、義務、社会制度、善、真理、宗教的義務、本質、等々の意味を区別して挙げています（『広説仏教語大辞典』）。そしてここでも、そして次回に扱う予定の「自灯明《じとうみょう》・法灯明《ほうとうみょう》」の「法」も同じく「理法」と訳されています。しかし、ここは理法、真理ではなく、「教え」としたほうがわかりいいのですね。他の諸訳もすべて「教え」の意味にとっています。

渡邊照宏先生も『法は真理であり、理法であり、また仏陀の教法でもある」（『渡邊照宏著作集』第二巻、六一ページ）と、「法」に理法と教法の別のあることを述べつつ、ここを「私は法（教え）を裏表の区別なく解き明かしてきた。如来に於いては法を出し惜しみすることはない」と訳されています。同時にすぐ後の「法灯明」は「法（真理）を灯明とし……」と訳し分けておられます。

私がこの点にこだわるのは、「法」つまり釈尊が悟り、明らかにした理法、真実とは宇宙万物の「存在」を支えているところの、自ずからの「ハタラキ」とうけとめているからです。

それは縁起《えんぎ》、無常、無我、空《くう》などという言葉で示されていますが、そうしたハタラキは否応《いやおう》なしに「仕る」ものであって、教え惜しみなど出来ないものです。無常という普遍的なハタラキを人間が出し惜しみすることなど出来ませんでしょう？

ですから中村先生の「理法」という訳を肯《うけが》うならば、「理法そのもの」を出し惜しみしなかった、ということではなく、「理法についての教え」を惜しみなく説いた、ということでしょう。

そう考えると、納得のいく表現も実は仏典中にあるのですね。「教え」ということに関して、釈尊はある時シンサパー樹の林で、自分が今までに説いた法は一握りの葉はどのものであって、未だ説いていない法はこの林全体の葉ほどもある、と述懐しているのです（『相応部経典』LVI・31）。本経で法をすべて惜しむことなく説いた、ということと矛盾するように聞こえますが、そうではないのですね。理法については教化する相手に応じてそれぞれに説かなければならない、いや、わかってもらえるためにはもっともっと説きたいのだ、ということに違いありません。

この箇所は仏教の法と教の関係を学ぶ重要な教えです（本講第6回の法と教についての議論を参照していただければ幸いです）。

教団主であることの否定

釈尊はすぐ続いて、自分は弟子たちを導くものではないと言い、教団の主ではないことを明らかな言葉で示します。

「『わたくしは修行僧のなかまを導くであろう』とか、あるいは『修行僧のなかまはわたくしに頼っている』とこのように思う者こそ、修行僧のつどいに関して何ごとかを語るであろう。しかし向上につとめた人は『わたくしは修行僧のなかまを導くであろう』とか、あるいは『修行僧のなかまはわたくしに頼っている』とか思うことがない。向上につとめた人は修行僧のつどいに関して何を語るであろうか。……」（Ⅱ・25）

真実、理法としてのダルマの普遍性からいうなら、釈尊が自分は修行僧を導くものではない、と言い切るのも当然のことといえましょう。理法は事実としてここに「在る」ものですし、それをどう生きるかは個人個人の問題です。釈尊がそうした理法を説き、修行や信仰の在り方を指導したことは疑いありません。それはたしかなことですが、ここでは力点を変えて、真理の普遍性を釈尊は説いているのです。

この言葉はすぐに親鸞《しんらん》聖人の「親鸞は弟子一人も持たず候《そうろう》」という発言を思い出させます。別に親鸞聖人が釈尊のこの教えを知っていたわけではありません。仏法というものの在りように通達した人は、自ずから、同じ姿勢で発言することになるものでしょう。仏法の在り方に関わる基本の問題がここではさりげなく説かれているのです。

老を前向きに生きている釈尊

普遍的な真理に生きていることは「安心《あんじん》」に生きることです。しかし「安心」の生とは身体的な楽のことではありません。老は老で、無常のハタラキですし、否応ありません。しかし、その苦なる老を前向きに生きることが「安心」に生きることでしょう。釈尊はこう説き続けます。

アーナンダよ。わたしはもう老い朽《く》ち、齢《よわい》をかさね老衰し、人生の旅路を通り過ぎ、老齢に達した。わが齢は八十となった。譬えば古ぼけた車が革紐の助けによってやっと動いて行くように、恐らくわたしの身体も革紐の助けによってもっているのだ。

しかし、向上につとめた人が一切の相をこころにとどめることなく一部の感受を滅ぼしたことによって、相の無い心の統　に入ってとどまるとき、そのとき、かれの身体は健全（快適）なのである。（Ⅱ・25）

こう説いて釈尊はさらに自灯明・法灯明という仏法の根幹をなす教えを説き始めます。ここでは法真理とそれに随順して生きる自己との関係、つまり私たちが絶対の真実である法とどう関わっているのか、どう生きたらいいのか、という問題なのですが、次回に詳しく検討することにいたします。

⑬ 自灯明・法灯明の教え

老の苦痛に耐える

釈尊はアーナンダに「私は法、真理を惜しみなく教えてきたぞ」と告げ、さらに「自分は教団の主ではない」ことを明示しました。単に教えをけちって説けるのに説かなかった、ということではないでしょう。「法」、つまり真実、真理はすべての存在を支えているハタラキですし、けちろうとしても、けちりようもない普遍的なものであることが背景にあります。

釈尊はその法を誰にでも、どこででも、存分に説き明かし、教えました。法を説くことは知識や技術の伝授ではありません。いや、知識の伝授は無論ありますが、それ以上に重要なのは、聞法者に法を実践し、生き、「安心《あんじん》」の生活を送らせることです。生きることは誰であれ、自らの問題です。釈尊はその意味で、仏法、真実を惜しみなく説き、教えてきました。それなのに、今度はわざわざ、私は「(弟子たちを)導いている」とも思わないし、「(彼らは)私に頼っている」とも思わない、と明言します。たしかに、自分は指導者ではあるし、その教えに従って教団が運営されているのは事実だが、それは自分がいなければ教団が成り立たないということではない。その意味で釈尊は「教主」としての自分を否定しています。また、事実、釈尊の教団は中央集権的な組織ではありませんでした。

釈尊はこう説き明かしつつ、自らの老を語ります。

アーナンダよ。わたしはもう老い朽《く》ち、齢《よわい》をかさね老衰し、人生の旅路を通り過ぎ、老齢に達した。わが齢は八十となった。譬えば古ぼけた車が革紐の助けによってやっと動いて行くように、恐らくわたしの身体も革紐の助けによってもっているのだ。（Ⅱ・25）

釈尊はくたびれ、疲れていたのだろうと思います。侍者《じしゃ》和尚のアーナンダに、体がもうガタガタで、革紐で縛ってやっと動いている車のようなものだ、と語っているのですが、現にそうした古い車が今でも農村などでみられるものですから、私には実感があります。老いた釈尊の姿が彷彿《ほうふつ》と浮かび上がってきます。

しかし、単にくたびれたというのではなく、老と疲れを乗り越えながら生きておられたようで、その状況を経典は次のように描写しています。

向上につとめた人が一切の相をこころにとどめることなく一部の感受を滅ぼしたことによって、相の無い心の統一に入ってとどまるとき、そのとき、かれの身体は健全（快適）なのである。（Ⅱ・25）

精神統一（禅定）に入って身体の苦痛をとどめておられたに違いありません。

たよりとなるもの

続いて、いわゆる自灯明《じとうみょう》・法灯明《ほうとうみょう》の教えを説きます。

それ故に、この世で自らを島とし、自らをたよりとして、他人をたよりとせず、法を島とし、法をよりどころとして、他のものをよりどころとせずにあれ。……（Ⅱ・26）

仏教の基本と言ってもいい有名な教えで、耳にされた方も多いことでしょう。ただし、今までは「自らを島とし……法を島とし」とある代わりに、「自らを灯明とし……法を灯明とし」と伝承されてきました。つまり自灯明・法灯明です。

まず言葉の面から説明をしておきます。サンスクリット語では、「島」や「洲」をdvīpaと言います。「灯明」はdīpaです。まったく別の言葉です。しかし、パーリ語では、「島」も「灯明」も同じくdīpaと書かれます。

サンスクリット語は釈尊の時代以前から今日に至るまで、一貫して用いられている文章語です。パーリ語とはウッジャイン市とか、仏塔の遺跡が今にも残っているサーンチー、バールフトあたりの西インド

インドの農村風景（筆者撮影）

の方言を基にした仏教の経典語です。言語学的には中期インド語の一つとして位置付けられるのですが、中期インド語の一つの特徴として、連続する二つの子音は一つの音にまとめられて、発音を容易にするという現象があります。

たとえば、般若の原語であるサンスクリットの prajñā（プラジュニャー）がパーリ語では paññā（パンニャー）になり、anitya（無常）が anicca になるというぐあいです。

ですから、「島」と「灯明」とはサンスクリットではまったく別の言葉なのに、パーリ語では dvīpa も dīpa となって、スペルの上からは区別がつかなくなってしまいました。

この経典が中国で翻訳された時、原典として用いられたテキストが中期インド語で書かれたテキストであり、dīpa とあったので、灯明と訳したものに違いありません。

現在では他の伝承との比較からこの句の原語は島、

ドゥヴィーパであることがはっきりしています。だからこそ中村先生は「自らを島とし、法を島とし」と訳されているわけです。学問的にはそれが正しいのですが、しかし、自灯明・法灯明という言葉はあまりにも一般化していますし、語呂の面から言っても使いやすい。言わんとする意味は全く同じで、「たよりになるもの」ということです。そうしたことを心得た上で私は「自灯明・法灯明」を使っています。ちなみに渡邊照宏先生も同様に、灯明を使っておられます。

「自我的自己」

自灯明・法灯明の教えの文言上の意味は、そう難しいものではありません。人間が生きるのは、当然のことながら、自分の問題です。もちろん、私たちはいろいろな人の援助があって生きていくことができます。神頼み、仏頼みということもありますし、他者のおかげで生きていけるのですが、しかし、それはあくまでも援助にすぎません。生きていくのは自分で、頼りになるのは自分だけです。

では自分の思い通りに生きていけばいいのか、というとそれはできない。自我、欲望を振り回して好き勝手に生きたら、人間は欲求不満に陥ります。欲望とは「ナイモノヲネダリ」「カギリナクネダル」ものですから（本書第7回を参照していただければ幸いです）。そうなると、他者とともに生きることも出来ない。どうしても、人間として正しく生きなければならない。その基準になるのが法です。自分がどう生きるかということは、法を頼りとし、法に従って生きなければならない。

しかし、もう少し立ち入って、では自分とは何か、法とは何か、頼りにするとはどういうことか、と詳しくみていく必要がありましょう。

まず自分とは何か、という問題があります。

私たちは自分のことを何某という名前の人間だと言います。名前が自分だと思っています。そのほか、職業、国籍、身分や地位なども同様ですが、「それがなくなったら、自分ではなくなる」という意味での自己の本質ではないでしょう。外国に帰化したら、名前どころか日本人ということさえ変わってしまいます。これこそ自分だ、と思っている名前、職業などは本当の自己を覆っている「着物」のようなものです。いくらでも取り替えることが出来るのです。

オレはハンサムで有能な人間だとか、口べタで何も出来ないダメ人間だとか、自分を評価したりしますが、時がたつと自分のなかでも評価は変わります。他人様の評価も自分が自惚《うぬぼ》れているほどハンサムではないし、卑下《ひげ》しているほどダメ人間ではなく、それなりの長所を見てくれてもいます。つまり絶対的な自分の本質なのではなくて、その時々に自分で貼りつけたレッテルにすぎません。

ワタシは絶望しています、などという感覚も自分の心の中でつくりあげ、自分に押しつけている一時のレッテルです。これは有名なエピソードなのですが、自分は絶望している、死にたいと悩んでいる青年が、あるお師家《しけ》さん（禅の指導者）のところに来ました。師家は悩みをとってやるから、その悩んでいる「自分」をここに出してみろ、とうながしました。青年はいろいろとしゃべっているうちに、自分は絶望していると思いこんでいるだけで、その他にいくらでも考え方があることが自覚され、絶望から救われました。絶望も自分の自我的な心が作りだしたレッテルなのです。

私たちの心はいつもエゴ的に働いています。自分の性質、人生経験、環境などの影響のもとに、いつも自我的にハカラい、判断し、言葉にしてレッテルを作りだしています。言葉はあくまでも言葉なので、事実そのものではありません。よく「絵に描いた餅」と言います。絵でも写真でもいいのですが、餅とはこういうものだと他人に教え、コミュニケーションの道具としては有用、且つ必要ですが、食べられる餅そのものではありません。

私たちが日常に「これがオレだ、ワタシだ」と言っているのは、実は観念であり、自我に基づいて言葉で作り上げたレッテルなのです。「自我的自己」なのです。私たちの日常生活、さらに社会生活はすべてこのレッテルの貼り合いの中で成立してます。それはそれでいいのですが、実は、私たちの思い通りにならない苦は自我を振り回すところに起因することが多いのですね。つまり「自己の悩み」ではなく、「自我的自己の悩み」なのです。宗教的救いはこのことを自覚し、「自我的自己」の根底にある「本当の自己」を求めていくところに得られる、と仏教では説きます。

本当の自己

だからこそ、釈尊はしきりに、自己を滅した者（『スッタニパータ』三四三他）、自己を捨てた者（同七九〇）、鎧《よろい》のような自我の存在を破った（『増支部経典』Ⅳ、三一二ページ）などと、解脱した人のことを説いています。自己を滅したといっても自殺したことではありません。自我的自己を捨てよ、と説いているのです、日常の「これが私だ」と妄想している自分を超えよ、というのです。道元禅師が「仏道をならうとは自己をならうなり。自己をならうとは自己を忘るるなり」という時の「忘れる」自己も、自我的自己にほかなりません。

では本当の自己とは何なのでしょうか。

少し理屈っぽい議論をさせてください。こういう釈尊の教えがあります。

自我を通して自己をみることなく（yo attanā attānaṃ nānupassati）、**精神を統一し、姿勢正しく、自ら安立し、動揺することなく、心は静かで、疑惑もない**（akaṃkho）。**こういう境涯に至った人こそ、供養を受けるにふさわしい。**

（『スッタニパータ』四七七）

第一句が難しいのですが、諸学者もほぼ同じ意味に解しています。注釈書は《……智をそなえた心で観察して、自分の身心の要素（khandha：五蘊《ごうん》）のなかに別の自我というものを見ない。ただ蘊だけを見る。およそ「応《まさ》に自ら自我を〈私は〉想いうかべる（samjānāmi）」という……見解が……ない……》（村上真完・及川真介『仏のことば註』（三）一二八ページ）とあります。

つまり、瞑想体験の上に自我的自己の無を感得した悟りの言葉であり、それが本当の自己だというのです。注釈は、自己とは五蘊（色受想行識）の集積だが、そこに実体的な自己などないといっているのです。つまり無我だというのですが、その無我なる自己のうえに「疑惑」が消え、安心を確かめている自己存在がある。つまり、無我は形而上でもあり、倫理的教訓でもあると同時に、釈尊の体験を通じて確信された人間存在の真の在りようだということになります。

この問題をさらに発展させると、仏教は釈尊の菩提樹下の悟り体験から始まったものです。宗教体験は自我を超えたところに成り立ちます。釈尊は真実、法に「目覚めた」のですが、その真実は人間を含む全世界を根底において支えているハタラキです。対象論理の世界で構築された知識や理論ではありません。そして知識とは必ずや理性、知性をとおして構築されるものですし、思考の枠を通ります。そして思考とは必然的に自我に裏打ちされていますから、思考を通して出てくる結論は普遍的真実にはならないものでしょう。

思考といえばデカルトの cogito がよくいわれます。「我思う、故に、我あり」という有名なテーゼですが、これは「理性の目覚め」だと言われています。そして理性とは自我の働きですし、自我的自己への目覚めと言っていいものです。宗教的な意味での「自己への目覚め」とは言えません。そして釈尊は無我なる自己に目覚めたのだし、それが悟りにほかなりません。

私たちの本当の自己とは、自我によってレッテル化される以前の、あるいは自我のハタラキそのものをも下にあって支えるものだというのです。本当の自分がありながら、私たちはそれに気づかずに(無明、無智)、自我・欲望によって「ナイモノヲネダリ」「カギリナクネダル」人生を送っています。欲求不満という苦を自ら招いていますす。だからこそ人生は苦なりというのですし、自我的自己を調えて、本当の自己にたよれ、ということになるものでしょう。

法灯明

したがって、本当の自己にたよる、というのは、法、真実に生かされていることを自覚し、法に従って生きることに他なりません。『ダンマパダ』はこう言います。

おのれこそ
おのれのよるべ
おのれを措《お》きて
誰によるべぞ
よくととのえし
おのれにこそ
まことえがたき
よるべをぞ獲《え》ん

（『ダンマパダ』一六〇）

私が好きなものですから、あえて友松圓諦《ともまつえんたい》先生の名訳を使わせていただきました。よくととのえられた自己、それは法に則《のっと》ったものでなければならない道理です。

ここで「法」に頼る、というのですが、前回にも見たように、法＝ダルマにはいろいろな意味があります。ここで問題になるのは真理、真実、理法、という用法と、教え、具体的な正しい行為、などという意味での用法です。文献には両方の意味が使われていて、たとえば法の内容を戒律を守ることだという理解もあります。

しかし、私は実践的には同じことだと思っています。上に見たように、法とは知性で作りだされた原理、原則なのではありません。ルールでもありません。人間を含む万物を否応なしに支えている宇宙のハタラキです。無常、無我、縁起、空《くう》などと、いろいろと、それぞれの特徴を示しつつ呼ばれますが、帰するところ、事実として万物を支えているハタラキでしょう。ですから、法、真実を頼りとするということは、法のハタラキに随順して具体的に生きることですし、その生き方を具体的に説けば、教えに従って生きる、ということになります。

諸学者も多くの方が法灯明の法を理法、真実の意味にとっておられます。渡邊照宏先生は真理か教えかという区別をおそらく意識されていた、と私は思うのですが、こういう言い方をされています。「自己と同じように法が重要である。法は真理であり、理法であり、また仏陀の教法でもある」(『著作集』二巻、六一ページ)。

自灯明・法灯明

経典は続いて、自己と法にたよるための具体的な「教え」を説き出します。やはり、法をたよりとすることの内容を具体的に示したかったものでしょうか。

では、修行僧が自らを島とし、自らをたよりとして、他人をたよりとせず、法を島とし、法をよりどころとして、他のものをよりどころとしないでいるということは、どうして起るのであるか?

アーナンダよ。ここに修行僧は身体について身体を観じ、熱心に、よく気をつけて、念じていて、世間における貪欲《とんよく》と憂いとを除くべきである。
感受について感受を観察し、熱心に、……（以下前文に同じ）
心について心を観察し、熱心に、……（以下前文に同じ）
諸々の事象について諸々の事象を観察し、……（以下前文に同じ）
アーナンダよ。今でも、またわたしの死後にでも、誰でも自らを島とし、自らをたよりとし、他人をたよりとせず、法を島とし、法をよりどころとし、他のものをよりどころとしないでいる人々がいるならば、かれらはわが修行僧として最高の境地にあるであろう、誰でも学ぼうと望む人々は——。（Ⅱ・26）

ここに説かれているのは、教理的には四念処《しねんじょ》、四念住《しねんじゅう》といい、私たちの身体（身）と精神の働き（受と心）、そして心の対象である事象（法）がすべて無常であり無我であることを常に心に念じて修行せよ、という修行の在り方を説いたものです。

無常・無我とは真実、法のことですし、それを「念《おも》」いつつ修行せよということは、無論、自灯明・法灯明の教えに矛盾しません。しかし、なくもがなの感じもします。中村先生は、この四念処の部分は漢訳の「白法祖本」には欠けているから後世の付加であろうとされているのですが、私も賛成です。

⑭ 現世への告別の言葉

チェーティヤのもとで

ヴェーサーリー市に滞在していた釈尊は、早朝の托鉢行《たくはつぎょう》からもどって食事を済ませると、侍者《じしゃ》のアーナンダにチャーパーラ霊樹の下に坐具を敷かせ、「昼間の休息」にはいられます（Ⅲ・1）。昼間の休息とは食事後の休息のことで、当時の修行者の習慣でした。

ここで釈尊は深い思いに入られたようで、次のような言葉を発しています。

アーナンダよ。ヴェーサーリーは楽しい。ウデーナ霊樹の地は楽しい。ゴータマカ霊樹の地は楽しい。七つのマンゴーの霊樹の地は楽しい。バフプッタの霊樹の地は楽しい。サーランダダ霊樹の地は楽しい。チャーパーラ霊樹の地は楽しい。（Ⅲ・2）

この文章には検討すべき事柄が少なくありません。

まず、「霊樹の地」という言葉が出てきます。原語はチェーティヤ（cetiya）、サンスクリット語ではチャイティヤ（caitya）です。このチェーティヤという言葉の意味は時代と共にいろいろ変わっています。元来は「積み重ねる」という意味で、火葬する時の薪、そしてその火葬する場所のことであったと言われています。その火葬場という意味からやがて、聖なる場所を指すようになります。

そして次第に聖なる場所、聖なる建物つまり廟《びょう》、という用法も出てきます。仏教文化の歴史で一番発達したチャイティヤは「礼拝堂《らいはいどう》」です。たとえばアジャンター石窟寺院には修行者の住む僧坊、僧院窟（ヴィハーラ）と、礼拝堂であるチャイティヤ窟があります。石窟を馬蹄形《ばていけい》に深く掘りすすみ、奥に仏塔（ストゥーパ・stūpa）を置き、周りに列柱を配します。修行者や信者は列柱の周りを三回右回りにまわり（右遶三匝《うにょうさんぞう》）正面に戻って礼拝します。

さらに後になると、仏像崇拝の隆盛と合して仏塔の前面に仏像を彫りこんだりしていますし、南インドの僧院には仏塔ではなくて仏像を安置するチャイティヤも出現します。

またインドにはバニヤン樹のように高く、幹も太く、枝も大きく張りだして、いかにも神聖な雰囲気を醸《かも》し出している大樹が方々にあります。その木の根元には日常に礼拝する神のシンボルなどが置かれて
こともしばしばです。仏教の文献にも特に大きな樹には樹神が住むとされ、樹神は時にヤクシャ（yakṣa パーリ語はヤッカ yakkha 漢訳経典に薬叉、夜叉など）とも呼ばれ、固有名詞をもつヤクシャも存在します。

インド仏教文化の流れにおいて、ヤクシャは複雑で一言ではとても語りきれません。釈尊を援助して布教をたすけた原住部族がヤクシャと呼ばれたこともあったようですし、同時に鬼霊の一種としてのヤクシャもいます。当初は温和で樹神、土地神的な機能をもっていたし、例えばサーンナーやバールフト

（おおよそ前三〜前一世紀）、あるいは少し後代のマトゥラー市にある仏塔の欄楯《らんじゅん》（玉垣・おおよそ前二〜後二世紀）の柱に浮き彫られている等身大の豊満なヤクシニー像は豊饒《ほうじょう》を象徴していると理解されています。しかし、さらに後代には血生臭いヤクシャのイメージもあらわれてきます。文献と美術作品にあらわれるヤクシャ像は複雑ですが、初期にチェーティヤと関わって語られるヤクシャは人間と親しい関係を持つ鬼霊という理解が一般的です。

こうしたことから、何か清々《すがすが》しく、神秘的な感じを与える樹木、霊樹もチェーティヤとされる用例があり、だからこそ、中村先生はここで「霊樹の地」と訳されたものです。

マトゥラーの仏塔玉垣にある
ヤクシニー像（丸山勇撮影）

学者の訳は必ずしも一致せず、片山一良先生は「霊域」とし、また渡邊照宏先生は「廟」と訳して、何らかの小さな建物を念頭に置かれているようです。チャーパーラやウデーナ、サーランダダというのはヤッカの固有名詞として知られているところから、こうしたヤクシャの祠堂《しどう》を考えられたようです。

しかし、マンゴー、バフプッタなどは樹木の名前です。私は中村先生と同じく霊樹、霊樹の地と理解しておきたいと思います。

チャーパーラ霊樹は美しい

釈尊は、見る者に何か霊的な思いを起こさせるような樹の根本に坐り、ヴェーサーリーは楽しい、この木々は楽しい、と声を出しています。

しかし、「楽しい」とはどういうことなのでしょうか。原語はラマニーヤ（ramaṇīya）という言葉で、中村先生は霊樹の地は「楽しい」と訳されただけで、特にその内容に立ちいっていません。片山先生、岩松先生も「楽しいところ」と訳して、同じです。たしかにラマニーヤとは、快い、愛好すべき、美しい、というほどの意味の単語です。

ここのテキストは次のように続いているところです。釈尊はこの文章に続いて、四神足《しじんそく》つまり超能力を得るための四種の修行を修した人は寿命を全うし、寿命を更に超えて生きることが出来るのだ、と言い、アーナンダに、それではどうぞ長生きしてください、と懇請《こんせい》するようにと謎をかけます。アーナンダは意味がとれずに懇請せず、この会話が三度繰り返されます。そこで釈尊は三カ月後に入滅する決心をする、とストーリーが展開してゆきます。ですから、世界は楽しい、だから死を急ぐことなく、さらに生きることを釈尊は希望した、という意味にとれないことはありません。

しかし、そう理解するには違和感があります。釈尊ともあろう人が、これから死ぬという時に、この地はみんな「楽しい」から寿命を延ばそうか、などと考えるでしょうか。衆生教化のためにもう少し長生きしよう、と釈尊が考えたとしても、そのために世界は楽しいなどと言い出す必然性は全くありません。いったい何を言いたかったのでしょうか。

これついて渡邊先生は「チャーパーラ廟は素晴らしい」と訳し、この一文は「仏典には珍しい自然の風土の賛美である。その賛美には現世への告別がこめられているが、アーナンダ尊者にはそれが判らない」（『渡邊照宏著作集』第二巻、六九ページ）と指摘しています。

現世への告別の心情というのは卓見だと思います。釈尊は八十歳となりました。宗教者として生き抜いてきて、今、死が間近に迫っています。釈尊は自分が生かされている世界を思い、宗教的に万物存在のあるがままの美しさをしみじみと思い返している。そういう心情なのではないでしょうか。私は「美しい」という訳がいいと思いますし、私の体験もあって、次のように受け止めたいと考えています。

世界は美しい

昔のことですが、私に二十三歳で亡くなった友人がいます。病状は重く、本人も不治であることを知っていました。よく見舞いに行きましたが、ある時は沈み込んでいるし、ある時は饒舌《じょうぜつ》でした。心情の起伏のただならぬことは私たち友人にも感じられ、それだけ本人の苦しみが察せられました。悩み、本を読み、人の話を聞き、最後に彼はクリスチャンになりました。亡くなる直前の二カ月は比較的静かに私たちのお喋りを聞いているようになりました。その頃に彼が言った言葉が、「君たちには分からないだろうけどな、世界って美しいんだぜ」というものでした。

そう言う彼がいるのは灰色の病室で、窓の外の荒れた庭には二、三本の細い木が立っているだけです。彼がなぜ、世界が「美しい」と言ったのか、その時はよく受けとめられませんでした。ただ彼の中で何かが変わったことは感じられました。わからないなりに、なにか宗教的な世界をかいま見たような気がしたことを覚えています。

そして、今では、似たような救いの事例を幾つも知っています。自分の死を前面にみながら、症状がすこし上向くと希望の灯をかきたてる。しかし翌日には状況はまた悪くなって心が落ち込む。こうした起伏を繰り返しながら、病状は確実に下方に向かって進んでいく。そうした苦悩の中に、ある時、バケツの底が抜けたような心の転換が起こる。宗教的諦念《ていねん》とでも言うのでしょうか。苦の流れに溺《おぼ》れもがいている時、ふと頭をあげて流されている自分を一つ高い立場からみることができ、それなりに心の安らぎを得ることが出来る。こうした事例はしばしば報告されています。私の友人もそうした心の葛藤《かっとう》を経て、比較的に穏《おだ》やかに死んでいった、と私は思っています。

テキストのこの一節を読むたびに、私にはいつもこの友人の話が思いだされてきます。釈尊は悟りをひらいて自由に自我を調えつつ生きてきた人です。真実、法に生かされている世界や万物のあるがままのすがたを受け入れ、美しいと感じる、そうした心境は当然あったものと思います。そして、釈尊は間近に迫り来る死を見、それを発表すべき時が来ている今、ふとそうした感懐を懐き、身近に見えるヴェーサーリーの町や木々にかこつけて世界、そして人生の美しさを表白したものではないでしょうか。

文献はここまでは言っていません。読み込みすぎであることを承知していますが、しかし、こう理解することで、私は偉大な宗教者であった人間釈尊の心のひだに分け入れるような気がしているのです。

四神足

続いて釈尊は説きます。

アーナンダよ。いかなる人であろうとも、四つの不思議な霊力（四神足）を修し、大いに修し、（軛《くびき》を結びつけられた）車のように修し、家の礎《いしずえ》のようにしっかりと堅固にし、実行し、完全に積み重ね、みごとになしとげた人は、もしも望むならば、寿命のある限りこの世に留まるであろうし、あるいはそれよりも長いあいだでも留まることができるであろう。（Ⅲ・3）

四つの不思議な霊力とは「四神足」のことです。「四如意足《しにょいそく》」などともいわれますが、原語で rddhi-pāda, iddhi-pāda（リッディ／イッディ・パーダ）といい、rddhi とは神通《じんずう》ないし神通力のことです。pāda は「足」のことで、拠《よ》り所、根拠というほどの意味です。ですから、神足とは神通の拠り所となるもの、ということで瞑想、禅定のことです。それを修するには四の項目があり、欲、精進、心、そして思惟《しゆい》（神足）ということになっています。具体的にいうと、「すぐれた瞑想を得ようと願い……努力し……その心をおさめ……そして智慧思惟をもってすぐれた瞑想を得ること」（中村元『広説仏教語大辞典』）ということです。さらにいうなら、「三十七道品《どうほん》」とか「三十七菩提分法《ぼだいぶんぽう》」といって、三十七の修行項目を「四念処《しねんじょ》」「四正勤《しょうごん》」「四神足《しじんそく》」「五根《ごこん》」「五力《ごりき》」「七覚支《しちかくし》」「八正道《はっしょうどう》」の七グループに分けて列挙した第三番目に当たります。つまり修行者の修すべき項目であり、それによって神通力を得るとされているものです。

神通ないし神通力は仏教ではいろいろな広がりがあって、難しいテーマです。常人には出来ない超能力が神通と考えられていますが、仏教には合理的な思考が基本にあり、超能力的で超自然的なことはあまり認めたくない、という姿勢があります。しかし、反面にブッダは超人化される傾向にありますし、それだけに仏教において、神通（力）とは何か、がいつも問題になります。

ここでも四神足を修すれば『寿命のある限り、あるいはそれより長く生きることが出来る』ということに連なるのですが、これも常識を越える奇跡的なことがらです。そしてこれは四神足を修し、瞑想の力で可能だというのです。

また仏典では「六神通」（ないし「六通」）が説かれています。六種の超人的な働きで、自由に欲する所に現れる能力（神足）、自他の未来のありかたを知る能力（天眼《てんげん》）、普通人の聞きえない音を聞く能力（天《てん》耳《に》）、他人の考えを知る能力（他心）、自他の過去世のあり方を知る能力（宿命《しゅくみょう》）、煩悩を取り去る能力（漏尽《ろじん》）の六通です（上述の中村大辞典より）。

六神通はかなり教理化されて説かれているのですが、実はそれ以外にも、仏典は釈尊の奇跡的行為をいろいろに説いていますし、それに類する美術作品も少なくありません。奇跡、神通力は仏教文化の流れの中では広く信じられていると同時に、そのままストレートには受け止められていないのですね。釈尊をどう理解するかという問題と同時に、仏教という教えはどういうものかを考える重要なテーマです。

本経では今後、奇跡、神通力を論じる機会がなさそうなので、少し神通にこだわって述べてみることにします。

三迦葉折伏

釈尊がヴァーラーナシーで初転法輪《しょてんほうりん》を終え、マガダの地に戻ってきた時のことです。戻ってすぐに、釈尊は迦葉《かしょう》という三人のバラモンの兄弟が指導する大きな教団を折伏《しゃくぶく》し、帰依《きえ》させます。

彼らは聖火堂（agyāgāra）で火の儀礼を行っていました。釈尊はそこに一晩泊まりたいと申し出ます。「……あそこには凶悪で神通力のある龍王がいます。恐ろしい猛毒をもった毒蛇です。貴方を害するでしょう……」と警告されますが、釈尊は強く主張してそこに泊まり込みます。龍は怒って煙を吐きますが、釈尊も「神通を現じて、煙を吐いた。龍はさらに怒り、火炎を放った。釈尊も、火の要素（火界三昧）に入って（tejo-dhātu samāpajjitvā）火炎を放った。……聖火堂は火をつけられたように火炎を放ち、焔《ほのお》を発した……」。翌朝、釈尊は「この龍の肌も皮も肉も筋も骨も髄も害《そこな》わないで、火力によって龍の火力を消耗させて、鉢におさめて……」外に出てきます（パーリ『ヴィナヤ』Ⅰ・一五）。

釈尊は仕方なしにこの教団との争いに巻き込まれた、などというものではありません。自ら積極的に呪術的な争いを挑み、勝利を得ています。呪力を発揮するために瞑想に入っています。先に四神通で見たように、神足は瞑想を通じて行われ得るのです。そしてパーリ律の『ヴィナヤ』（「大品」I、一五・七）では迦葉は釈尊を「アンギラサ」（Aṅgirasa）と呼んでいます。これはヴェーダ文献では神と人間の仲介者であると同時に、正統バラモンにとっては原住部族民の呪術師を意味する言葉です。釈尊が龍を調伏《ちょうぶく》したことは呪術的な行為以外の何ものでもなかったのです。そして、龍に傷ひとつつけずにその力を奪っていることで、不殺生《ふせっしょう》の徳を強調しています。

このエピソードの事実関係は正直に言って判りません。中村先生は、釈尊が神通奇跡を実際に行った可能性を低く見て、釈尊の神格化が進んだ結果として作られた伝承だとされています（『ゴータマ・ブッダI』五九七ページ）。むしろ、釈尊の合理的宗教が呪術的宗教を超克したという歴史的意味を重視しています。それはその通りなのですが、それでは六神通は何なのか、また、三迦葉ばかりか、舎衛城《しゃえじょう》の神変《じんぺん》などというのもあります。これは少し後代の伝承なのですが、釈尊は他の沙門《しゃもん》集団の指導者たちの面前で空に飛び上がったりして、自らの威力を誇示しています。

また美術作品には釈尊の神通が種々に造形されています。今述べた三迦葉の帰依や舎衛城の神変、頭と足から火と水を出しているブッダ像などもあります。釈尊の神通奇跡はかなり一般的に信じられていたのです。これはどう理解し、仏教文化の歴史の中にどう位置づけたらいいのでしょうか。

仏教信仰と民俗信仰

釈尊は自己を調えることの重要さを徹底して説きます。私たち人間には真実、法を知らない根源的な愚かさ（無明《むみょう》）がありますし、そのためにナイモノヲネダリ、カギリナクネダル欲望を振り回していまず。その結果、欲求の満たされない「苦」を自ら招き入れています。釈尊はその欲望をしかるべく抑制し、無常や縁起などの真実を受け入れて生きるところに「安心《あんじん》」があることを教えました。それが悟りに連なるのですが、難しいことですし、釈尊は自ら「世の流れに逆らうもの」とまで言っています。

ところが、社会生活に必須の通過儀礼や祖先崇拝、大なり小なり呪術的な祈願儀礼など、つまり民俗信仰的な観念と儀礼は自我欲望を満足させようという方向で成り立っています。以前（第8回）に「出世間」と「世間」という二つの宗教レヴェルのあることをお話ししましたが、呪術は典型的な「世間レヴェル」の儀礼です。「何らかの目的のために超自然的存在（神、精霊その他）の助けをかりて種々の現象を起こさせ、環境を統御しようとする」（吉田禎吾《ていご》『呪術』講談社、昭和五十四年、二一四〜五ページ）ものです。

ですから悟りを求め、真に自己と法とを求め行く信仰の生活（自灯明・法灯明）に呪術は無関係です。釈尊は悟りを求める出家比丘たちに呪術は無用だと斥《しりぞ》けています。

しかし、社会生活をしている信者たちには呪術的行為はなくてはならないものです。だからこそ、釈尊は身を護るための受け身の呪術は認め、それはパリッタ（防護呪・paritta）として定着し、それなりの発展を見せています。現代の東南アジアのテーラヴァーダ仏教は「パリッタ仏教」と言われるほど、パリッタは日常に用いられています。

ですから、偉大な宗教指導者として名声が上がるほど、釈尊は呪術的行為が可能であるとして神通奇跡を求める声が高くなったことは自然の成り行きだったでしょう。決して釈尊が神話化されたからではありません。むしろ逆なので、人間釈尊であるほど、神通奇跡は求められたものでしょう。渡邊先生がいみじくも喝破されたように、「……神も奇跡もなく、宗教儀礼も行わず、ただ、縁起の論理を理解し、信仰の裏付けのない倫理と禁欲生活とのみを要請するような宗教に、数千の無智な大衆が……ついて行けた（はずがない）」のです（渡邊照宏『お経の話』岩波新書、一九六七年、二一ページ）。

釈尊が実際にどんな神通を行ったか、私たちには判りません。しかし信者たちの多くは釈尊が神通を行えると期待していたし、仏典の記述はそうした期待を種々に反映したものとみるのが穏当な理解でしょう。

仏教文化における呪術の位置付け

一方、釈尊は奇跡的な行為を決して勧めていません。

ピンドーラ・バーラドヴァージャは漢訳仏典に賓頭盧《びんずる》尊者として知られている人ですが、ある時、王舎城の金持ちが栴檀《せんだん》で作った鉢を竹棹《たけざお》で空中高く掲げ、取れた者に与えると誘いました。尊者は神通力を持ってこれを手にしたのですが、後に釈尊に叱られています（『ダンマパダ』注釈書、『ジャータカ』四八三話にもでている）。

仏教のみならずヒンドゥー教の高次の信仰でも、呪術的行為は仮に可能であっても、してはならないものという伝承があります。ラーマクリシュナ（一八三六〜一八八六）は近代ヒンドゥー教の改革者で神秘主義的な純正な宗教者です。バクティ（「信愛」などと訳されます）思想の系譜に属し、キリスト教や浄土真宗の教えと同類の徹底した「絶対他力」の信仰を説いています。彼は修行中にタントラ派の六十四種の神秘的能力を自ずと獲得したのですが、自ら崇拝する女神に「こんなものはなくしてくれ」と訴えています。後年になっても、弟子たちに「神通力などは汚物のように捨てよ。修行が進むにつれてこうしたものが身についてくるかも知れないが、それに気を取られたら束縛されてしまう。神を見ることは出来なくなる」と警告しています（拙著『ラーマクリシュナ』講談社、一一九ページ）。

ちなみに道元は『正法眼蔵《しょうぼうげんぞう》』「三十七菩提分法《さんじゅうしちぼだいぶんぽう》」の巻で四神足を扱い、独自の解釈を施しています。さらに同書の「神通」の巻では、火を出したり水を出したりする奇跡や五通、六通などの通常の神通は「小神通」だとして低く見ています。そして「大神通」とは現実の世界のたたずまいすべてがあるべくして在り続けている相《すがた》のことであり、朝起きたら顔を洗い、茶を喫するという、何の不思議もない「仏家《ぶっけ》の茶飯《さはん》」の生活を続けることが「大神通」のハタラキだと述べています。親鸞《しんらん》聖人の他力本願《たりきほんがん》、自然法《じねんほう》爾《に》の世界も同じではないでしょうか。

自我を超えた絶対者に向かい合う高次の信仰では、神通奇跡などは無用なのです。しかし教団の現実としては呪術的観念と儀礼（そして民俗的儀礼）はさまざまに生きているし、だからこそ、教団が成り立っている、という側面も忘れてはならないものでしょう。

さて、テキストでは釈尊が四神通を修するならば、誰でも、そして釈尊も寿命を超えて生きることが出来る、と発言しているのですが、これはどういう意味があるものなのでしょうか。ひき続き、次回にテキストを読み続けましょう。

⑮ 任意捨命

望むなら永遠に生きられる

釈尊は食後の休息をとるためにある大樹の根元に坐り、侍者《じしゃ》のアーナンダに、「この地は美しい、この木々は美しい」と語り始めます。どういう思いを秘めての発言なのか、私なりの理解を前回に書きましたが、決して単なる風景描写ではない、自分の死を間近に控えての感懐だったことは間違いないと思います。

この発言の後に、釈尊は「四神足《しじんそく》を修した人は寿命を全《まっと》うし、寿命を更に超えて生きることができる」という不思議な言葉を発します。

アーナンダよ。いかなる人であろうとも、四つの不思議な霊力（四神足）を修し、大いに修し、（軛《くびき》を結びつけられた）車のように修し、家の礎《いしずえ》のようにしっかりと堅固にし、実行し、完全に積み重ね、みごとになしとげた人は、もしも望むならば、寿命のある限りこの世に留まるであろうし、あ

るいはそれよりも長いあいだでも留まることができるであろう。（Ⅲ・3）

四神足については、これも前回に詳しく述べましたが、神通の根拠となる四種の瞑想のことです。何か超自然的な現象を起こす拠り所として瞑想が必要と考えられていたようです。それによって、寿命のある限り生きることが出来る、と釈尊は言い出します。

中村先生が「寿命のある限り」と訳された原文は āyu-kappam ですが、実はここの理解には異説があります。

āyu（サンスクリット語では āyus）は寿命のことです。阿弥陀（仏）の原語の一つは amita-āyus で、無量（amita）の寿命を持てる（仏）という意味で無量寿（仏）として知られています。

kappa（サンスクリット語は kalpa）は「劫波《こうは》」と音写され、その前半をとって「劫《こう》」として用いられます。宇宙論的な「長い時間」を示す時の単位です。

一劫はこんなふうに説明されています。一由旬《ゆじゅん》（一説に一・六キロ）立方の箱の中にいっぱい詰まった芥子《けし》粒を百年に一回、一粒ずつ取り除いて、それが全部なくなるまでの時が一劫だといいます。あるいは、同じく一由旬立方の岩の塊の表面を百年に一回、天女が柔らかい羽衣でなでて、その岩が磨り減ってなくなるまでの時が一劫で、天文学的な長い時間です。

この箇所は通常、一劫でも、それ以上でも生き得る、という意味で理解されていました。例えば、渡邊照宏先生は「一劫の間でも、一劫よりもさらに長い間でも、この世に留まっていることが出来る」と訳されています。kappa を時の単位の意味での「劫」として理解するものです。外国人学者も含めて、多くの訳はそう理解しています。

しかし、中村先生は注釈書の理解に従って、「寿命のある限り」と訳されています。人の寿命がどのくらいあるかは判りませんが、寿命を全うするという表現もあります。寿命がまだあるのに死を迎えることもある道理で、ここではどんな人も、四神足を行じ修行した人は寿命一杯生きることが出来るし、いや、それ以上生きることが出来る、と言うのですね。寿命一杯に生きる、というだけなら、まだ普通ですが、テキストは「それ以上」生き得るといいます。つまりそう望めば、死なないですむ、ことですし、これは永遠に生きることに連なる発想です。そうなると渡邊先生はじめ諸訳が「一劫もしくは一劫以上生きることが出来る」ということと、中村訳とは実際上はほとんど同じです。しかし、言葉としては、kappamという語が「長い間」と副詞的に用いられる用例もありますので、私も中村訳に従っておきます。

上の文章は「いかなる人も」永遠に生き得る、と一般論で言い、すぐ続いて主語を「如来」に代えて同じ文が続きます（Ⅲ・5）。ここで如来というのは無論、釈尊のことで、つまり釈尊ブッダは四神足を行じ修行したから、望むなら、永遠に生きることが出来るのだぞ、と言うのですが、一体どういうことなのでしょうか。

それと、もう一つ奇妙に思えるのは、ここまでは釈尊は地《じ》の文章でも、アーナンダとの会話の中でも、いつも「世尊」(bhagavant) と呼ばれていました。しかし、ここだけ、誰でも永遠に生きられるし、「如来 (tathāgata)」も同じだ、と述べられています。何か意味があるのでしょうか。

永遠の仏への萌芽

ご承知のように釈尊は世寿八十歳で亡くなっています。本経典はその最後の模様、「般涅槃《はつねはん》」を叙述する経典です。それなのにここで釈尊は生きようと思えば永遠に生きられる、と言い出しています。

素直に経典を読んでいると、自らの死を自覚し、宗教者としての一生を生き抜いてきた老釈尊の「世界は美しい」という感懐と、望めばいくらでも生きられる、という発言とは結びつきません。前者はあくまでも人間釈尊の感懐ですし、後者は、すぐ次に説明しますが、生身の釈尊が次第に「永遠の仏陀」に発展してゆく過程の中での出来事です。一つにつながらないのです。

だからこそ、中村先生はこの部分を注釈して、「超人的に偉い人であった釈尊は、永遠の存在でなければならぬから、普通人のように死亡することはありえない。それには必ず理由がなければならぬ。釈尊は入滅の決意に従って自ら入滅されたのだ」と解説しています（岩波文庫本二三七ページ）。

渡邊先生は「……すでにあらゆる煩悩をうち滅ぼして解脱《げだつ》している世尊は自分の意志による以外には死はあり得ない。自発的な死への決意が必要である……神秘的な出来事で……我々の常識では量り切れない……」と述べています（『著作集』二巻、六九ページ）。

中村先生は仏教伝承が次第に釈尊を超人化していった経緯をふまえ、渡邊先生はその超人化の内容を「解脱したから」だと補足し、共に、釈尊は欲すれば永遠に生きられるのに、自らの意志で八十歳入滅《にゅうめつ》を選んだ、と理解しています。

渡邊先生の方が内容理解に一歩踏み込んでいるのですが、幾分説明不足の感がします。何故なら、解脱すれば不死を得ることは仏典にしばしば説かれていますが、それは宗教的な不死であって、肉体の不死とは区別しなければならないからです。渡邊先生のおっしゃられたことを私なりに敷衍《ふえん》すればこういうことになります。

キリスト教も含めて高次の宗教では、何ものか絶対なるもの（神、法など）に触れて、無常なるこの現《う》身《しみ》でありながら、精神的、宗教的に永遠に連なる生命を感得します。それが解脱であり、悟りですが、ヒンドゥー教、仏教ではそれを「輪廻《りんね》を脱する、不死を得る」という思考の枠組みで表現します。ブッダは不死を得たのですし、仏典にもしばしば出てきます。その考え方が「永遠不死の仏陀」像に連なっていきます。歴史的ブッダ（釈尊）の超人化といえばその通りですが、生身のブッダから永遠の仏陀像に発展してゆく過程のなかにおいてこそ、どこかで、ブッダは永遠に生きられるのだけれども、自分の意志で人生を終えたのだという出来事が必要になってくるものでしょう。

仏頭～マトゥラー出土・5世紀（丸山勇撮影）

これを「任意捨命《にんいしゃみょう》」といいますが、『ブッダ最後の旅』というこの仏典には、人間釈尊個人の伝承と同時に、生身のブッダが永遠の仏陀に変わっていく教理的発展の伝承とが混じりあっています。世尊という呼び方がこの部分だけ「如来」と言い換えられていることも、伝承が異なっているからだとみていいものでしょう。

生身のブッダから法身の仏陀へ

永遠不死の仏陀像は、真実つまり「法」(dharma, dhamma)とも関わっています。釈尊が真実、法を悟ってブッダになったことは言うまでもありません。法とは、例えば、縁起、無常、空《くう》、無我などという言葉で示される宇宙万物の「在り方」、というより事実としての「存在のハタラキ」と言っていいものです。

たしかに、私たち人間を含むすべての存在は否応《いやおう》なしに法に支えられ、在らしめられている、といってもいいものです。そうした事実に釈尊は気づいたのですし、悟りとはその自覚のうえに、法を生活の上に生かしていくことに他なりません。だからこそ、法を生きる、とか、縁起を生きる、とか、無常を生きる、とかいう表現が普通に用いられています。

先ほど、真実の呼び名の一つとして縁起を挙げましたが、仏典には、「縁起を見るものは法を観る、法を見るものは我(ブッダ)を見る」と釈尊も言っています。

自灯明《じとうみょう》・法灯明《ほうとうみょう》の教えも、自分が生きることは法に従って生きる、つまり法を生きることですし、また、そのことによって、法が自分の生活の上にハタラキだします。「生きる」ということの上では、自分と法とは一つのものでなければならないし、それが身についた人、つまり「悟った人」、「ブッダ」とは法の具現者です。

こうしたことから、仏教伝承は次第に法とブッダの一如《いちにょ》であることを強調し、法そのものをブッダと見る思考を発展させていきました。その行き着いた先が法身《ほっしん》（仏）(dharma-kāya) です。端的に言えば、真実、宇宙の在りようのハタラキそのものを仏とみるものです。法は普遍的で永遠に在るものですから、ここに、法身仏とは永遠に生きる不滅の仏陀です。

これに対して、歴史的な人間としての釈尊はあくまでも「生身」のブッダで、ここに「二身説」が説かれるようになりました。二身は別物ではなく、生身としての釈尊は法身の具現したものですし、一般論としては、人びとを救うために特定の時代・社会に具体的に現れた応現身《おうげんしん》、応身《おうじん》（仏）(nirmāṇa-kāya) です。判りよく権化《ごんげ》（身）と言ってもかまいません。

大乗仏教の三身説

しかし、宗教信仰としては、法身仏も理論ではなく、現実の人間の世界に具体的に働き出す必要があります。後の大乗仏教では人格化され、法を説く法身仏が信仰されました。『華厳経』に説かれる毘盧《びる》遮那《しゃな》仏や、『法華経』を説いたとされる久遠実成《くおんじつじょう》の仏陀などがその例です。

さらに報身《ほうじん》（仏）(saṃbhoga-kāya) という思想がでてきました。大乗仏教を特徴づける菩薩の観念と関わりながら、衆生済度《しゅじょうさいど》の誓願を立て、きびしい修行をした結果として成仏したもので、誓願と修行に報いられた仏ですから「報身仏」といいます。理としての法が具体的に慈悲として働き出した仏、とみていいものでしょう。法蔵《ほうぞう》菩薩が四十八の誓願を立てて修行し、成仏したのが阿弥陀仏であることは多くの方がご存じと思います。

そして歴史的な釈尊は上記の二身説と同じで、法身仏が歴史的存在として具現し、人びとを救済するのが化身《けしん》仏、応身仏としての釈尊です。この法、報、応の三身の仏陀を想定する考えは大乗仏教において定着しました。発展の経緯には複雑な問題がありますが、その後長く仏教伝承における「仏身観」として基本的なものとなりました。

この『大パリニッバーナ経』の「任意捨命」は、永遠不滅の仏陀への信仰、思想が発展してくる歴史の最初期に属する重要な記述なのです。

魔に魅入られたアーナンダ

先に見た文でも察せられるように、釈尊は侍者和尚のアーナンダに「私は長生きしようと思えば長生きできるぞ」と語りかけ、「ではお師匠様、どうぞ長生きして下さい、永遠に生きて下さい」と懇請《こんせい》することを期待しているのですが、事態はそのようには進みませんでした。

こういうわけであったけれども、若き人アーナンダは、尊師がこのようにあらわにほのめかされ、あらわに明示されたのに、洞察することができなくて、尊師に対して、「尊い方よ。尊師はどうか寿命のある限り、この世に留まってください。幸いな方（＝ブッダ）は、どうか寿命のある限り、この世に留まってください。――多くの人々の利益《りやく》のために、多くの人々の幸福のために、世間の人々を憐《あわ》れむために、神々と人々との利益のために、幸福のために」といって尊師に懇請することをしなかった。

それは、かれの心が悪魔にとりつかれていたからである。（Ⅲ・4）

テキストでは、釈尊が「ヴェーサーリーは美しい」「四神足を修した如来は望めば寿命以上に生きることが出来る」と三回にわたってアーナンダに語りかけています。それにも関わらず、アーナンダは長生きして欲しいと懇請しませんでした。そこで釈尊は「アーナンダよ、では、お前は随意に出かけなさい」（Ⅲ・6）といい、悪魔に魅入られたこの弟子は近くの木の根元に坐りこんでしまいました。渡邊木は「アーナンダよ、行くがよい。もう良かろう」と訳していますが、この方が雰囲気は出ています。

悪魔（マーラ）との対話

そこへ悪魔が出てきて釈尊にこう語りかけます。

「尊い方よ、尊師はいまニルヴァーナにお入りください。幸いな方（＝ブッダ）はいまニルヴァーナ

にお入りください。今こそ尊師のお亡くなりになるべき時です。（Ⅲ・7）

悪魔は「**あなたはかつて私にこう言ったではないか**」と釈尊に言います。あなたは「**修行者である弟子たちが懸命であり、よく身をととのえ、……学識があり……法に従って行い……自ら知ったことおよび師から教えられたことを保って、解説し、説明し、知らしめ、……異論が起こったときには、道理によってそれらをよく説き伏せて、教えを反駁《はんばく》し得ないものとして説くようにならないならば、その間は私はニルヴァーナには入らない**」（抄訳、Ⅲ・7）と言ったではないか。しかし、今や弟子の出家比丘、比丘尼であれ、在俗の男女の信者たちであれ、みんながこうした形で信仰を確立したではないか。だからこそ、「**今こそ尊師がお亡くなりになるべき時です**」（抄訳、Ⅲ・8）と迫ります。

悪魔（māra）とは音写語としては魔羅《まら》で、原始仏典では māra pāpīyas とも書かれ「邪悪なるマーラ」（音写して悪魔波旬《はじゅん》）などと使われます。本来は死ぬという意味の mṛ という動詞から派生した言葉で、死に関わる存在でした。同時に人間の欲望を象徴する存在でもあり、ですから漢訳仏典では障礙《しょうげ》とか、奪命《だつみょう》、殺者《せっしゃ》などとも訳されています。仏教宇宙論では欲界の一番上にあるとされる第六天、すなわち他化自在《たけじざい》天《てん》の魔王ともされます。本来は摩羅ないし麻羅と音写されましたが、意味の上から魔の字を用いるようになったようです（中村元『広説仏教語大辞典』）。

原始仏典ではしばしば釈尊と悪魔が言葉を交わしますが、この場合には釈尊の心の内なる煩悩、欲望を象徴しています。釈尊の心のなかでの煩悩との戦いを象徴するものであり、そういう文学形式だと見てもいいものです（これに対して釈尊の心の中の善い思いは梵天が代表します）。

有名な例としては『スッタニパータ』四二五以下に修行中の釈尊を誘惑する悪魔が記されています。尼連禅河《にれんぜんが》のほとりで苦行し、瞑想している釈尊に悪魔がやってきて、何で命を失いかねないきびしい修行をするのか、バラモンの教える儀礼を行い、功徳を積めばいいではないか、と修行中止をそそのかします。釈尊は答えます、「私は命をかけて努力している、苦行も行い、瞑想もしていて、そのため私の心は諸々の欲望を離れている。欲望、嫌悪《けんお》、飢渇《けかつ》、怠惰《たいだ》、惰眠《だみん》、恐怖《くふ》、疑惑《げわく》、偽善《ぎぜん》、強情《ごうじょう》などが汝悪魔の軍勢だが、私はこれと戦い、勝利を収めているではないか」（取意）。

悪魔は「私は七年（ここでは通常の六年ではなく、七年とあります）の間、釈尊につきまとっていたが、いつも心を正しく保っている釈尊につけいる隙《すき》はなかった」（同四四八）と意気消沈して姿を消した、とあります。

こうして、悪魔つまり煩悩との戦いに勝って釈尊は悟りを開いたのですが、この事実を仏典は「降魔《ごうま》成道《じょうどう》」などと言います。多くの仏典は劇的な降魔を描くあまりに、悟りの直前に悪魔を降し、成道したと言わんばかりの書き方をしています。しかし悪魔は欲望のことですし、釈尊は修行中の六年間絶え間なく悪魔と戦っていたに違いありません。六年の難行苦行とは釈尊の自我がとことんまでつぶされ、欲望は完全に抑制されたものとみていいものでしょう。その上でこそ、菩提樹下の悟りがあり得たに違いありません。『スッタニパータ』が「七年間つきまとっていた」と言うのは真実をうがっています。

降魔とは一時だけの出来事ではありません。欲望との不断の対決のプロセスであり、それが熟し自覚されることはあるものの、欲望そのものがゼロになることではありません。だからこそ、悪魔に関してさらに申しあげておきたいのですが、悟りを開いた後の釈尊に悪魔はしばしば出てきて、語りかけています。つまり、悟りを開いた釈尊にも欲望、煩悩は出てきているし、そのたびにそれはきっぱりと斥《しりぞ》けられています。原始仏典では釈尊は生身の人間として理解されているのです。

『相応部経典』Ⅳの二～三章は「悪魔の章」とでもいうべきもので、明らかに悟りを開いた後の釈尊と悪魔との会話が二十五話、語られています。

一つだけ例としてご紹介しておきましょう。

釈尊は大勢の信者たちに囲まれて説法をしています。「悪魔は釈尊の心を惑《まど》わそうと思い」近づいて問いかけます。「あなたは人に教えを説く資格があるのですか。言うことをよく聞く人には優しくし、言うことを聞かない人間を憎いと思う。説法をしながら、そういう執着があるのではないですか」。釈尊は答えます。「如来が人に教えを説くのは、人々への思いやりから説くので、言うことを聞いてくれるとか、聞いてくれないとかいうことから離れている」。すると「悪魔は、釈尊は私を知っている、見抜いている、と意気消沈し、憂《うれ》いに沈んで、姿をけした」（『相応部経典』Ⅳ・二、四。中村元訳『悪魔との対話』岩波文庫）。

釈尊が悪魔の心を見抜いている、という記述は、釈尊が自らの迷いを知りつつ、それを乗り越えた自覚を示す表現とみていいものです。

このほか、釈尊の政治欲、空腹、恐怖心などに関わる事例が述べられています。悟りを開いたからといって、人間である以上、自我、欲望がゼロになることなどあり得ません。釈尊がなしえたのは欲望を調えることなのですが、仏典は「煩悩の滅」などと記述するものですから、誤解を招きやすいのですね。煩悩の滅とは煩悩そのものがなくなったわけではなく、煩悩を自由に抑制することが出来、その結果、煩悩が悪い方にハタラキでなくなったことです。「煩悩の滅」ではなく、「煩悩のハタラキの滅」なのです。少なくとも、原始仏典に記される人間釈尊はそう理解すべきです。

しかし、大乗仏教となり、上記の法身仏、報身仏となると、もはや人間釈尊ではありません。光明に輝く永遠に生きる仏陀であり、自我欲望など一切ない仏陀となります。悪魔にしても「四魔」＝煩悩魔、陰魔《おんま》（苦を生み出す五蘊《ごうん》のこと）、死魔、他化自在天魔《たけじざいてんま》＝などといって、類型的な分類と形式的な記述の中に押し込められてしまいます（『倶舎論』、『大智度論』等）。

入滅の決意表明

テキストに戻りましょう。悪魔はすでに教化の実はあがり、教法は確立したのだから、前に約束したように入滅すべきではないか、と迫ります。釈尊は悪魔に答えます。

このように言われたので、尊師は悪魔に次のように言われた、「悪《あ》しき者よ。汝は心あせるな。久しからずして修行完成者のニルヴァーナが起るであろう。いまから三カ月過ぎて後に修行完成者は亡くなるであろう」と。（Ⅲ・9）

ここで初めて、「入滅の決意」が表明されます。この経典のひとつのハイライトとも言えましょう。

16 釈尊の入滅宣言

寿命力の放棄

釈尊はヴェーサーリー市のチャーパーラ霊樹のもとに坐しておられます。

本経典ではあくまでも生身の宗教者としての人間釈尊が描かれているのですが、ここでは、釈尊は望めば永遠に生きることが出来る、と言い出しています。後の大乗仏教で活躍する「永遠の仏」、法身仏《ほっしんぶつ》思想形成に向けて、釈尊の超人化が進んでいる一つの段階での話になっています。それだけに、世寿八十歳でなくなった歴史的釈尊との関係もあって、ここに、どうしても永遠に生き得るブッダでありながら、なぜ八十歳で亡くなったかという理由を説明しなくてはなりません。

前回ではそうした状況下に、まず侍者《じしゃ》和尚のアーナンダが、寿命を超えて生きられるなら、お師匠様、どうぞ長生きして下さい、と懇請しそこなった一幕が述べられました。つづいて、釈尊は悪魔（マーラ・māra）と会話し、わが弟子たちは法の智慧と実践に通じ十分に教化できるようになったから（Ⅲ・8）、約束に従って三カ月後に涅槃《ねはん》に入り、命を捨てると告げます（Ⅲ・9）。

その状況を仏典は次のように述べています。

そこで尊師は、チャーパーラ霊樹のもとにおいて念じて、よく気をつけて寿命の素因（潜勢力）を捨て去られた。尊師が寿命の素因を捨て去られたときに、大地震が起った。人々を驚怖《きょうふ》させ、身の毛をよだたせ、神々の天鼓《てんく》は破裂した（＝雷鳴があった）。そこで尊師は、その意義を知って、そのときこの感興《かんきょう》のことばを発せられた。――

「量《はか》られ、また量られない〈身の成立する〉もとである〈生存の素因〉を、聖者（＝ブッダ）は捨て去られた。

みずから内心に楽しみ、精神統一をして、殻《から》のような自己の成り立つもとを破壊《はえ》した」と。

（Ⅲ・10）

寿命の素因、と訳されている言葉の原語は、āyu-saṃkhāra といいます。saṃkhāra とは、何かを形成し維持するものであり、身・心を維持し働かせる力、潜勢力のことです。「身心をあらしめる勢力」（村上・及川『パーリ仏教辞典』）であり、「行」とも訳されます。五蘊《ごうん》（色・受・想・行・識）という時の行が、saṃkhāra です。

先に釈尊は遊女アンバパーリーに教えを説いてから、ベールヴァ村というところで雨季の定住、つまり雨安居《うあんご》にはいられました。その時に病気になり、激痛におそわれます。釈尊はあらかじめ告知することなく死ぬわけにはいかない、と「寿命のもとを留めて」病を克服されました（本経典のⅡ・23。第十一回を参照)。寿命のもと、と訳されていたのがjīvita-saṃkhāraで、生命を保ち維持する潜勢力のことです。ここではāyu-saṃkhāraで、寿命のある限り生命を維持する身心の力、潜勢力のことで、それを中村先生は寿命の素因と訳されたものです。普通には寿命力と訳されていて、この方が判りよいかも知れません。

この時に大地震が起こります。インドには吉凶に関わらず、滅多に無い出来事が生じると大地震が起こるという伝承があるのですが、どういう出来事の時かは、すこしあとに経典自身が明らかにしています。

「迷いの生存」を捨てる

こうした状況のなかで、釈尊の心のなかに自ずと一つの詩偈が浮かび上がってきました。感興のことば、というのですが、原語はudāna(ウダーナ)です。感興の赴《おもむ》くままに詠《うた》われた詩偈、というほどの意味で、釈尊はこのウダーナという形でしばしば自らの心境を述べています。その収録が『ウダーナ』というテキストで、比較的短いものですが、『スッタニパータ』や『ダンマパダ』と同じ原始仏典の古層に属する作品です。

さてここの『ウダーナ』なのですが、原文が崩れているのではないかという意見もあり、諸訳まちまちです。

細かなことは別にして、まず中村先生が「量られ、また量られない(……生存の素因)」と訳されたところですが、「(生存力……の)優劣いずれも」(渡邊照宏)、「相応するもせざるとも」(岩松)などと訳され、また「涅槃と有《う》とを考量しつつ」（片山）という訳もあります。片山先生の訳は注釈書を参照しているものですが、中村先生も注釈書にあるこの理解には触れています。そしてブッダゴーサという注釈者が幾つも異なった解釈をあげているくらいだから、その当時（五世紀）には意味がわからなくなっていた、とされています。原語は秤《はかり》などで「量る・量られない」というほどの意味の言葉なのですが、そこから、「涅槃と有」という理解も出てきているようです。

いずれとも決めかねるのですが、この難解な言葉が生存力、生存の素因にかかっていることは疑いありません。先に生命力、寿命力という言葉が出てきましたが、ここはbhava-saṃkhāraです。諸訳において、「生存の素因」、「生存力」、「生まれ変わりとその行為《もと》」「有の意欲」などとされていますが、このbhavaという言葉についてはすこし説明を加えておく必要があります。

bhavaとは普通「有」、つまり「存在」と訳されるのですが、事物の存在一般をいうものではありません。同じ存在でも人間の「迷っている存在」のことです。

十二縁起という教えがあります。私たちの「苦」がどのようにして生じるのかを、十二の項目を用いて説明する一種の公式みたいな教理です。Aがあるから、それを縁としてBが生じ、Bを縁としてCが生じ、と続き、最後にこうして「苦」が生じる、と説明するものです。これを逆に理解すると、Aが滅すると、それを縁としてBも滅し、それに縁《よ》ってCも滅し、こうして最後に「苦」が滅する、という説明にもなります。人生の苦を乗り越える生き方を説く仏教にとって、この公式は大切な意味があるものです。

その中核をなす項目を五つだけ挙げるとこうなります。

無明…愛（渇愛・根源的欲望）・取（取著《しゅじゃく》・執着）・有（迷いの存在）…老死（苦）

という図式です。

人間には本能ともいえる根源的欲望があり、それが対象と結びつくことで、具体的な欲望として働き出します。それが「愛」と「取」です。欲望とは、これは今までにも申しあげたことがあるのですが、「ナイモノヲネダル」「カギリナクネダル」という特徴があって、いずれも満足されることはなく、欲求不満におちいります。ないものをねだり、限りなく欲しがるのは、縁起、無常、無我などという真実（法）を知らない無明《むみょう》（無智）があるからです。したがって私たちの人生は、言うなれば、自ら欲求不満を招きいれている人生ですし、それが「人生は苦なり」、「一切皆苦《いっさいかいく》」ということです。つまり私たちの人生は通常は「迷いの存在」です。これが「有」であり、bhava なのです。迷いの存在だからこそ、「老死」つまり「苦」が生じる道理です。和辻《わつじ》哲郎先生はこの「有」を「輪廻の中の存在」と表現しています。単なる一般的な「存在」ではないのです。

ですから、迷いの存在とは輪廻する存在のことですし、輪廻は業力《ごうりき》が原因です。業力を生み出すのは欲望ですから、悟りを開いて欲望の働きを滅した人は最早輪廻しない、と言われるわけです。

釈尊は悟りを開いてブッダになった人ですから、当然、すでに業の影響を超え、輪廻しない状態になっているはずです。しかし、仏教の歴史は次第に、悟りを開いても肉体が残っていては業の影響力を完全に払拭することは出来ない、完全な悟りではない、と考え始めます。完全な悟りとは肉体が滅びた時に成就する、という考え方が生じてきました。

これは既に申しあげたことですが、ここに生前の悟りである「涅槃」(nibbāna)」と、肉体が滅した時の涅槃を「般涅槃《はつねはん》」(pari-nibbāna) と呼んで、両者を区別するようになりました。業が残っている、いないという意味で、それぞれ有余《うよ》(依《え》)涅槃、無余《むよ》(依《え》)涅槃などともいいます。そして本経典は「偉大なる般涅槃」を主題としているからこそ、『大パリニッバーナ経』と名付けられているのです。

ですから、釈尊がここで、bhava-saṃkhāra つまり「生存の素因」、「生存力」、「生まれ変わりとその行為《し》」「有の意欲」などを放棄した、とさまざまに訳されていますが、言わんとする意味は同じなので、肉体を滅することで無余涅槃に入る準備が出来た、という意味です。

大地震

釈尊が寿命の素因、寿命力を放棄した時に、怖ろしい地震が起こり、雷鳴がとどろきました。インドでは地震はほとんどありません。私の五年半に及ぶインド滞在中に僅かに一度、軽い地震を感じたことがあり、友人との話題になったことがありました。それだけに大きな地震は、吉凶に関わらず、何かの予兆と受け取られています。近くの木の下に坐していたアーナンダは驚いて釈尊に地震の起こった理由を尋ねました(Ⅲ・11、12)。

そこで、釈尊は地震を起こす八つの原因を説き明かします。

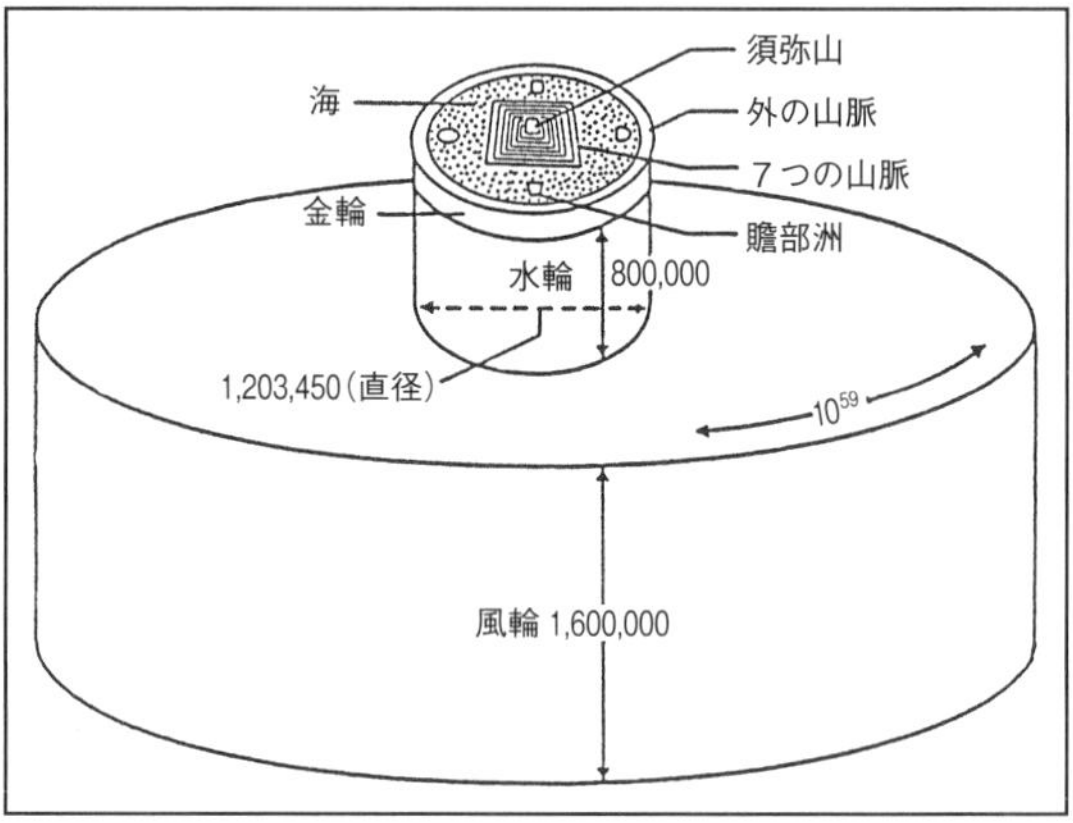

仏教の宇宙観
（単位は由旬。定方晟『仏教に見る世界観』より）

アーナンダよ。大きな地震があらわれるためにはこの八つの原因、八つの条件がある。その八つとは何であるか？　この大地は水の上に安立《あんりゅう》し、水は風の上に安立し、風は虚空《こくう》の上に存する。アーナンダよ。だから、まことに大きな風が吹くとき、大きな風が吹いて水を動揺させるとき、動かされた水は地を動揺させる。これが大きな地震が起るための第一の原因、第一の条件である。（Ⅲ・13）

当時のインド人の宇宙観を反映した記述で、その意味では科学的な説明です。

後の時代の『倶舎論《くしゃろん》』（西暦四世紀）などに詳しく説かれている宇宙論では、まず「風輪《ふうりん》」が「虚空」に浮いていると考えます。この風輪の上に「水輪《すいりん》」があり、その上に「金《こん》輪《りん》」がある。金輪の外側を山脈が囲み、その内側に海があって、四つの大陸と中央に須弥山《しゅみせん》がある。人間が生きている世界が、この四大陸のうちの「南瞻部洲《なんせんぶしゅう》」と言われています。この宇宙の基盤となっている風輪が水輪を揺らし、大地を揺らすとテキストは説明しているのです（挿図参照）。

続いて、第二の原因・条件が述べられます。

神通力があり、他人の心を支配する力のある修行者（沙門）またはバラモンがいて、あるいは大いなる神通力・大いなる威力のある神霊がいて、地の想いを僅かに修し、水の想いを限りなく多く修したとしよう、その人はこの大地を動揺させ、振動させ、激しく振動させる。……（Ⅲ・14）

インドでは、偉大な修行者が瞑想や苦行の力で超自然的な現象を起こし得るとされています。その環として地震を起こすことが出来る、というものです。

続いて、地震が起きる原因・条件の三番目（Ⅲ・15）から八番目（Ⅲ・20）までは、釈尊の生涯のなかでの重要な出来事が挙げられています。第三から順に、受胎、仏誕、成道、初転法輪、寿命の素因を捨てた時（これは他の伝承には見られないものです）、そして入滅です。この六つの出来事があった時に地震が起こるということです。釈尊の生涯の節目になる出来事は天地が揺れ、雷鳴が轟《とどろ》くほどに衝撃的なことである、というのです。

八種類の人びと

さて、この地震の原因という記述（～Ⅲ・20）までは、筋が通っています。ところが、この後（Ⅲ・21）からは、ストーリーの流れを破るような内容が並べられています。「八つの集《つど》い」「八つの勝処」「八つの解脱」ですが、明らかに後に付加されたものです。

まず「八つの集い」が語られます（Ⅲ・21〜23）。その八つとは、「王族の集い、バラモンの集い、資産者の集い、修行者の集い、四天王に属する衆の集い、三十三天の神々の集い、悪魔の集い、梵天《ぼんてん》の衆の集い」です。「衆の集い」というと何か臨時に集まった集会のように聞こえますが、そうではなく、八種類の人がいる、という意味です。八部衆（渡邊）という訳もあります。

王族・バラモン・資産者と並べるのは仏典に普通に出てくる表現です。古代インドの社会は「四姓」、つまり、バラモン、クシャトリヤ、ヴァイシャ、シュードラという社会階層から成り立っているはずだ、と理解されている方もおられましょう。しかし、四姓制度はバラモンの立場から見た「あるべき社会の理想像」で、現実はそれほど単純ではありません。上の表現は仏教徒の立場から見た社会の実状だとみてもよいものです。

それに修行者が加わり、さらにその上に三つの天界が記されています。後の完成された宇宙論では須弥山の上に、欲望が満たされる「欲界《よくかい》」の六欲天があるとされるのですが、その下から二つが四天王衆天と三十三天です。梵天はそれより上なのですが、しかし仏典に梵天はしばしばあらわれて釈尊と会話しています。悪魔（māra）も同様で、原始仏典ではおなじみです。

つまりここは、釈尊と深く関わっているグループ（「衆」）を並べたものでしょう。この八つはほかに出典となるテキストがあるわけでもなく、特別の意味があって出てくるものでもなさそうです。

アーナンダよ。わたしは幾百という王族の集いに近づいて、そこでわたしが、かつて共に集まって坐し、かつて共に語り、かつて議論に耽《ふけ》ったことを、ありありと想い出す。その場合わたしの（皮膚の）色は、かれらの（皮膚の）色に似ていた。わたしの声は、かれらの声に似ていた。わたしは〈法に関する講話〉によってかれらを教え、諭《さと》し、励まし、喜ばせた。ところが、話をしているわたしを、かれらは知らなかった。――〈この話をしているこの人は誰であるか？　神か？　人か？〉といって。わたしは、〈法に関する講話〉によって、かれらを教え、諭し、励まし、喜ばせて、すがたを隠した。ところがすがたを隠したわたしのことを、かれらは知らなかった。――〈この、すがたを隠した者は誰であるか？　神か？　人か？〉といって。（Ⅲ・22）

釈尊が過去から何度も王族のところに行って教えを説いた時に、その姿と声が王族と似ており、仲間の一人と思われていた。後になって、あの人は誰だろう、神か、人かと言われたりした。それほど王族の一人になりきって法を説いた、というのですね。

仏典は「同事」と言って、相手と同じ立場に立って法を説くことを教えています。『観音経』に、バラモンに教えを説く時は自分もバラモンとなり、王族を導く時は王族となって導く、などとあります。仏教の伝承において、人に教えを説くには相手と同じ立場、目線に立て、という重要な姿勢がここにみられます。

八勝処・八解脱

経典はついで、「八勝処《はちしょうしょ》」と言う瞑想論を説きます。

或る人は、内心に〈物質的なもの〉（色《しき》）の想いをいだき、外面的な〈物質的なもの〉を、限られた（僅かの）、好い色《いろ》、悪い色のものと見なして、〈それらに打ち克《か》って、われは知り、われは見る〉と、このような想いをなす。これが第一の〈支配して打ち克つ境地〉である。（Ⅲ・25）

以下に第二の境地から第八の境地までが説かれていますが（Ⅲ・26〜32）、「ヨーガの修行の課程のひとつ」（渡邊『著作集』二巻、七八ページ）です。瞑想に関わる教えです。

第一は、心に「色《しき》」つまり物質的な形や色《いろ》はあると思う者でも、外界の事物には好きなもの、嫌いなものがあるとみつつ、「それに惑わされずに真実を見、知る」（岩松『原始仏典』一、二二一ページ）、のがすぐれた境地（勝処）だということのようです。第二は色《しき》ありと思いつつ、外には無量の好き嫌いのものがあることをみて惑わされない。第三以下は色《しき》はないと思いつつ、外に少しの、ないし無量の好き嫌いのあるものを見、あるいは青、黄、赤、白の色《いろ》を見るもそれに惑わされずに真実の相を知るのがすぐれた境地だ、と述べられています。実践経験のない私が知ったかぶりするわけにもいきません。専門にヨーガの瞑想をなさっている人ならばご理解いただけるかもしれません。

続いて、「八つの解脱」が説かれます。

〈内心において〉〈物質的なもの〉という想いをいだいている者が〈外において〉〈物質的なもの〉を見る。これが第一の解脱である。

内心に〈物質的ならざるもの〉という想いをいだく者が、外部において〈物質的なもの〉を見る。これが第二の解脱である。

（すべてのものを）〈浄らかである〉と認めていること、――これが第三の解脱である。

〈物質的なもの〉という想いを全く超越して、抵抗感を消滅し、〈別のもの〉という想いを起さないことによって、〈（すべては）無辺なる虚空である〉と観じて、〈空無辺処《くうむへんじょ》〉に達して住する。これが第四の解脱である。

〈空無辺処〉を全く超越して、〈（すべては）無辺なる識である〉と観じて、〈識無辺処《しきむへんじょ》〉に達して住する。これが第五の解脱である。

〈識無辺処〉を全く超越して、〈何ものも存在しない〉と観じて、〈無所有処《むしょうしょ》〉（＝何も無いという境地）に達して住する。これが第六の解脱である。

〈無所有処〉を全く超越して、〈非想非非想処《ひそうひひそうしょ》〉（想いがあるのでもなく、想いが無いのでもないという境地）に達して住する。これが第七の解脱である。

〈非想非非想処〉を全く超越して、〈想受滅《そうじゅめつ》〉（表象も感受も消滅する境地）に達して住する。これが第八の解脱である。

（Ⅲ・33）

これも瞑想の深化のプロセスをいうもので、空無辺処以下の最後の四つは釈尊の悟りの一歩前の段階の悟りだとされているものです。

上に見た八部衆、八勝処、八解脱は、実は古い漢訳二本には載っていません。後代の漢訳に八衆、そして八勝処、八解脱が加えられるようになり、パーリ本も同様です。しかし、本経の物語の流れから見ると全く余計なものであり、後代の挿入であることは明らかです。地震で八という数字が出てきたものだから、それにつなげて八に関する教理を置いたもののようで、渡邊照宏先生は、そうしたほうが比丘たちの学習に便利だったのだろう、と言われていますが、案外そんなことかもしれません。

余計なものが入ってしまったものですから、経典は筋を取り戻そうと、以下に釈尊がアーナンダに語ったという形で、先に述べた文章が繰り返されます。すなわち、ネーランジャラー河の畔で悪魔が釈尊に死を迫り、釈尊が拒否したこと（Ⅲ・34、35）、今日、チャーパーラ樹のもとで再び悪魔が死を迫り（Ⅲ・36）、釈尊が三カ月後に入滅することを宣言する（Ⅲ・37）という記述が繰り返されます。

そこでアーナンダは、遅まきながら、釈尊に長い間この世に留まるように懇請する、というシーンに展開してゆくのですが、次回に続けることにしましょう。

⑰ アーナンダの懇請

チャーパーラ樹の下で

釈尊はいまだにヴェーサーリー市のチャーパーラ樹の下におられます。

静かにここに留まりながら、しかし、釈尊の心の内では、寿命をすてて入滅し、般涅槃《はつねはん》に入るというまことに大きな、劇的な決意がなされています。そこに侍者《じしゃ》和尚であるアーナンダが悪魔に心を奪われて言うべきことを言わなかった、というエピソードも加わり、本経の叙述が進んでいきます。

しかし、ここに来るまでにも、本経には同じ文章が主語や場所を代えただけでくどいほどに繰り返されてきました。仏典のスタイルだと言えばその通りなのですが、物語の流れをいちじるしく遮《さえぎ》っています。そして、今回読み進める部分には特にその傾向が激しく、後代に挿入された形跡が明らかです。

そこで、本経の筋の流れをはっきりさせるために、今まで述べられてきたことを整理してみましょう。

今読んでいるのは『大パリニッバーナ経』の第Ⅲ章なのですが、釈尊はチャーパーラ樹の下に坐り（Ⅲ・1）、ヴェーサーリーや種々の樹木、自分が今その下に坐っているチャーパーラ樹などが美しい、と内心の思いを述べます（２）。同時に四神足《しじんそく》を修行した人は誰でも、また修行を完成した如来（つまり釈尊御自身）も望めば一劫《こう》でも寿命を超えて生きることが出来ると言います（３）。この自分を取り巻く環境を美しいと実感し、四神足の修行は寿命を延ばすことができるという叙述は、いわばセットとして、この後もしばしば繰り返されます。

釈尊の言葉は侍者和尚のアーナンダに、それでは長生きして下さいと懇請《こんせい》させる含みを持っているのですが、アーナンダは悪魔（マーラ）にとりつかれていたために、それを発言しませんでした（４）。釈尊は三度同じことを語り、アーナンダはその度に釈尊の意を汲むことが出来ずに沈黙し（５）、では好きなようにしろと言われて近くの木の下に坐りこみます（６）。

アーナンダの沈黙は今後の筋の展開に大きな影響を与え、さらに釈尊滅後の仏教教団のいくつかのエピソードに語り継がれていくことになります。

ここで悪魔が釈尊のところに姿を現します。かつて釈尊は弟子の修行僧たちが十分に法を学び、実践し、人に説けるようになるまで入滅しないと言ったが、今ではそれが実現しているではないか、その言葉に従って釈尊は今や入滅すべきである、と迫ります（８）。そこで、釈尊は三カ月後に入滅することを決意し、悪魔にその旨を告げます（９）。

釈尊がチャーパーラ樹の下で寿命力をすてた時に大地震が起こりました（10）。驚いたアーナンダは不思議に思い（11）、釈尊のところに行ってその原因・理由を尋ねます（12）。釈尊は大地震の起こる八つの原因、条件を説きます（13～20）。

次いで釈尊は八つの社会グループについて語り（21～22）、八勝処を説明し（24～25）、八解脱を述べます(33)。いずれも修行者に必要な禅定に関わる教えですが、ここで説かれる必然性はなく、おそらく八という数字で始まる術語を並べたものでしょう。後代の挿入に違いありません。

こうした余分な項目が加わって、物語の流れが判りにくくなったせいもあるのでしょう。経典はここで、あらためて釈尊と悪魔の会話をアーナンダに語る形で繰り返します。すなわち、今度はウルヴェーラーの尼連禅河《にれんぜんが》のほとりで悟りを開いた時のことだと、時と場所を明示して、悪魔に入滅の条件を語ったことをのべ(34、35)、次いでまた同じ文章が繰り返されて、本日、自分は寿命力をすて、三カ月後に入滅することを悪魔に告げたことをアーナンダに語ります(36、37)。

ここまでが前回までに読んだことの内容です。本筋とは関係のない教訓が入りこんでいて、判りにくい点もあるのですが、ようやく本筋に戻ってきました。

アーナンダの懇請

釈尊が入滅を決意したことはアーナンダにとっては突然の出来事ですし、そのまま認められないものでしょう。今度は釈尊にこの世に留まるようにと懸命に懇請します。前々回に読んだ文と一部ダブリますが、再掲して読むことにします。

このように説かれたときに、若き人アーナンダは尊師に次のように言った。――

「尊い方よ。尊師はどうか寿命のある限りこの世に留まってください。幸いな方(=ブッダ)は寿命のある限りこの世に留まってください。――多くの人々の利益のために、多くの人々の幸福のために、世間の人々をあわれむために、神々と人間との利益《りやく》のため、幸福のために」と。

「アーナンダよ。いまはお止《や》めなさい。修行完成者に懇請してはいけない。いまは修行完成者に懇請すべき時ではない。」

（Ⅲ・38）

アーナンダの懇請に対して、釈尊はそれを差し止めます。「いまは修行完成者に懇請すべき時ではない」と訳されていますが、「いまは」とすると、今はいけないが、別の時なら懇請してもいい、ということにもなりかねません。原文には、dāni と akāla という言葉が用いられているのですが、前者は「今」という意味の副詞です。そしてここは「いまは」ではなく「いまや」と訳した方が脈絡に合致するものでしょう。

また、akāla は「相応《ふさわ》しい時ではない」ことを言う副詞ですが、釈尊はすでに入滅を決意してしまっていることであり、今や懇請しても時すでにおそし、という意味に他なりません。

次いでアーナンダは二たび三たび同じ懇請をし、釈尊はいずれもこれを差し止めます。そして最後に尋ねます。

若き人アーナンダは再び尊師に言った。――（中略）

若き人アーナンダは三度《みたび》尊師に言った。――（中略）

「アーナンダよ。お前は修行完成者の達成した〈さとり〉を信じますか？」

「はい。尊い方よ。」

「それでは、アーナンダよ。お前は何故、三度までも、修行完成者を悩ませたのですか？」（Ⅲ・39）

これに対してアーナンダは「尊い方よ、わたくしはこの言葉を尊師の面前でお聞きし、まのあたり体得しました」と答え、続けて四神足を修行したものは寿命を延ばしてこの世に留まることが出来る、という前述の文章を述べだします。

アーナンダの過失

「尊い方よ。わたくしはこのことばを、尊師の面前でお聞きし、まのあたり体得しました、――〈アーナンダよ。誰であろうとも、四つの不思議な霊力（四神足《しじんそく》）を修し、大いに修し、（軛《くびき》を結びつけられた）車のように修し、家の礎《いしずえ》のようにしっかりと堅固にし、実行し、完全に積み重ね、みごとになしとげた人は、望むがままに、寿命のある限り、あるいはそれよりも長いあいだでも留まることができるであろう。いま修行完成者（＝ブッダ）は四つの不思議な霊力（四神足）を修し……乃至《ない》……寿命のある限り、あるいはそれよりも長いあいだでも留まることができるであろう〉と。

「アーナンダよ。お前はそのことを信じますか？」

「はい、尊い方よ。」
「それならば、アーナンダよ、これはお前の罪である。お前の過失である。――修行完成者（＝ブッダ）がこのようにほのめかされ、あらわに明示されたけれども、お前は洞察することができなくて、尊師に対して『尊師はどうか寿命のある限り、この世に留まってください。幸いな方はどうか寿命のある限り、この世に留まってください。――多くの人々の利益のために、多くの人々の安楽のために、世間の人々を憐《あわ》れむために、神々と人々との利益・幸福のために』と願わなかったのは。もしもお前が修行完成者に懇請したならば、修行完成者（＝ブッダ）はお前の二度にわたる（懇請の）ことばを退けたかもしれないが、しかし三度まで言ったならば、それを承認したであろう。それだから、アーナンダよ、これはお前の罪である。お前の過失である。（Ⅲ・40）

釈尊は懇請すべき時に懇請しなかったアーナンダの罪をきびしく指摘します。おかげで釈尊は八十歳で入滅することになってしまったのですから、アーナンダの責任も重大です。

仏典の言い分を字義通りにとるなら、アーナンダが釈尊に「長生きしてください」と言っていたならば、永遠のブッダを説く『法華経』「如来寿量品《にょらいじゅりょうほん》」など成り立たなくなってしまいます。しかしそう考えるのは無論、逆なのであって、仏教の歴史的発展のなかに法身仏《ほっしんぶつ》、久遠《くおん》の仏のような「永遠の仏」という思想がでてきましたし、そのためにこそ、釈尊は望めば寿命を超えても生き得るのだが、自らの意志で入滅したのだ、という理由付けが必要になってきます。本経のこの記述は、広い視点からみるなら、「仏陀」をどう理解するかという仏教思想史上の大きな問題に棹《さお》さしている一節なのです。

釈尊の叱責《しっせき》、そしてアーナンダの後悔のエピソードはここで完結しているのですが、実は本経はさらに引き続いて、〈王舎城《おうしゃじょう》の霊鷲山《りょうじゅせん》にいたときに私はお前に、世界は美しい、四神足を修すれば一劫の寿命を延ばせる、とほのめかしたが、お前は懇請しなかった。三度懇請すれば私は承認したろうに。それをしなかったのはお前の過失である〉（Ⅲ・41）と繰り返します。

いやそれだけではなく、同じ会話が王舎城の地域では他に九箇所、ヴェーサーリーでは六箇所でなされ、そのたびにアーナンダがしかるべく懇請しなかったことが述べられています（Ⅲ・41〜47）。

このくどい記述は実はパーリ語の本経典のみにあり、他の漢訳経典には載っていません。本筋を離れた記述ですし、後代の挿入であることは明らかです。

しかし何故、ここまで執拗《しつよう》にアーナンダを非難しなければならなかったのか、私たちには知る由もありません。あくまでも私見にすぎませんが、東南アジアに定着しているテーラヴァーダ仏教に特有の心情ないし発想のように思われます。パーリ語のテキストにおいてのみ、アーナンダが幾度も非難されているようですが、テーラヴァーダ仏教では大乗仏教のような「永遠の仏」という思想は発展していません。ブッダといえば釈尊のことですし、ブッダがせっかく長生き出来ると言い出しているのに、それを不可能にしたアーナンダの過失は、許し難いものがあったのかも知れません。

第一結集における出来事

実はアーナンダのこの「過失」は後にまで尾を引いています。

第一結集が開かれた七葉窟（丸山勇撮影）

釈尊滅後に第一結集《けつじゅう》が開催されました。今日的な言葉でいえば、経および律の編纂会議です。本経の最後の方にでてくるのですが、釈尊が入滅されたというニュースが、近くを遊行《ゆぎょう》していた高弟マハーカーシャパ（大迦葉《だいかしょう》）のもとに届きます。早速に入滅の地に急行するのですが、その際に心ない老比丘の一人が、「釈尊が亡くなったのならもう『これをしろ、あれはするな』などとうるさく言われないですむ」と暴言を吐きます。それを聞いた大迦葉は、釈尊滅後の修行の拠《よ》り所として経および律を編纂し、確定する必要を痛感したようです。そのために彼は、王舎城七葉窟《しちようくつ》に悟りを開いた五百人の高僧を集めて、編纂会議を開きます。

当時は釈尊の説法は書き記すわけではなく、みんなが耳で聞いて記憶にとどめたものです。仏教のみのことではありません。ヒンドゥー教の世界でも、種々の教えは記憶にとどめられ、口伝《くでん》で伝承されました。厖大な教えを暗記し、自由に引き出し議論できるインド人の能力は驚嘆すべきものです。

アーナンダも同様でした。釈尊の説法を一番多く聞いているのは、長らく侍者を勤めていたアーナンダより他にいません。だから彼は「多聞《たもん》第一」と称されています。彼は記憶の底から、「私はこのように聞きました（如是《にょぜ》我聞《がもん》）。この時釈尊はどこそこにおられて……」と釈尊の言葉や教えを記憶の中から語ります。同じ説法を聞いた人もいるわりで、みんながこれこそ釈尊の言葉であり、教えであると確認し、合意したブッダの言葉（スッタ＝経）を共に称《とな》えて、記憶してゆきました。

次いで「持戒《じかい》第一」といわれたウパーリという長老が律について同様な手続きを行い、ここに、経と律が確定されました。

この仕事を結集というのですが、原語はsaṃgītiといい、「共に詠《うた》う、共に称《とな》える」という意味の言葉です。一同が声をそろえて称え、記憶したものですから「合誦《ごうじゅ》」ともいいます。結集は後にも開かれたので、ここ七葉窟での結集を第一結集といいます。

さて実は、この第一結集を始める際に、問題が起きました。アーナンダが悟りを開いたかどうか、つまりこの会議に参加する資格があるかどうか、が問われました。これは無事に解決されたのですが、アーナンダはいくつかの事柄について、「過失」を指摘され、懺悔《さんげ》させられているのですね。

テーラヴァーダ仏教が伝持した律典であるパーリ語で書かれた『ヴィナヤ』（『小品』XI、1）では、例えば、釈尊の継母《ままはは》であるマハーパジャーパティーの出家を許すよう釈尊に口添えしたとか、「小小戒」の内容を聞いておかなかった、などです。

律は釈尊が制定したのですが、律の編纂をしていた際、アーナンダはさして重要でない戒（小小戒）は教団で変更してもいいと言われた、と発言します。では具体的にどういう戒かと訊《き》かれて、いやそこまでは突っ込んで訊いていません、などと答えたものですから、みんなに叱られるのですね。

そして、今回の釈尊の言葉の意をうけて、「人々の利益《りやく》、人々の幸福のために、世界の人々を憐れむために、神々や人間の利益と幸福のために」一劫を生きながらえて下さいと懇請しなかったことも指摘され、懺悔させられています。

アーナンダという人は原始仏典にしばしば登場するのですが、この人の言葉や行動を追っていくと、いかにも聡明で、真面目すぎるくらいまじめで、かぎりなく親切で、人を疑うことを知らない、しかし幾分軽率なところもあるボンボン、といった感じが私などにはします。たいへんハンサムで艶聞もあるような、面白いキャラクターです。

釈尊はアーナンダに、人は死別するものであることを説き出します。

⑱ 入滅の予告

ブッダのことばは取り消せない

テキストの今読んでいるところは、釈尊が八十歳で亡くなったという事実をどう理由づけるか、という仏教思想史における大きな問題に関わってきています。

原始仏教時代の釈尊一人の「(人間)ブッダ」は、大乗仏教時代に「永遠の仏陀」「法身仏《ほっしんぶつ》」へと展開していきます。こうした思想的展開の一プロセスとして、ここでは釈尊の「任意捨命《にんいしゃみょう》」が説かれています。釈尊は望めば永遠に生きることが出来るのだが、便法として八十歳で入滅してみせたのである。それを説明するために、まず弟子のアーナンダに永遠に生きるように懇請させようとしたのだが、彼は悪魔に魅入られていてそれをなしえなかった。そこで、釈尊は寿命力を捨て、「三カ月後に般涅槃《はつねはん》する」ことを宣言したのだ、という筋書きが展開しています。

大地は振動し、アーナンダはその理由を問います。釈尊はアーナンダに永遠に生きるよう懇請しなかったのはお前の過失であると言います。とまどうアーナンダにすでに入滅を宣言した以上、それは取り消すことが出来ないことを言い、且《か》つ、生きているものは必ずや死別せざるを得ないことを教えたではないか、と諭《さと》してゆきます。

「しかし、アーナンダよ。わたしはあらかじめこのように告げてはおかなかったか？——『愛《いと》しく気に入っているすべての人々とも、やがては、生別し、死別し、（死後には生存の場所を）異にするに至る』と。アーナンダよ。生じ、存在し、つくられ、壊滅する性質のものが、（実は）壊滅しないように、ということが、この世でどうして有り得ようか？　このような道理は存在しない。

それは修行完成者によって棄《す》てられ、吐きすてられ、放され、捨てられ、投げ捨てられたものである。寿命の素因は捨てられた。修行完成者は断定的にこのことばを説かれた、——『久しからずして修行完成者は亡くなるであろう。これから三カ月過ぎたのちに、修行完成者は亡くなるであろう』と。修行完成者が、生きのびたいために、このことばを取り消す、というようなことは有り得ない。

さあ、アーナンダよ。〈大きな林〉にある重閣講堂《じゅうかくこうどう》に行こう。」

「かしこまりました」と、若き人アーナンダは尊師に答えた。

（Ⅲ・48）

上の文章の二節目に「それは修行完成者によって棄てられ……」とありますが、和訳は改行せずに続けて印刷されています。いかにも「このような道理は存在しない」ということを釈尊は棄てさり、吐き出して云々というように読みとられる懼《おそ》れがありますので、私が改行して示してあります。釈尊が棄て、吐きすて、放し、捨て、投げ捨てたのはあくまでも寿命力であって、「万物は壊滅する」という無常の「道理」ではありません。

また、この棄て、吐き出したという表現は奇妙に聞こえますが、ある漢訳（『遊行経《ゆぎょうきょう》』）には「食したものを吐き、又それを戻すことはあり得ない」ように、釈尊が一度口に出して言った言葉は取り消せない、という比喩として説明しています。中国風に言えば「（ブッダの）綸言《りんげん》、汗の如し」ということでしょうか。

入滅の正式宣言

重閣講堂に行った釈尊は近くに住んでいる比丘たちをすべて集めるようにアーリンダに命じます（取意・Ⅲ・49）。そして比丘、修行僧たちに語りかけます。

そこで尊師は講堂に近づいた。近づいて、設けてあった席に坐した。坐して修行僧たちに告げた。

――

「修行僧たちよ。それでは、ここでわたしは法を知って説示したが、お前たちは、それを良くたもって、実践し、実修し、盛んにしなさい。それは、清浄《しょうじょう》な行ないが長くつづき、久しく存続するように、ということをめざすのであって、そのことが、多くの人々の利益《りやく》のために、多くの人々の幸福のために、世間の人々を憐《あわ》れむために、神々と人々の利益・幸福になるためである。

そうして、修行僧たちよ。わたしが（……説示し、お前たちが実践し、多くの人々の利益・幸福になるための……〈上の文の繰り返し〉……）その〈法〉とは何であるか？　それはすなわち、四つの念ずることがら（四念処《しねんじょ》）と四つの努力（四正勤《ししょうごん》）と四つの不思議な霊力（四神足《しじんそく》）と五つの勢力（五根《ごこん》）と五つの力（五力《ごりき》）と七つのさとりのことがら（七覚支《しちかくし》）と八種よりなるすぐれた道（八聖《はっしょう》道《どう》）とである。

修行僧たちよ。これらの法を、わたしは知って説いたが、お前たちは、それを良くたもって、実践し、実修し、盛んにしなさい。それは、清浄な行ないが長くつづき、久しく存続するように、ということをめざすのであって、そのことは、多くの人々の利益のために、多くの人々の幸福のために、世間の人々を憐れむために、神々と人々との利益・幸福になるためである」と。（Ⅲ・50）

例によって繰り返しが多く、くどい表現になっていますが、釈尊は修行僧たちが実践し、実習し、さかんにすることによって清浄な行いが久しく存続する「法」の内容として、四念処、四正勤、四神足、五根、五力、七覚支、八正道と「法数《ほっすう》」を並べています。既に第六、九、一二回などに学んだことですから繰り返しませんが、いずれも仏教の実践徳目として教えられているものです。

こうした実践によって「清浄の行い」が存続するのだといいます。これは仏教を学ぶということは、単に知識を学ぶだけのことではなく、現実の人生を生きることであることを明瞭に示しています。しかも、その「清浄の行い」の存続が「多くの人々の利益のために、多くの人々の幸福のために、世間の人々を憐れむために、神々と人々の利益・幸福になるためである」というのですが、これは修行者たちの仏道修行が自分の悟りのためだけではない、人びとに安心《あんじん》を与えるものであること、すなわち教化《きょうけ》・伝道の大切さを強調しているものに違いありません。

私は故酒井得元《とくげん》老師の指導を受けていた人間ですが、老師は「仏教、禅はこちらから出かけていって、ちょっとこちらを向け、教えを聞け、などという伝道宗教ではないぞ」とよく言われていました。その背景にはキリスト教、特にプロテスタントのいくつかの宗派の伝道の姿勢への批判がありました。専門の「伝道師」が何百人という人を集めて伝道集会を開き、熱弁をふるい、熱中させて集団改宗者を募《つの》る、という方式の伝道ですが、仏教、禅は違うということです。仏教とは自らが自己に向き合い、法を実践することで人びとを導いていくものである。熱にうかされて信仰するのではなく、個々人の信仰の自覚を待つものである、というのです。

これも伝道の基本的な在り方に違いありません。しかし、伝道宗教ではない、と言いきってしまうと、仏教には伝道ということがないのかと誤解される懼《おそ》れもあります。上の文章は明らかに伝道の大切さを教えていますし、実は、上と似た表現を用いている釈尊の見事な伝道宣言があるのです。それを紹介しておきます。

釈尊の伝道宣言

釈尊はヴァーラーナシーの鹿野苑《ろくやおん》で初めて法輪を転じます（初転法輪《しょてんぽうりん》）。まず元の修行仲間の五人の比丘を教化して悟りを開かせました。次に教化したのがヤサという名前のベナレスの豪商の息子です。ヤサも出家し悟りを開きました。ついで、ヤサの友人の四人が出家し、さらに五十人の友人が弟子入りして悟りを開いた、と仏典は言うのですが、とにかくこのヴァーラーナシーで仏教教団が成立し、出家修行僧が出現したことは疑いありません。

この鹿野園で釈尊は弟子たちに命じます。

比丘たちよ。私は……一切の束縛から自由になった。そなたたちも同様に自由となった。諸人の利益と幸福のために、また世の人への共感をもって、神々と人間の利益、幸福のために、そなたたちは出かけるがよい。（なるべく多くの人に教えられるよう）**二人して道をゆくな。初めも善く、中ごろも善く、終わりも善く、道理と表現とが備わった教えを説きなさい。この上なく完全で清らかな行いを人に示しなさい。世間には心の眼が**（欲望の）**塵垢《じんく》にそれほど覆《おお》われていないのに、教えを聞くことがないところから堕落していく人がいる。**（教えられれば）**彼らは真実を悟れるであろう。**

（『相応部経典』Ⅰ・4・1・5）

「一切の束縛から自由になった」とは、自我欲望の束縛を離れたということです。私たちはつねに（縁起、無常、無我などの）真実を知らない無明性《むみょうせい》の上に自我をふりまわしています。だからこそ、ナイモノヲネダリ、カギリナクネダル欲望を働かせ、その結果として欲求不満の苦を自ら引き寄せています。その自我がととのえられたのが「自由」です。それこそが悟りなのですが、そうした自覚をもったうえで、「世の人びとへの共感をもって」伝道にでかけよ、と説いています。

「神々と人間」というのはインドではごく普通の考え方です。輪廻《りんね》の世界観では、人間界の上にある天界にいるのが神（デーヴァ deva）です。人間と神々はたいへん近い関係にあって、仏典や文学作品などでも自由に交流していますし、人天《にんでん》ともどもに、などといった表現になります。

「二人して道をゆくな」ということについて、かつて故増谷《ますたに》文雄先生に尋ねたことがあります。聖書には「一人で道を行くな」と書いてある。これは当時のキリスト教は迫害されていたし、危険だから単独での行動をするな。それに比べれば仏教は平和な社会での伝道だから、なるたけ多くの人に法を伝えるチャンスが増えるよう、二人して行くなという意味だ、ということでした。私はそれに納得しています。

「初めも……中ごろも……終わりも善く、道理と表現とが備わった教えを説け」という教えは原始仏典の所々に出てくる表現です（例えば『長部経典』「沙門果経《しゃもんかきょう》」）。当たり前のことかも知れませんが、現実には困難なことも多く、現代の私たちにも反省を強《し》いる教えでもあります。仏祖の教えや仏典は、本来は、耳で聞き、あるいは目で読んで判るものであったはずです。しかし、時代とともに教理は発展し、ある程度の素養がないと判りにくいものとなりました。術語にはいろいろな意味が付加されて、専門家以外には意味が通じなくなった面もあります。悟りとか往生などのように宗教的内容が深いものについては、言葉だけでは説ききれないものもあります。

そうした困難さを乗り越えるためにこそ、「完全で清らかな行いを人に示せ」というのですが、これはなかなか思うように実践できないことです。私たちに対する大いなる反省材料を提示しつつ、しかし、上の文章は教化、布教をいう時の正しい在り方を見事に示しています。私は釈尊の伝道宣言だと受け止めています。

弟子たちへの最後の言葉

こうして釈尊は世の人びとのために法を説くよう命じつつ、最後の言葉を弟子たちに与えます。

そこで尊師は修行僧たちに告げられた、「さあ、修行僧たちよ。わたしはいまお前たちに告げよう、――もろもろの事象は過ぎ去るものである。怠《なま》けることなく修行を完成なさい。久しからずして修行完成者は亡くなるだろう。これから三カ月過ぎたのちに、修行完成者は亡くなるだろう」と。

(Ⅲ・51)

前半の部分、つまり、諸々の事象は無常で移ろいゆくものであるが故に、怠けることなく生きよ、というところは、釈尊のいわば遺言と言ってもいい言葉です。実は本経の最後で、般涅槃《はつねはん》される直前にもこの同じ言葉が述べられているのですが、釈尊の信仰の最基本を見事に集約した教えと言ってもいいと私は思います。そこでも改めて説明するつもりですが、実は最近我が家で孫たちの面白い会話がありました。「無常を生きる」ことに関して参考になるものですから、息抜きの意味で、すこしお喋りさせてください。

ある朝のこと、幼稚園年長組の孫娘がグズっていて機嫌が悪いんです。遠足へ行く予定だったのに、雨が降ってしまったんですね。「なんで雨が降るの？」と文句を言っているのですが、小学二年の兄貴が、雨が降っちゃったんだからしようがないじゃん、と言うんですね。雨が降ったという現実を受け入れて、だから遠足に行けないのは仕方ないじゃないかと、これはいくぶん大人の考え方に近い。そこへ母親が、今日は行けないけれど、別のお天気の日に代わりに遠足に行くのだから、今日は幼稚園に行きましょうね、となだめて、なんとか収まりました。

私はここに仏教の教えの基本がそっくり具わっているような気がします。遠足を楽しみにしていたのだが雨が降って行けない。思い通りにならないことを仏教では「苦」と言いますから、孫娘は「苦」に出会ったわけです。だから「何で雨が降るの」とボヤいているのですが、雨が降ってしまったというのは「無常」の現実です。縁起の道理に応じた「自ずから」の事実ですから、いかんともしがたい。だから兄貴のように、遠足に行けない現実を直視し、素直に認める必要がある。その際、私たちは常に明るい未来を期待して今日を生きてゆかなければいけない道理ですから、母親が遠足は別の日に行けるのだから今日は幼稚園に行こうと納得させました。「今」という時間の充足をはかることで、「苦」の克服をはかる、という仏教の基本的な図式がここに見られます。

たかが子供の話だというなかれ。私たち大人にしても、なんで癌《がん》にかかってあと三カ月の命なの、とボヤいていないでしょうか。なんで私に限って子供に死なれなくてはならないのか、と嘆いていないでしょうか。私の先輩のように高級官僚として出世街道を驀進《ばくしん》していた人が、部下の収賄《しゅうわい》事件に巻き込まれて左遷され、絶望し、立ち直るのに二年かかったなどということもあるではありませんか。

無常に出会った時、無常の現実を受け止め、逃げ出さず、日常を前向きに生き続けることで思い通りにならない無常の「苦」を心強く克服することは、容易ではありません。しかし無常、苦、苦の克服、という構造は同じなんです。違うのは大人の苦は子供の遠足ほど簡単ではないのであって、だからこそ、釈尊は無常の現実をよくみつめ、怠けずに努力して生きよ、と説いているに違いありません。

釈尊はこうしたことを説かれてから次のように説示しています。

尊師、幸いな人、師はこのように説かれた。このように説いたあとで、さらに次のように言われた。――


「わが齢《よわい》は熟した。

わが余命はいくばくもない。

汝らを捨てて、わたしは行くであろう。

わたしは自己に帰依《きえ》することをなしとげた。

汝ら修行僧たちは、怠ることなく、よく気をつけて、
よく戒しめをたもて。

その思いをよく定め統一して、おのが心をしっかりとまもれかし。

この教説と戒律とにつとめはげむ人は、生れをくりかえす輪廻をすてて、苦しみも終滅するであろう」と。


（Ⅲ・51）

自分の生き方死に方に納得して私は死を迎える。お前たちも、私の教えと、戒を守って悟りを開く努

力を続けるように、という釈尊の教えです。

「わたしは自己に帰依することをなしとげた」というのは、自灯明・法灯明の教えを思い出してください（一七〇ページ）。真実、法に随順して生き抜いてきた自己への自信にほかなりません。そして、釈尊は私たちにも、その意味で、自分に納得して死んでゆくことを教えているのです。

⑲ ヴェーサーリー市との別れ

ヴェーサーリー市を去る

釈尊はかなり長い間ヴェーサーリー市の近くに留まっておられたようです。遊女アンバパーリーへの説法もそうですし、次に赴《おもむ》いたベールヴァ村もこの町の近くです。ちょうど雨季に入ったこともあるのでしょうが、本経典の第Ⅱ章の後半から第Ⅲ章はベールヴァ村での出来事を記しています。とても大切な事柄がここで語られています。

まず釈尊は「激痛を伴う」病気にかかり、自らの死期を自覚されます。そのためとみていいものでしょうが、釈尊は侍者のアーナンダに、自分は教団の主ではない、教えは惜しみなく説いた、などと言い、自灯明《じとうみょう》・法灯明《ほうとうみょう》の教えを説き明かしています。仏教信仰の基本は各人が真実、法を実践するところにあります。釈尊がいなくても、法によって修行すれば悟りは得られるし、自ずと教団も維持されるに違いありません。

そして、第Ⅲ章では自我を超えた悟りの目でみると、世界は美しいことを讃嘆し、ここから釈尊の三カ月後の般涅槃《はつねはん》、入滅の覚悟が悪魔との対話を軸にしながら語られていきます。「人間ブッダ」から「永遠の仏陀」(「法身仏《ほっしんぶつ》」)へと展開してゆく仏教思想の大きな流れが「任意捨命《にんいしゃみょう》」ということで説明されます。

そこにストーリーの舞台まわしとしてアーナンダの「過失」が説かれます。釈尊は望めば永遠に生きられるのだが、ヒントを与えられたにもかかわらず、アーナンダは釈尊に永遠に生きてくださいと懇請しなかった、だから、釈尊は三カ月後に入滅することになったのだ、と経典は語っていきます。アーナンダにとってはいい迷惑でしょう。しかし、このエピソードは当時の仏教伝承において語り継がれていたもののようで、後の第一結集《けつじゅう》の際に彼は長老たちからこの過失を批判されたりしています。

そしてテキストはここから第Ⅳ章に入ります。

そこで尊師は朝早く、内衣《ないえ》を着け、衣と鉢とをたずさえて、ヴェーサーリー市に托鉢《たくはつ》のために入って行った。ヴェーサーリー市において托鉢をして、托鉢から帰って来て、食事を終えて、象が眺めるように(身をひるがえして)ヴェーサーリー市を眺めて若き人アーナンダに言った、「アーナンダよ。これは修行完成者(=わたし)がヴェーサーリーを見る最後の眺めとなるであろう。さあ、アーナンダよ。バンダ村に行こう」と。(Ⅳ・1)

町を振り返りみる釈尊

釈尊の一行は托鉢から帰って食事を終え、ヴェーサーリーの町を出て行きます。ヴェーサーリーは釈尊にとって思い出の多い町だったに違いありません。四十五年間の教化活動の間に一番多く雨安居《うあんご》しているのもこの町ですし、住民たちとの種々な交際は仏典に多く語られています。人々に慕《した》われ、居心地の良い町であったようです。それだけに、この町を最後にたち去るにあたって釈尊は後を振り返り、深い思いをかみしめて別れを告げていたようです。

その状況を経典は「象が眺めるように」と記しています。象は首が短いですから、顔だけで後ろを見ることはできません。振り向くためには体全体をぐるっと回すわけですし、だからこそ中村先生は「身をひるがえして」と補って訳しています。その通りですし、意味ははっきりしています。つまりお座なりに振り返ったのではない。ぐるっと身体を回して後ろを見、深い思いをこめてヴェーサーリーの町を眺めていたであろう老釈尊の姿が目に浮かぶようです。

しかし、この一句をめぐって、本経典の諸漢訳本や注釈書はいろいろと語っています。この点については、渡邊照宏先生が興味を示されて、いろいろと紹介されています。時間が経つにつれて、いろいろな解説が付け加えられていて、仏典の伝承者がどのような釈尊理解をしていたかをうかがうことが出来ます。

いくつかご紹介しますと、たとえば五世紀の注釈者ブッダゴーサの説はちょっと理屈っぽくて、普通の人間と違いブッダの骨は鎖のように一つにつながっているから、後ろを振り向く時に首だけ回すことができない、というのです。あんまり面白くない解釈ですね。さらに別の説ものせていて、世尊のように修行を完成した偉い人は首だけを回して振り向くなどというはしたない真似をすべきではない、というのです。そういう考え方が当時にはあったのかも知れません。また、陶工のロクロ盤のように大地がぐるりと回転して、釈尊が町の正面に向いたなどと言っています。

ビーマセーナ丘（丸山勇撮影）

そうかと思うと漢訳仏典の『般泥洹経《はつないおんぎょう》』では、釈尊は身をめぐらせ門を見て笑った。賢者阿難《あなん》は仏が理由なしに何かを行うことはないものであり、いま門を見て笑ったのはどういう意味かと尋ねる。すると、我、最後にこの町を見るが故に、と釈尊が言ったというのですね。

あるいは四～五世紀にインドを旅した法顕《ほっけん》三蔵は「……我いま城に向かって笑うゆえんは、まさしく最後にこの城を見るがためのゆえなり。ここにおいて如来この言を説く時、虚空《こくう》の中に雲なくして雨降る……虚空の諸天、我らといて最後にヴェーサーリーを見るというのを聞き、心に大いに懊悩《おうのう》して涙す、これ天の涙にして雨にはあらず」（『法顕伝』）という伝承を報告しています。

そうした伝承の変化、発展のなかには、それなりによくわかる情理があふれています。後代の仏教徒たちの釈尊によせる思いや、仏典作家としての姿勢などがみえて、そんな面白さを感じながら読んでいくわけです。

なお釈尊が「象のように」振り返った場所は「ビーマセーナの丘」（前ページ写真参照）だといわれています。真偽のほどは判りませんが、釈尊ゆかりの地を慕うインド人の伝承です。

戒・定・慧と解脱

そこで尊師は修行僧たちに説いた。——

修行僧たちよ。四つのことわりをさとらず、また通達《つうだつ》しなかったから、わたしもお前たちも、このように、この長い時間のあいだ、流転し、輪廻したのである。その四つとはどれどれであるか？〔1〕修行僧たちよ。尊い戒律をさとらず、通達しなかったから、わたしもお前たちも、このように、この長い時間のあいだ、流転し、輪廻したのである。〔2〕修行僧たちよ。尊い精神統一をさとらず、通達しなかったから……《以下、同じ表現》。〔3〕修行僧たちよ。尊い知慧をさとらず……〔4〕修行僧たちよ。尊い解脱をさとらず……。修行僧たちよ。しかし（いまは）この尊い戒律がさとられ、通達され、尊い精神統一がさとられ、通達され、尊い知慧がさとられ、通達され、尊い解脱がさとられ、通達された。生存に対する妄執《もうじゅう》はすでに断たれた。生存にみちびく（妄執）はすで

に滅びてしまった。もはや再び迷いの生存を受けるということはない。（Ⅳ・2）

「四つのことわり」とは、術語で「三学《さんがく》」といわれる仏道を学ぶ三つの項目と「解脱《げだつ》」のことです。すなわち戒《かい》・定《じょう》・慧《え》の三つをマスターすると解脱を得られるというのです。この戒・定・慧・解脱に、解脱知見《ちけん》を加えて、「五分法身《ごぶほっしん》」という考え方があります。原始仏教時代から部派時代にかけて発展した考え方で、これらの教法が仏陀たることの本質だ、というほどの意味です。大乗仏教の人格化した法身仏（法を身体として持てる仏陀）へと発展してゆく前段階の思想とみていいものです。

ここで言わんとしているのは戒、定、慧を修習し、解脱、つまり悟りを開いたからこそ、私もお前たち修行僧たちも最早輪廻《りんね》しないぞ、ということです。輪廻に関しては第7回にかなり詳しく説明しましたし、その他の箇所でも触れていますから繰り返しませんが、そのポイントはこういうことです。

私たちには、真実を素直に受け入れられない「無明性《むみょうせい》」がある。真実に反するような形で自我欲望を振り回しているから、苦が絶えることがない。苦とは「思い通りにならないこと」ですし、私たちは自ら欲求不満、つまり苦を自分の人生に招き入れている。つまり「迷いの生存」のなかにいるのですし、この迷いの生存が生生世世《しょうじょうせせ》に繰り返され、輪廻してゆきます。ですから輪廻とは苦の世界です。しかし自我欲望、上の引用文の妄執の働きをなくせば、苦は滅するし、輪廻を脱することが出来る、というものです。仏典はこうした状況を「最早再び迷いの生存を受けず」と言っているのです。

無明について

「無明性」があるから真実に反する形で自我欲望を振り回す、といいました。この無明についてはまだ解説していないので、ここで少し詳しく触れておきます。

無明のインド語は a-vidyā, a-vijjā です。vidyā, vijjā とは知識の意味です。ですから無明とは、言葉としては知識のないこと、無知のことです。では何についての無知かというと、真実を知らないことです。仏教で真実とは、例えば縁起、無常、無我、空などという言葉で示される宇宙の自ずからの大きな働きです。

ですから無明とは「真実を知らない無知」のことなのですが、ここで留意していただきたいことは、真実を知識として知らないということではありません。例えば無常を例として取り上げます。「無常」とは言葉です。そして万物は常に変化の過程にある、同じ状態でとどまることはない、などと説明されています。この意味を理解することは難しくありません。五分もあれば誰でも判ります。

しかし釈尊が無常と言った時、それは言葉を意味しているのではなく、常に変化しつつある現実のハタラキのことです。知識ではなく、現実の物事の「在り方」です。「万物は無常だ」と言うと言葉の説明になってしまいますから、万物はという三人称の主語を私はという一人称に代えてください。つまり万物は無常だ、ではなく、私が無常なんです。私が無常の現実にぶつかっているのです。万物無常ということは科学的真理です。しかしそれは科学の領域での話です。「私が無常だ」というのは私が、今、どう生きるのかに関わっている問題です。

あと三カ月の命ですよ、と癌を宣告された時、他人ではなく、他ならぬこの「オレ」が、今、ここで死にかかっているんです。万物は無常であるという一般論はここでは意味を持ちません。私が無常について何を知っているかではなく、無常という現実に出会っているのです。

そして、私たちはこの無常の現実をそのまま受け止め得ません。死の恐怖に怯《おび》え、死にたくないと願い、死を逃れることを考え、しかし、それが不可能だと知った時、大いなる苦におそわれます。こうした状態を釈尊は「無常という真実を知らず、自我欲望を振り回して『ナイモノネダリ』をし、迷いの存在に苦しんでいる」ものと知れ、と教えました。それは釈尊自身が老病死に悩み、それを解決した体験から説いている教えです。

しかし、無常という真実は抗《あらが》いようもないものだと身体でうなずいた時、死から逃げるのではなく、死を肯《うけが》いつつ前向きに生きる道が開けます。死の恐怖がなくなるわけではありません。恐怖を感じつつ、それを乗り越えてゆく生が可能となります。

容易なことではありません。そこにこそ仏に帰依《きえ》し教えを学んでゆく信仰が必要なものでしょう。そうした姿勢で無常に対面してゆく時、言葉としてではなく、真実としての「無常を知る」道が開けてきます。逆に言うなら、無常（真実）を知らない無明、無知とは人間の根源的な愚かさです。それが欲望と結びついて苦を生じます。

だからこそ、仏典は「無明とは大いなる迷い（mahā-moha）」であり（『スッタニパータ』七三〇）、「世人は無明に覆われている」（同一〇三三）と喝破《かっぱ》しています。mohaとは愚かさであり、迷いのことです。

修行の「完成」ということ

釈尊の説いた悟りとは、その「基本形」を述べれば以上のようになります。それを経典はいとも簡単に戒、定、慧と解脱を得て涅槃を得る、と述べています、教理というのはそういうものなので、あるべきかたち、理想型を示して、それをどう実践するかはお前たちにまかせるよ、という姿勢をとります。

現実の問題として三学を実践し、解脱を得ることはきわめて困難です。しかし理想はあくまで理想なので、前面に掲げて出来る限りそれに近づく努力がなされるべきものでしょう。では理想に行き着かない間はどういうことになるのでしょう。

「波羅蜜多《はらみった》（pāramitā）」という言葉があります。伝統的に「到彼岸《とうひがん》」と訳されています。凡夫性《ぼんぶしょう》を離れて悟りの向こう岸、彼岸に到るという意味です。最近では学問的には「完成」と訳す方が正しい、ということになっています。言わんとする意味は同じで、六波羅蜜《ろくはらみつ》とは布施《ふせ》、持戒《じかい》、忍辱《にんにく》、精進《しょうじん》、禅定《ぜんじょう》、智慧《ちえ》という六つの実践項目について「向こう岸に到る」「完成する」と説かれているものです。

しかし、そう簡単に到彼岸できるのでしょうか、いつ完成できるのでしょうか。完成する以前の修行は意味がないのでしょうか。

この問題に関しては、どこまで成就《じょうじゅ》したかではなく、実践するプロセスが大事なのだ、というのが釈尊以来の仏教の答えなのですが、それを端的に示した道元禅師の説示があります。

波羅蜜といふは、彼岸到《ひがんとう》なり。……到は現成《げんじょう》するなり、到は公案《こうあん》なり。修行の彼岸へいたるべしともおもふことなかれ。これ彼岸に修行あるゆえに、修行すれば彼岸到なり。この修行、かならず界現成の力量を具足するがゆゑに。

（『正法眼蔵』仏教）

道元禅師は伝統的な「到彼岸」、つまり「彼岸に到る」と言う言葉を敢《あ》えて、「彼岸到」すなわち「彼岸は到れり」と理解します。彼岸とは無論、仏道修行の目的であり、修行の完成のことです。しかし、彼岸をどこか彼方《かなた》の目標におくと、そこに到るまでの道程は無意味なものにならないでしょうか。そしてどこまで行ったら完成するのか、という疑問も出てきます。禅師は仏道を「道を歩く」ものと理解していますし、これは釈尊が悟りとは（四諦《したい》）八正道《はっしょうどう》を歩き、三学を実践することというのと全く同じ姿勢です。

道を歩きだした最初期にはよろけたり、気力を失ったり、戻りたくなったり、しっかりと道を歩くことは難しい。しかし、次第に足腰がしっかりと歩けるようになり、道を歩くことが万事に「熟して」きます。自信も出てくるし、それに応じて知的に理解していた教えの意味も深くうなずかれてくる。それがまた実践をより確実なものとしてくれる（「行持道環《ぎょうじどうかん》」）。

道元禅師は最初期の歩き方と、しっかりと歩けるようになった時との違いを「劫火《ごうか》」（宇宙を焼き尽くす火）と「螢火《けいか》」に喩えているのですが、それにも関わらず、仏道を歩いていることには変わりありません。道を歩くことが真実をあらわしつつ生きること（偏界現成《へんかいげんじょう》）だからです。

そして道を歩くことは死ぬまで続きます。だからこそ、いつ、どこに着くのかと問うことはありません。どこまで行っても歩くという修行はあるものだからこそ、禅師は道を歩くことが修行であり、道を歩くことが全世界の真実をあらわす悟りであり、だからこそ「彼岸は既にここに到っている」と言うのです。

この教えは私たちを勇気づけるものです。理想型のまま放り出されるのではなく、歩き行くプロセスの意味を教えてくれているからです。同時にそうした実践の在りようを踏まえた上でのあるべき理想をズバリと示しているのです。「未完成の完成」と言ってもいいかもしれません。

比丘たちへの訓戒

そうした実践上の内容を含みつつ、本経典は戒、定、慧、そして解脱が悟りであることを説いてきたのですが、最後にそれをまとめて詩のかたちで示します。

……このことを説いたあとで、幸いな人・師はまた次のことを説いた。――

「戒めと精神統一と知慧と無上の解脱と、
これらの（四つの）法を、誉《ほま》れ高きゴータマは、覚《さと》った。
ブッダは、このようによく知って、修行僧たちに法を説かれた。
苦しみを滅した人、眼《まなこ》ある師は、すでに束縛をときほごされた」と。

（Ⅳ・3）

この「束縛をときほごされた」というのは、原語で parinibbuta です。この言葉は、音の似ている parinibbāna（悟り、涅槃）と、原始仏典においてもしばしば混同されている面があります。pari とは完全に、nibbuta とは解き放たれたということです。迷いの生存に結び付けている束縛、つまり欲望から解放されたということです。解き放たれた境地というのは悟り、涅槃に違いないのですが、この二つの語はもともと別の言葉です。

経典は同じ内容を次のようにまためています。

そこで、尊師はバンダ村に住しながら、修行僧たちのために、このように数多くの〈法に関する講話〉をなされた。——すなわち、戒律とはこれこれである。精神統一とはこれこれである。知慧とはこれこれである。戒律とともに修養された精神統一は、大いなる果報をもたらし、大いなる功徳がある。精神統一とともに修養された知慧は、大いなる果報をもたらし、大いなる功徳がある。知慧とともに修養された心は、諸々の汚《けが》れ、すなわち欲望の汚れ、生存の汚れ、見解の汚れ、無明の汚れから完全に解脱する、と。

（Ⅳ・4）

戒、定、慧によって得られる解脱とは、苦を招く「欲望」を調え、「迷いの生存」を克服し、そして真実の智慧を得て「無明」を破ることである、というのです。どこまでできたか、ではありません。法に誠実に、自己に誠実に、仏道の道を歩け、実践せよ、と釈尊はここで説いているのです。

⑳ 人に拠らず、法に拠れ

ボーガ市での説法

ヴェーサーリーを去る釈尊にはいろいろな思いがあったようです。これがこの町を見る最後であろうと、振り向くだけではなくて、「象が眺めるように」体をそっくり回して、ヴェーサーリーの町に別れを告げました（Ⅳ・1）。そして次のバンダ村では、戒《かい》、定《じょう》、慧《え》と解脱《げだつ》の四法などを説いています。（Ⅳ・2〜4）

釈尊の旅は王舎城《おうしゃじょう》を出てナーランダーを通り、パトナでガンジス河を渡ってヴェーサーリーへ来、クシーナガラに至ります。この旅をふつうは「道を北にとって」と言っていますが、厳密に言うと、北西に向けてのコースです。町の名は必ずしもはっきりしないのですが、おおよそのコースは推定されます。次に訪れたボーガという町もよく分かっていませんが、釈尊が通った街道筋の風景は現代とそんなに変わっていないだろうと思われます。並木があり、現代でも自動車がすれちがうのがやっとの道路を、釈尊が裸足で歩いて旅をしていた、そんな状況を思い浮かべながら、テキストを読んでいきましょう。

そこで、尊師はバンダ村に、こころゆくまで住してのちに、若き人アーナンダに言われた。——

「さあ、アーナンダよ。ハッティ村に……乃至……アンバ村に……乃至……ジャンブ村に……乃至……ボーガ市へおもむこう」と。

《中略》

そのボーガ市において、尊師はアーナンダ霊樹のもとにとどまっておられた。そこで尊師は修行僧たちに告げられた。——

「修行僧たちよ。わたしは四つの大きな教示を説くであろう。お前たちは、それをよく聴き、よく注意しなさい。わたしはそれを語ることにしよう」と。

「かしこまりました」と、かの修行僧たちは答えた。

（Ⅳ・5〜7）

バンダ「村」に対して、ボーガ「市」と言っているので、比較的大きな町なのでしょう。

「霊樹」の原語はチェーティヤ（梵語のチャイティヤ）です。後代には、例えばアジャンター石窟などでは修行僧の住居（ビハーラ）窟とならんで、礼拝用の石窟はチャイティヤ（窟）と呼ばれています（次ページ図版参照）。独立の建物である礼拝用のチャイティヤ、祠堂《しどう》もありますが、本経典では釈尊の在世時代のことですから、むしろ、中村元先生が訳されているように、大きな樹の根元で法を説いた、とみるほうが自然だと思います。

大樹の木陰で説法するということはよくあったものと思われます。私の経験ですが、かつてR・タゴ

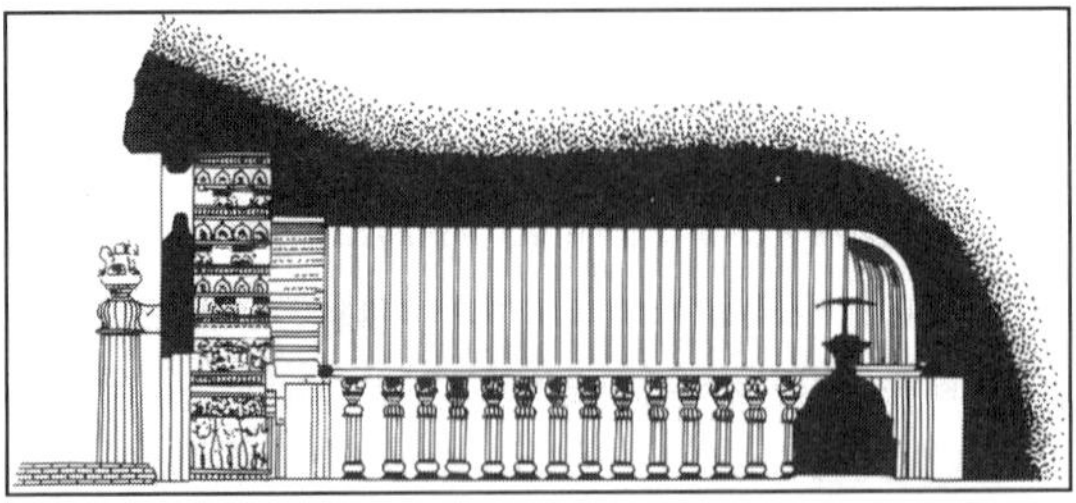

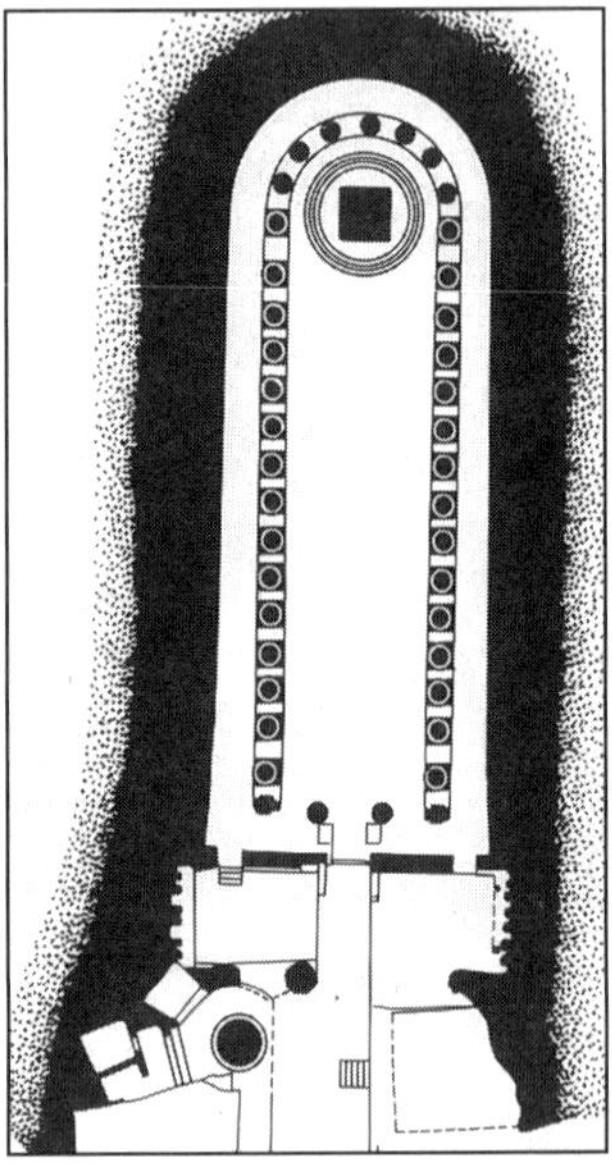

カールラのチャイティヤ石窟の断面図、[右]同平面図、奥に仏塔がある。(『ブッダの世界』より)

ールさんの建てたヴィシュヴァ・バーラティ大学で一年間過ごしたことがあります。タゴールさんはアジアで最初のノーベル文学賞を授与された人です。小説、詩、戯曲、そして絵画など、行くとして可ならざるものはない大天才であり、同時に、深い思想家でもありました。ベンガル地方の名家の出身で、晩年に雰囲気のいい土地を選んでシャーンティ・ニケータン、「寂静《じゃくじょう》の住居」と名付け、ここに理想的な教育を施そうと大学を建てました。それがヴィシュヴァ・バーラティ大学で、現在は国立大学になっています。

私がカルカッタ大学に留学していた頃にも何度か訪れて、静かで、平和な雰囲気に魅了されたものでした。広大なキャンパスに木々が茂り、その合い間にせいぜい二階建ての建物が点在しています。その後、一年ほどここで仕事もしたのですが、天気の良い日には大きな木の下で、先生も学生も靴を脱いで坐り、風のよく通る木陰で授業をする風景も珍しくありませんでした。

枝を張り出した大樹の根本に釈尊が坐っています。弟子たちも釈尊を取り巻くように坐り、教えに耳を傾けている、そうした状況を思い浮かべてください。

四大教示を説く

釈尊は次のように説き出します。

修行僧たちよ。ここで一人の修行僧が次のように語ったとしよう、——〈友よ。わたしはこのことを尊師からまのあたり直接に聞いた。まのあたりうけたまわった。——これが理法である。これが戒律である。これが師の教えである〉と。

修行僧らよ。その修行僧の語ったことは、喜んで受け取るべきではないし、また排斥さるべきでもない。喜んで受け取ることもなく、また排斥《はいせき》することもなく、それらの文句を正しく良く理解して、（ひとつずつ）経典にひき合せ、戒律に参照吟味すべきである。それらの文句を、（ひとつずつ）経典にひき合せ、戒律に参照吟味してみて、経典（の文句）にも合致せず、戒律（の文句）にも一致しないときには、この結論に到達すべきである、——〈確かに、これはかの尊師の説かれたことばではなくて、この修行僧の誤解したことである〉と。修行僧らよ。それ故に、お前たちはこれを放棄すべきである。

しかし、もしもその文句を、（ひとつずつ）経典にひき合せ、戒律に参照吟味してみて、経典（の文句）に合致し、戒律（の文句）に一致するならば、結論としてこのように決定すべきである。——

〈確かに、これはかの尊師の説かれたことばであり、この修行僧が正しく理解したことである〉と。修行僧らよ。これが、第一の〈典拠への参照〉であるとうけたまわりなさい。

（Ⅳ・8。改行は筆者）

ある修行僧が、私は釈尊から直接にこれが「理法」（dhamma）である、「戒律」（vinaya）である、「師の教え」（sāsana）であると聞きました、と言っても、そのまま受け取るべきではない。そっくりそのまま信用してはならない。経と律との典拠に基づいてそれが正しいかどうかを検証すべきである、というのですね。

いくら釈尊から直接に聞いたといっても、聞き違いもあるでしょう、誤解して受けとめていることもあるでしょう。あるいは聞いた人が自分でも気づかないうちに誤った解釈を盛り込んでいるかも知れない。だから慎重に吟味しなければならないというわけです。

本経は続いて、上の「釈尊」から聞いた、というかわりに、「サンガ」、「多くの長老たち」「一人の長老比丘」から聞いたということで、同じ文章を続けています。

修行僧たちよ、ここで一人の修行僧が次のように語ったとしよう。――〈これこれの住所に〈修行僧の〉集いがあって、長老や尊長も住している。私はこのことをその集いからまのあたり直接に聞いた。まのあたりうけたまわった。――これが理法である。これが戒律である。これが師の教えである〉と。……〈以下同文〉……

修行僧らよ。これが、第二の〈典拠への参照〉であるとうけたまわりなさい。(Ⅳ・9)

修行僧たちよ、ここで一人の修行僧が次のように語ったとしよう。――〈これこれの住所に、博学にして、聖典を伝え、法をたもち、戒律をたもち、マーティカーをたもっている長老・修行僧たちが大勢いる。私はこのことをそれらの長老たちからまのあたり直接に聞いた。まのあたりうけたまわった。――これが理法である。これが戒律である。これが師の教えである〉と。……(以下同文)……

修行僧らよ。これが、第三の〈典拠への参照〉であるとうけたまわりなさい。(Ⅳ・10)

修行僧たちよ、ここで一人の修行僧が次のように語ったとしよう。――〈これこれの住所に、博学にして、聖典を伝え、法をたもち、戒律をたもち、マーティカーをたもっている一人の長老・修行僧がいる。私はこのことをその長老からまのあたり直接に聞いた。まのあたりうけたまわった。――これが理法である。これが戒律である。これが師の教えである〉と。……(以下同文)……

修行僧らよ。これが、第四の〈典拠への参照〉であるとうけたまわりなさい。

(Ⅳ・11。改行は筆者)

こうして、「これこそ釈尊の法、律、教えである」と釈尊、サンガ、大勢の長老、そして一人の長老が語ったぞと人づてに聞いても、そのまま信じてはならない、典拠に基づいて検証すべきことを、ここでは「四大教示《しだいきょうじ》」と呼んでいます。

これはきわめて重要な教えであって、釈尊在世中でもそうですが、特に釈尊亡き後、法と律については厳密に仏説であることを検証せよ、と言っているのです。

典拠によれ―法か教か―

ここで「理法」と訳されている言葉の原語は dhamma です。梵語 dharma であり、普通「法」と訳されますが、ここには多くの意味内容が混在しています。言葉としては「支えたもつもの」の意味で、ですから人間を含む万物を支え、生かしてくれている真実も法（「仏法」）ですし、それが言葉で説かれると信仰を支える教えで、これも法（教法）です。両者は事柄としては厳密に区別されるべきですが、しかし、原始仏典ではそれほど意識されずに、両方の意味がダブって用いられることが多いのですね。

例えば、先に述べた自灯明・法灯明（一七〇ページ）の「法」は、真実、仏法の意味が強いものです。しかし、釈尊の法と律において出家する、といった表現はしばしば用いられていて、この法は明らかに教法であり、経典のことでしょう。

しかし、実践面からみるならば、この両者の意味が共に含まれているとみていいものです。自灯明・法灯明にしても、真実、（仏）法に拠《よ》って生きるということは具体的には（教）法に説かれた教えに拠ることでしょうし、釈尊の法・律において出家する、つまり（教）法に従って出家することは（仏）法に随順して生きることでもありますから、同じことだともいえます。

そうした用法を踏まえて、ここの文章を読みたいのですが、ここでの dhamma は、中村先生は「理法」と訳されていますが、どちらかというと「教法」という意味で理解した方が良さそうです。

何故かというと、法、律、教えを検証するのに、情報提供者が「これぞ仏説だ」と言葉で言っているのですし、その「文句を正しく良く理解して、（ひとつずつ）経典にひき合せ、戒律に参照吟味すべき」だと言っているからです。たとえその法が宇宙の自ずからのハタラキである真実、仏法のことであるにしても、それを言語化した時には既に「教え」になっているわけですし、ここではそれが真に仏説であるかどうかを調べよ、と言っているのです。言葉にならない真実を言葉で示された時、それが本当に「真実」かどうか、などと言うと大変難しい議論になってしまいます。本経では経典や律に照らし合わせて検証せよと言っているのですから、素直に、真の教説かどうかを調べることを言っていると理解するのが、一番自然でしょう。

検証の必要性

誰かが、これぞ釈尊が説かれた教えだ、と言う時、それを経と律とに拠って真に仏説かどうかを判断せよ、というのですが、これは大きな問題です。本経典にこういうことが説かれていることは、当時、既にいろいろな考え方が出てきていて、果たして仏説かどうかがわからなくなり、議論があったことを示しているものでしょう。また、時代が経つにつれ、そうした問題は当然生じて来たに違いありません。

たとえば、こういう例があります。

サーティ（Sāti）という比丘がいて、「識《しき》」が「語るものであり、感受するものであり、……善悪業の果報を受けるもの」であり、釈尊が「この識は流転し、輪廻し、同一性を保つ」と説いたと主張しました。仲間の比丘たちは非難しましたが、彼は自説を曲げない。結局、釈尊の前にでて、「識は縁によって生滅する」ものであり、実体的にとらえることは誤りだと諭《さと》され、サーティ比丘はよく学ばないからだと叱責《しっせき》されて恥をかきました（『中部経典』第三十八経）。

仏教教団は当時の民俗信仰である業輪廻《ごうりんね》説を受容しています。輪廻説は広く深く仏教徒の間に肯《うけが》われていました。功徳をつんで良き後生を願うというもっとも基本的な倫理観念も輪廻説を土台にしています。しかし、輪廻には自らが輪廻してゆく主体である霊魂の存在がなければなりません。ところが釈尊は無我説を説いていますし、実体的な霊魂は認められません。無我説と輪廻説との矛盾は強く意識されていて、すこし後代のアビダルマ哲学では、各部派がいろいろな意見を出しています。釈尊在世当時にさえ、輪廻主体はいろいろに求められています。その一つが人間の「識」を霊魂とみる考えです。人が死ぬと意識がなくなりますし、識を霊魂的な意味にとることは判りやすかったものでしょう。サーティ比丘はこの識を実体的な霊魂だと考えたのですが、教理的には無論誤りですし、だからこそ釈尊にたしなめられています。

これは一つの例に過ぎません。いろいろな理由から、教理、ここでは釈尊の説かれた教えが曲げられて語られることがあったに違いありません。

因《ちな》みに、脱線しますが、現代日本の仏教用語についても本来の正しい用法が曲げられて使われている例は少なくありません。例えば「縁起」はすべてのものが関わりあっているという真実の「在りよう」を示す言葉です。しかし、現実には「縁起がいい、悪い」などと少しベタッとした心理的価値観が入り込んで用いられています。あるいは「他力本願《たりきほんがん》」のような親鸞《しんらん》聖人の大切な言葉が「他人任せ」といった俗的な意味で使われたりしています。

古代インドでも、様々な脈絡で、仏説が誤って語られることがあったに違いありません。教団を指導するエリートの長老や学僧たちが心を痛めるのはもっともなことで、だからこそ、本経のように、しっかりした典拠に基づいて検証せよ、と説かれる必要がありました。ここの「四大教示」という教えの背景にはこうした状況があるのです。

何によって検証するのか

経典はこの法、律、教えを確かに仏説であることを検証するのには、経典と戒律の言葉に引きあてて、確かめよと言っています。上にあげたサーティ比丘の挿話のように、これが釈尊在世当時なら、直接問けばいいのですが、釈尊亡き後には経と律が拠《よ》り所となります。

既に「17　アーナンダの懇請」に詳しく述べたように、釈尊が入滅されて間もなく、第一結集《けつじゅう》が行われました。侍者《じしゃ》和尚として長く釈尊と行動を共にしていたアーナンダが釈尊の説法（スッタ・経）を唱えます。それを聞いたことのある長老たちが誤りがあれば正し、これぞ間違いなく釈尊の説法、仏説であると確定したものを一同がとなえて、記憶の底に留めました。現代的に言えば経典、スッタのテキストが確定しました。

次いでウパーリが律を称えて同じ作業が行われました。ここに仏説として確定した経と律があるわけで、本経で経と律の言葉に照らし合わせよ、と言うのはその意味です。

しかし時代と共に、哲学的な議論も仏説を検証する根拠になったようです。
本経の漢訳の一つである『遊行経《ゆぎょうきょう》』では、この部分を「契経《かいきょう》・律・阿毘曇《あびどん》・戒」としています。契経とは経典のことですし、律はヴィナヤで、戒（シーラ）とあわせて戒律です。阿毘曇はアビダンマという一連の哲学、およびそれを記す一群の文献をさします。釈尊滅後百年ほどで仏教教団は部派に分裂して、いわゆる部派仏教時代に入るのですが、その頃から発展した煩瑣《はんさ》な哲学がアビダルマ、アビダンマです。ダルマ、ダンマは法、アビ（abhi-）は「それに対する、それに向かう」というほどの接頭辞で、「法に対する哲学的な解明」です。アビダンマは後代に成立したもので、釈尊が生きていた時代にはありません。煩瑣な教理体系がはっきりできあがったのは、おそらく釈尊が亡くなって百年を経た以降のことでしょう。哲学的な議論ですから、次第にこれを論と呼ぶようになります。

　ですから『遊行経』は、仏説かどうかは人づてで聞いただけでは信用できない、経・律・論のいわゆる「三蔵《さんぞう》」を典拠として検証せよと主張しています。しかし、釈尊はアビダルマ哲学などご存じなかったわけですから、『遊行経』のこの部分は後代の伝承に違いありません。

　しかしこの「論」のもとになっているものが実は上の本文（Ⅳ・10〜11）に出てくるマーティカー（mātikā）なのです。梵語ではマートゥリカー（mātrikā）といい、論母《ろんも》などと訳されています。原始仏典は元来「経（または法）と律とでしたが……その本文の中の要点のみを書き抜いた部分を『要文』といい、これがマートゥリカーです。アビダルマはこれから発展したもの」です（『渡邊照宏著作集』2巻、一〇九ページ参照）。

　ですから「博学にして、聖典を伝え、法をたもち、戒律をたもち、マーティカーをたもっている長老」

から聞いた仏説でもすぐには信じるな、という表現も「論」を含めた「三蔵」の権威を重んじる状況を反映していると言っても良さそうです。

しかし、実はこのマートゥリカーの解釈にも異説があって、注釈書では「戒律の箇条」（波羅提木叉《はらだいもくしゃ》）と理解し、中村先生もこれに従っています。

いろいろと意見があるのですが、いずれにせよこの「四大教示」は釈尊自身が説いたことになっていますが、仏教教団の現実の歴史では仏滅後の問題だと見るべきでしょう。だからこそ、時代により、仏説か否かを判断する根拠を経と律にするのか、経・律・論の三蔵と見るのかなどという異説が出てくるのも当然だったものでしょう。

人に拠らず、法に拠る

結局、上に見てきたことは、仏教信仰とは「人に拠らず、法に拠る」ということです。これは内容的には自灯明・法灯明と同じです。大切なのは「法の重視」ですが、それをどう見極めるのか。釈尊が当時のいろいろな宗教の真偽を見極める方法を説いていますので、ご紹介しておきます。

コーサラ国王パセーナディ王は宗教者たちが論争していて、どれが本物の教えかわからない、どうやって見極めたらいいのか、と釈尊に問います。釈尊は答えました。

かれらが戒《いまし》めを守っているかどうかは、ともに住んでみて、知られるのです。それも長い間とも

に住み……注意して見……洞察力があってはじめて知り得るのです。（以下、彼らが清浄であるかどうかは話しあって知られ、しっかりしているかどうかは災難に出会ってみて知られ、智慧があるかどうかは会談して見て知られるのだが、いずれも長い時間をかけて、注意し、洞察力をはたらかせることによって知られる、と説いた。）

（『相応部経典』Ⅲ・２・１）

結局、教え（法）と行動（戒）、そして生き方を、時間をかけて見極める、ということですが、現代のようにいろいろな教えが主張されている時代でも、私たちの参考になるのではないでしょうか。

昨年でしたか、知人である宗教学者の方から、新宗教がホンモノかどうかはどう見極めたらいいのか、と聞かれたことがありました。私は開祖さんの著述や説法を検討すること、そして、開祖さんや弟子たちの生活・行動を見ること、の二つを申しあげたのですが、実は上の文が念頭にあったものです。

21 鍛冶工チュンダの最後の供養

最後の供養

「ブッダ最後の旅」をたどりつつ、今回は仏伝中に有名な「ブッダ最後の供養」の場面にさしかかります。

釈尊ブッダへの最初の供養は村娘スジャーターの乳粥《ちちがゆ》供養として有名ですが、これに対して、鍛冶工《かじこう》チュンダの供養はその後に激しい下痢《げり》が生じ亡くなられたので、「最後の供養」として知られています。

釈尊の一行はパーヴァーという町に赴き、鍛冶工（kammāra）の子であるチュンダが所有するマンゴーの林にとどまります（Ⅳ・13）。鍛冶工というと日本語では鍛冶屋さん、農具や刃物を作る職人さんを想像しますが、チュンダはマンゴー林の所有者であり、且《か》つ釈尊の一行を自宅に招いて食事を供養していますので、富裕な人だったに違いないし、「鍛冶工」というとニュアンスが違います。金銀細工師、という訳もあるし、あるいは、何かそうした技術者のギルドの指導者だったのではないかと私は想定しています。

チュンダは釈尊のおられるところに出向いて説法を聞いたあと、明朝の食事に招待します（Ⅳ・14、15）。釈尊がそれを「沈黙によって同意された」というのは、前にも出てきましたが、インドではイエスという返事の時には何にも言わないのが答えで、ノーの時にはいいえと言うわけです。そこでチュンダは釈尊の承諾を知って、「右肩を向けてまわって、去って行った」（Ⅳ・16）。これも前に出て来たように、右のほうが吉祥《きちじょう》の方向とされますので、右回りで敬意を表します。現代でも、仏塔崇拝の時には右回りつまり時計回りが決まりになっています。

それから鍛冶工の子のチュンダは、その夜の間に、自分の住居に、美味なる噛《か》む食物・柔《やわら》かい食物と多くのきのこ料理とを用意して、尊師に時を告げた、「時間になりました。尊い方よ。お食事は準備してございます」と。

《中略》

そこで尊師は……修行僧のなかまとともに、鍛冶工の子チュンダの住居におもむかれ……かねて設けられてあった席に……坐してから、尊師は、鍛冶工の子チュンダに言われた。

「チュンダよ。あなたの用意したきのこの料理をわたしにください。また用意された他の噛む食物・柔かい食物を修行僧らにあげてください」と。

「かしこまりました」と鍛冶工の子チュンダは尊師に答えて、用意したきのこ料理を尊師にさし上げ、用意した他の噛む食物・柔らかい食物を修行僧らにさし上げた。

そこで尊師は、鍛冶工の子チュンダに告げられた。

「チュンダよ。残ったきのこ料理は、それを穴に埋めなさい。神々・悪魔・梵天《ぼんてん》・修行者・バラモンの間でも、また神々・人間を含む生きものの間でも、世の中で、修行完成者（如来）のほかには、それを食して完全に消化し得る人を、見出しません」と。

「かしこまりました」と、鍛冶工の子のチュンダは尊師に答えて、残ったきのこ料理を穴に埋めて、尊師に近づいた。近づいて尊師に敬礼《きょうらい》し、一方に坐した。……尊師は〈法に関する講話〉によって彼を教え、諭《さと》し……座から起って出て行かれた。

（Ⅳ・17〜19）

「噛む食物・柔かい食物」というのは、「硬・軟の食物」という決まり文句として仏典によく出てくる表現です。具体的にどういうものを指すのか分かりませんが、中村元先生は硬いから噛む食物だというわけで、このように置き換えられたのでしょう。さまざまな料理というほどの意味で理解してください。

ここの文章には、研究者の間でしきりに議論された二つの大きな問題があります。一つは中村先生が「きのこ」と訳されたもの、原語でスーカラ＝マッダヴァ（sūkara-maddava）の正体です。きのこか豚肉か、という議論があり、これは当時の出家比丘が肉食をしていたかどうか、という問題ともすこしからんで、議論されています。

第二は釈尊はこの料理を自分だけに供養せよ、弟子たちに与えるなと指示しています。しかも自分が食べずに残した料理は穴に埋めよと命じたのは何故か、という問題です。

きのこか豚肉か

スーカラ＝マッダヴァとは一体何なのか。このことばはインドの文献にここだけにしか出てきません。ですからその正体が不明です。単語としては、sūkara が豚、maddava は柔らかい、という意味です。このことばについては本経を訳した中村元先生（文庫本、二五九〜二六二ページ）も渡邊照宏先生（『著作集』二巻、二一四〜二二三ページ）も、かなりのスペースを割いて漢訳経典の記述やら、注釈書、学説などを紹介して議論されています。それを利用させていただいてまとめるとこういうことになります。

注釈者のブッダゴーサは「柔らかでなめらかな上等の豚肉をよく調理したもの……」というのですが、「豚肉・やわらかい」ということばの意味からそう推定したものでしょう。あとで触れますが、釈尊時代の仏教修行者も現代のテーラヴァーダ仏教の比丘さんたちも普通に肉食をしていますから、ここに豚肉が出てきてもおかしくはありません。その他、注釈には「牛乳で煮てスープを加えた粥《かゆ》」、「一種の霊薬」、「一種の竹の子（竹の若芽）」、「一種のきのこ」というような説が示されています。

一方、西欧の学者には豚肉説、きのこ説の両方あります。ある学者は柔らかい、つまり腐《くさ》りかけた豚肉料理であり、釈尊はそれに中毒したのだと言っています。他にも豚肉説を主張した学者はいますが、最近はきのこ説の方が強いようです。

その理由は漢訳の『遊行経』に「栴檀耳《せんだんに》」とあることです。さらに、この地方の農民は藪《やぶ》の中でとれる一種のキノコ（トリュッフ）を sūkara-kanda と呼んでいるという報告もあります。渡邊先生はトリュッフを探すのに豚の嗅覚を利用することをもあげて、きのこ説を支持しています。中村先生もほぼ同様です。

同時に、後で触れますが、インド仏教でも後代には比丘は肉食をきらうようになり、中国でははっきりと菜食に切りかわります。ですから、仏教の開祖である釈尊ブッダが豚肉を食べて亡くなったのでは困る、というのできのこ説が主張されたのだという推定もあります。

また、釈尊はチュンダのこの料理を食べて下痢をしていますので、中毒説も有り、宇井伯寿《ういはくじゅ》先生などは毒きのこだと考えられていたようです。しかし渡邊先生によると、釈尊が消化器病で亡くなったことは事実であろうが、中毒死は思い過ごしだとのことです。いろいろな説があるのです。

実はこうした議論もさることながら、本当にスーカラ＝マッダヴァが出されたのか、という疑問もあるのですね。何故かというと、この経典の最古の三本の漢訳には献立が書いてないのです。スーカラ＝マッダヴァもなにも、何を食べたかという記述がないのです。『遊行経』そして今読んでいるパーリ語の経典にはそれが記されているわけで、実際にはスーカラ＝マッダヴァなどという食物は出されなかったのではないか、という疑問も出されています。これは本経典の形成と伝承に関する問題です。渡邊先生は後代の経典編集者が、「世尊の最後の昼餐《ちゅうさん》には何か特別の献立がなければならない」と考え、幻の珍味を加えたのではないかと推定されています。

残りを穴に埋める理由

第二に、何故この料理が釈尊にのみ供され、弟子たちには与えられなかったか、という問題があります。残ったきのこ料理といっても、口をつけて残したというわけではなく、釈尊に捧げて食べずに残った料理ということでしょう。それを他の人は食べてはならない、たとえ神々であっても消化できないから、と言い、穴に埋めよと命じているのですね。どういう意味なのでしょうか。

ここの記述から、釈尊は有毒であることを知っていたから、弟子たちには食べさせなかったのだという学者の解釈もあります。しかし、有毒の食物を食べてもさすがに釈尊は何ともなかった、というなら話はわかります。しかし、釈尊はこれで下痢し、亡くなっていますから、このストーリーは無理でしょうね。釈尊は自殺したことになってしまいます。

ここを読んですぐに思い出される仏典の記述があります。『スッタニパータ』というおなじみの原始仏典古層の経典にこういう記述があります。

釈尊はバーラドゥヴァージャという農業を営むバラモンに詩（偈頌《げじゅ》）の形で教えを説き、納得させます。彼は釈尊に大きな鉢に乳粥を入れてお供養するのですが、釈尊は「詩を唱えた報酬として得たものを食べるわけにはいかない」と断ります。これは当時のバラモンの習慣に対して、沙門《しゃもん》としての異なる姿勢を示したものです。いくら内容が生き方を示す教えでも、沙門ともあろうものが、「詩を唱えた報酬」をもらうわけにはいかない、ということでしょうか。

釈尊は如来と弟子を除いてはこの乳粥を食べて消化できるものはいないから、「青草の生えていないところ、あるいは生き物がいないと分かっている水の中に捨てなさい」と指示します。草は枯れてしまうし、生き物は死んでしまうから、害のないように処分せよという意味でしょう。その指示に従って捨てたところ、ジュージューと音を立てて沈んでいったという記述があります（『スッタニパータ』七七以下・散文を含む)。

渡邊先生は、これは民俗学の問題であるとしています。宗教者とか権力者の食べ残しがタブーであることは多くの民俗に共通する考えであるとし、いったんブッダに捧げられた食物には「強烈な霊力」が含まれるので、普通人には消化できないし、生きものをも殺しかねない。だから生きもののいない水中、あるいは穴の中に捨てさせたものと思われます。

激しい病にかかる

釈尊はチュンダのご供養を受けた後、激しい病にかかります。

さて尊師が鍛冶工の子チュンダの食物を食べられたとき、激しい病いが起り、赤い血が迸《ほとばし》り出る、死に至らんとする激しい苦痛が生じた。尊師は実に正しく念《おも》い、よく気をおちつけて、悩まされることなく、その苦痛を耐え忍んでいた。

さて尊師は若き人アーナンダに告げられた。「さあ、アーナンダよ。われらはクシナーラーに赴《おも》こう」と。

「かしこまりました」と、若き人アーナンダは答えた。

このように、わたくしは聞いた。

――鍛冶工であるチュンダのささげた食物を食《め》して、
しっかりと気をつけている人は、ついに死に至る激しい病いに罹《かか》られた。
菌《きのこ》を食べられたので、師に激しい病いが起った。
下痢をしながらも尊師は言われた。
「わたしはクシナーラーの都市に行こう」と。

（Ⅳ・20）

釈尊はスーカラ＝マッダヴァの料理を食べて、血の混じった下痢をされました。経典は「死に至る病」と記しています。渡邊照宏先生は赤痢《せきり》という言葉を使っています。釈尊はその苦しみに耐えながら、旅を続けてクシナーラーに道を進めてゆきます。

ここのテキストの後半部分は、判り良いように、私が一行あけました。中村先生の訳は続けて印刷されています。一行あけた後の部分は偈頌、つまり詩の形で書かれています。仏典にはまず散文で物語を叙述し、同じ内容を詩の形でまとめることがよくあります。このようにまず説明をして、その内容を詩にまとめる場合と、先に詩ができていて、後に散文で内容を敷衍《ふえん》して書くという場合があります。よくご承知のことでしょうが、『法華経』の中の「観世音菩薩普門品《かんぜおんぼさつふもんぼん》」（いわゆる『観音経』）でも、最初に散文があって、最後に偈頌の部分（「普門品偈」）があります。

散文と詩の部分はどちらが先にあったのかということは、いろいろ研究されていますし、諸説があります。どちらのケースもあるので一概には言えないのですが、原始仏典については、偈頌の部分に古い語形がのこっていることがあり、偈頌が先で、散文が後につけられたものの方が多いようです。ここでは注釈書に「これらの詩句は聖典を編纂（結集）した長老たちによってこの箇所に置かれたのであると知るべきである」（文庫本、二六三ページ）などとありますから、散文部分の方が古いとみていいでしょう。

初期仏教教団と菜食

先にも触れましたが、インドの原始仏教教団は肉を食べていましたし、その伝統を受け継ぐ今日のテーラヴァーダ仏教でも同様です。

当時の修行者が肉を食べていたことがわかる例としては、「律」の中には食の五種として肉・魚を入れている条文があります。「ジャータカ」には兎が焼身供養《しょうしんくよう》して飢《う》えた沙門に自分の肉を与えたという有名な話があります。さらに「律」には、動物の生き血を与えることも例外的に許されている記述があります。これは病人とりわけ精神的な疾患《しっかん》のある者に与えて病気を治すという民間療法があったようです。

あるいは、デーヴァダッタ（提婆達多《だいばだった》）の五事の要求という話があります。デーヴァダッタは仏伝における「悪役」です。釈尊に反逆し、殺そうとして果たせず、無間地獄《むげんじごく》に堕ちたと伝承されています。釈尊を傷つけ、教団を分裂させ、出家沙門としての不適当な行為をする悪比丘の代表とされています。

しかし、事実は反対で、きわめて真面目で、かたくなな修行者だったようです。年齢も釈尊より一世代下です。当時の仏教教団はすでに沙門としての遊行生活を捨てて僧院に住み、布施されたきれいな衣を着ていました。そうなると他の沙門集団から批判もあったことでしょう。沙門としての本来の厳しい遊行生活に戻ろうと主張したのがこのデーヴァダッタで、次の「五事」を守るよう釈尊に要求しています。①林に住んで村に入らない。②托鉢によって食を得る。③糞掃衣《ふんぞうえ》をまとい、信者の寄進を受けない。④屋根のあるところに寝ない。⑤魚や肉を食べない（『ヴィナヤ』Ⅱ、一九六ページ以下）。

釈尊はこの要求をすべて斥《しりぞ》けたので、デーヴァダッタは教団を離れて独立したようです。ですから、教団分裂の第一号がデーヴァダッタだといえないこともありません。だからこそ、釈尊直系の伝承では、すべての悪事を彼に押しつけ、悪役として仕立てあげていったに違いありません。

本題に戻って、右に「魚・肉を食べないこと」という条項があることは、当時の教団は肉を食べていたという証拠でしょう。また、托鉢とは下さった物をいただくので、えり好みはできませんし、肉が入っていても拒否できません。

肉食から菜食へ

しかし仏教の伝承では、次第に肉食が拒否され、菜食に切りかわってゆきます。すでに部派仏教の時代にも、各部派が伝持している律典にはいろいろと肉食禁止の項目が記されています。肉食を禁止する最大の理由は、不殺生《ふせっしょう》の倫理に基づくものです。沙門集団は不殺生の徳を強く主張しましたし、ジャイナ教では早くから僧俗を問わず、菜食をきまりとしています。釈尊も不殺生は強く説きましたが、菜食まではルール化していません。しかし、仏教教団は次第に菜食主義にかわってゆくのですが、その経緯を象徴するような教えがあります。

「三種の浄肉」といわれるものですが、これにもいろいろな変遷があります。一番まとまった形で説かれているのは大乗仏教中期に属する『楞伽経《りょうがきょう》』の説です。三つの条件をクリアした肉ならば食べてもよいというのです。

自分のために殺されるのを見ていない。

自分のために殺されたと人から聞いていない。

自分のために殺されたという疑いがない。

この「見・聞・疑」がある肉は不浄肉、それがないのが浄肉です。

不殺生とはべつに、こういう菜食の理由もあります。これは私がカルカッタ大学に留学していた時のことですが、友人たちに菜食の理由をよく聞きました。なにも生きものを殺してまで食べることはない、というのがおおかたの答えでした。しかし、こんな意見もありました。「私の祖父が二年前に死んだ。いまは羊か鶏に生まれ変わっているかも知れない。だから私が食べるマトンかチキンはおじいちゃんかも知れない。そんな気色の悪いことができるか。だから私は肉は食べない!」

最初、私はからかわれているのかと思いました。しかし、いろいろと聞いていくと、同じように考えている人も結構いるのです。輪廻転生《りんねてんしょう》の思想が定着しているからこその発想です。私にはカルチャーショックのひとつでしたが、実は同じ発想がすでに仏典にでているのです。

さまざまな理由があるが、慈悲を本質とする求道者（菩薩）は一切の肉は食してはならない。私の（輪廻してきた）すべての生において、かつて、私の親族や家族でなかった鹿や家畜、鳥はいない。

だから仏法を欲する求道者、立派な人は肉食してはならない。

（取意。『ランカーヴァターラ経』p.248,1.15f）

インドの大乗仏教は五世紀から六世紀以降にかけて、肉食は一切だめというルールがほぼ確定されてきます。中国仏教にも僧院の生活には菜食の慣習が受け継がれています。僧院では食事は「楽しむもの」というより「修行に努力するためのもの」ですが、努力はインドの原語でvīryaと言い、「精進《しょうじん》」と訳されます。「精進努力」などと二つの訳語を重ねた句もあります。また精進するための食事、ということで僧院の食事を精進料理といい、菜食料理の別名になりました。

浄不浄の観念

しかし、インドの菜食主義にはもう一つ別の、文化史的には重要な理由があります。それは宗教的浄不浄の観念です。この観念は世界のどの民族、種族にも見られる現象ですが、インドではきわめて厳格に人びとの生活を規定しています。例えば、衣類について言えば、裸が最も清浄です（だからジャイナ教の一派である「裸形派《らぎょう》」の修行者は裸で暮らしています）。次に白色の衣類が清浄で、色がつき極彩色になるほど浄性が薄くなります。

食物にしても植物は動物の肉より浄《きよ》らかです。ですから菜食は肉食より浄らかな食事なのです。植物にも段階があって、地上にできるもの、米や麦、菜、トマト、豆類は、地中に育つ芋、大根、人参などより浄らかとされています。バラモンはほぼ例外なく菜食主義ですが、中でも厳格なバラモン・グループはこの地上にできる穀物、野菜しか食べません。料理した食物にしても、単に水で煮たものよりは油で揚げたもののほうが浄らかとされています。インドは暑いところですし、食物は傷みが激しい。そのせいだと思われますが、インド人は残り物を絶対に口にしません。残り物は不浄なのです。

余談ですが、友人の学者が日本の大学に招聘《しょうへい》され、一年過ごしました。独り者ですし、よく中華料理店に出かけました。注文しすぎてタンドリ・チキンが手つかずに残ったものですから、テイクアウトにしてもたせようとしたら、頑として持ち帰りませんでした。いったん食卓に供されたものは「残り物」で食べられないのです。ですから、帰る時に新しく注文したものなら喜んで持ち帰りました。

もっとも最近ではこの慣習はすこしずつ消えているようです。冷蔵庫が普及したので、家族が食べ残した食物も保存できるようになったからです。なお、昔は食べ残した食物は貧しい人に与えたり、あるいは沢山いる犬や烏、路上を歩く牛たちが残飯を「処理」していました。食物は無駄にならず、循環しているのです。

カースト制度（正しくはヴァルナ・カースト制度。第2回を参照）を支えているのもこの浄不浄の観念です。古い時代にはバラモンもビーフさえ食べていましたが、次第にビーフはタブーになりました。カースト制度が次第にそのルールをきびしくしてゆくにつれて、バラモンは極力浄性を保つべきものとされ、菜食がバラモンの標準的な生活慣習となりました。特に出家者であるバラモン僧はこのルールを厳格に守っています。仏教修行者が菜食を取り入れるようになったのも、こうしたバラセン僧の生活慣習の影響があったものに違いないのです。

㉒ クシナーラーに赴く釈尊

水を求める釈尊

鍛冶工《かじこう》チュンダの供養の食事を受けて、釈尊は血の迸《ほとばし》る病に罹《かか》ります。この最後の供養を受けて、やがて亡くなることになるのですが、最後の力をふりしぼって旅を進めます。

入滅されるクシーナガルにつくまで、経典は淡々といくつかのエピソードを述べてゆきます。クシナーラー（Kusinārā）はパーリ語で、サンスクリット語ではクシナガリー（Kuśinagarī）です。現代語ではクシーナガル（Kuśīnagar）といいます。


それから尊師は路《みち》から退いて、一本の樹の根もとに近づかれた。近づいてから、若き人アーナンダに言った。

「さあ、アーナンダよ。お前はわたしのために外衣《げえ》を四つ折りにして敷いてくれ。わたしは疲れた。わたしは坐りたい。」

「かしこまりました」と、アーナンダは尊師に答えて、外衣を四重にして敷いた。（Ⅳ・21）

尊師は設けられた座に坐った。坐ってから、尊師は、若き人アーナンダに言った。「さあ、アーナンダよ。わたしに水をもって来てくれ。わたしは、のどが渇《かわ》いている。わたしは飲みたいのだ。」

こう言われたので、若き人アーナンダは尊師にこのように言った。――

「尊い方よ。いま五百の車が通り過ぎました。（ここにある）その（河の）水は、車輪に割り込まれて、量が少なく、かき乱され、濁《にご》って流れています。かのカクッター河は、遠からぬところにあり、水が澄《す》んでいて、水が快く、水が冷やかで、清らかで、近づき易く、見るも楽しいのです。尊師はそこで水を飲んで、お体を冷やしてください。」（Ⅳ・22）

再び、尊師は、若き人アーナンダに告げられた。――「さあ、アーナンダよ。わたしに水をもって来てくれ。……」《同文の繰り返し》「……お体を冷やしてください。」（Ⅳ・23）

三度《みたび》、尊師は、若き人アーナンダに告げられた。――「さあ、アーナンダよ。わたしに水をもって来てくれ。わたしは、のどが渇いている。アーナンダよ。わたしは飲みたいのだ。」

「かしこまりました」と、若き人アーナンダは尊師に答えて、鉢をとって、その河におもむいた。

さてその河は、車輪に割り込まれて、量が少なく、かき乱され、濁って流れていたが、若き人アーナンダが近づいたときには、澄んで、透明で、濁らずに、流れていた。（Ⅳ・24）

そこで若き人アーナンダは、このように思った、「ああ、不思議なことだ、ああ珍らしいことだ、修行完成者には大神通・大威力がある！　実にこの小川は車輪に割り込まれて、量が少なく、かき乱され、濁って流れていた。ところが、わたしが近づくと、その河の水は澄んで、透明になり、濁らずに流れている！」かれは、鉢で水を汲んで、尊師のいますところに近づいた。近づいて、尊師にこのように言った。
「尊い方よ。不思議なことです。珍らしいことです。修行完成者には大神通、大威力があります！いまこの小川は車輪に割り込まれて、量が少なく、かき乱され、濁って流れていました。ところが、わたくしが近づくと、その小川の水は、澄んで、透明で、濁らずに流れていました。尊師はこの水をお飲みください。幸いな方はこの水をお飲みください。」
そこで尊師はその水を飲まれた。（Ⅳ・25）

繰り返しの多い表現にはもう慣れられたかと思います。これが原始仏典のスタイルだとご理解ください。

アーナンダが「ここの水は濁っていますから、きれいなところまで行って飲みましょうよ」と言うと、釈尊がノーと言う。再び同じことを言ってまた釈尊がノーと言う。

三回目に釈尊が水を飲みたいというと、さすがにアーナンダは承諾する。そこで仕方なく河岸に行ってみたら水が澄んでいた。これが釈尊の「大神通」であり「大威力」だというのですが、一種の奇跡物語です。

仏典の奇跡の意味

仏典には釈尊の奇跡と思われるような行動が時折記されています。多くの場合、釈尊の偉大さを尊崇するあまりの超人化であり、またそうあって欲しいという弟子、信者側の期待でもありましょう。

本経典でも、パータリ村からガンジス河を渡るのに、人々は筏《いかだ》を組んで渡っているが、釈尊は「(伸ばした腕を縮めるような短い間に）こちらの岸において没して、修行僧の群れとともに向う岸に立っ」ています（I・33）。また、釈尊が三カ月後に入滅することを明らかにした時に大地震が起こったといいます（Ⅲ・10）。奇跡的なエピソードですが、釈尊の「大威力」を示すだけのことで、それを信じなければ釈尊への信仰が成り立たない、というような深い宗教的意味があるとは思えません。

その他、釈尊の伝記には、例えば、兜率天《とそつてん》から白象のかたちでマーヤー夫人《ぶにん》の母胎に入ったとか、その右脇から生まれたなどといい、これも奇跡物語と言ってもいいものでしょう。少年時代のことですが、一樹の下で瞑想していた時、太陽が移り変わっても木陰は何時までも釈尊をカヴァーしていたなどというエピソードも同様です。釈尊が出家しようとひそかに城を出た時には、神々が人に気づかれないように馬のひづめの音を消した、などという伝承もあります。六年にわたる難行苦行の後、尼連禅河《にれんぜんが》で沐浴《もくよく》したら疲労していて岸に上がれなかったが、神々が助けたとも言います。

釈尊の超人化はたしかにブッダに対する尊崇の念に基づくものですし、信仰を深める一助となっているものです。しかし、仏・法・僧の三宝《さんぼう》の宗教的な意味、「聖」性は、次第に超自然的力への信仰へと容易に移り変わってゆきます。祈祷や多少なりとも呪術的な欲望達成を期待する祈りと合して、宗教学的な言葉を借りれば、「超自然的力の源泉」として三宝は機能してくるのですが、民衆の素直な心情と言ってもいいものでしょう。

現代の日本でも仏像（「仏」）に現世利益《げんぜりやく》の祈りを捧げることはごく普通に行われています。祈祷儀礼においては経典（「法」）が読誦《どくじゅ》されます。歴史的にも鎮護国家《ちんごこっか》の祈祷は仏教の大きな機能の一つでしたし、種々の経典が読誦されました。未だ修行も十分でない若い坊さんがとにかくお坊さんとして大切にされるのは（今日では事情が変わっていますが――）、仏道修行という「聖なる世界」にいることと、その象徴である僧衣（「僧」）を纏《まと》っているからです。

しかし仏教信仰の立場から言うなら、釈尊の教えはやはり「自灯明・法灯明」で、自分で欲望を調えながら生きるところに「安心《あんじん》」の生活が得られるものでしょう。三宝帰依《きえ》とはそれを支えるものです。「安心」の生活に奇跡は要りません。悟りを目指す生活に祈祷や呪術は必要ありません。

しかし、一般庶民の仏教信者のすべてがこうして「たてまえ」的な教えだけで生活出来るものでもありません。人間は理性一点張りで生きられるものではありませんし、心情的に弱い部分ももっています。日常生活においては、どうしても、素直に、感覚的な楽を与えてくれる民俗信仰的な要素がないと社会生活が成り立ちません。ですから、仏教の社会的定着、教団の発展には常に祈祷や多少の呪術との関わりがみられます。

本来的な信仰と祈祷や呪術、それに基づく奇跡的行為は、截然《せつぜん》と二つに分けることが出来ないものでしょう。世俗的儀礼を支えているのは仏教の悟りのレヴェルにある信仰ですし、同時にその信仰が社会に定着するにはそれなりの世俗化がさけられないのですね。その意味で両者は互いに補完しあっている面があります。

上の奇跡物語にしても、奇跡は奇跡としてそのまま受けとめていいものと思いますし、同時に、奇跡的な挿話、譬喩の説かれた背景を知り、理解しておく必要もあるものでしょう。

仏典に見る奇跡の受容と拒否

原始仏典にも釈尊の奇跡的な行動はしばしばのべられていますが、この傾向は超人化が進むにつれて増大し、特に『ジャータカ』とか「アヴァダーナ」といった説話文学には奇跡物語がブッダに仮託《かたく》した形で豊富に記述されています。『ジャータカ』はご承知のように、釈尊の前世の物語（前生話）ですし、「アヴァダーナ」というのは西暦以降に発展した厖大な一群の仏教説話文学で、仏弟子や信者の前世物語が中心になっています。日常生活に関わる習慣や観念が豊富に示されていて、奇跡、祈祷、呪術的な観念や行動の記述が少なくありません。

しかし、ここで重要かつ興味あることは、仏典はそうした事例を当然のこととして受容しながら、仏教本来の信仰の面からの批判や反省をさりげなく示していることです。仏教文化の大きな特徴と言うべきでしょう。

二、三の例を見ていくことにしましょう。

たとえば、貿易のために大海に出た商人たちの船が難破しかかります。彼らはヒンドゥー教の神々や鬼霊たちに「祈願」（原語でアーヤーチャナー・āyācanā）するのですが、効果がありませんでした。そこでブッダに「帰依」し（saraṇa）あるいは「帰命《きみょう》」する（nam）と即座に効果が現われて救われています（『ディヴィヤ・アヴァダーナ』四一ページ・二三一ページ、『マハーヴァスツ』Ⅰ・二四五ページ、『アヴァダーナシャタカ』I・二三ページなど)。
あるいは国が干魃《かんばつ》に悩む国王はヒンドゥーの神に「祈願」するも無益でした。そこでブッダを招いて聞法《もんぼう》し、布施《ふせ》するとブッダは神変《じんぺん》を現じて、帝釈天《たいしゃくてん》に雨降らせました(『ラトナマーラー・アヴァダーナ』二七ページ)。商人や国王はヒンドゥーの神に祈願しているのですから仏教徒ではありません。しかしブッダに帰依し帰命すると即座に効果が現われています。全く同じ状況において神々は「祈願」され、ブッダが「帰依」されていることは、現世利益がともに認められていたと同時に、ブッダに帰依することの意味が拡大され、「帰依仏」に含まれる一種の力への信仰が信じられていたことを示しています。

まず医薬、だめなら呪術

原始仏典は合理主義的な考え方が強く、病気は薬によって癒《いや》すことが当然と考えられています。『ミリンダパンハー』(漢訳は『那先比丘経《せんなびくきょう》』)というテキストには、毒矢にあたった時は薬により医者が治すものとあり、詳しい病理学的な説明がつけられています(一一二ページ)。

しかし、呪術的なものがなかったわけではなく、薬草と呪文とは普通に併用されていたようです。ある医者(前生のボサツ)は毒蛇に噛まれた病人を「薬草とマントラで、無毒にし、治し」ていますし(『ジャータカ』六九話)、ある漢訳律典には身体の不調を訴える釈尊を医師の耆婆《ぎば》(Jīvaka)が「優鉢花《うはつげ》……の葉を以て薫《くん》じ、ならびに呪を説く……」ことで癒した(『四分律』四十巻)とあります。古代社会では薬草と呪文が併用されるのはごく普通の現象でした。

しかし、その反面、部派の一つである根本有部《こんぽんうぶ》では、毒蛇に噛まれた比丘に薬を飲ませたが一向に良くならない。そこで仏陀の指示で「大孔雀呪」を唱えたと言います（"*Mūlasarvāsti-vinaya*" 一二八六ページ）。

また、ある少年が毒蛇に噛まれて死にかかります。両親はそこに来合わせた修行者に救ってくれるように頼むのですが、彼は薬の知識も「治療の術」も出来ないと断ります。両親はあなたは出家者なのですから、慈悲の心をおこして「真実語」をして欲しいと頼みます。そこで彼は手を少年の頭にのせ、「私は七日の間、心清く、福徳を求めて梵行を修した。そして（以来）五十余年、私は欲望なく遊行している。この真実により少年は健康になれ、毒は消えて少年は生きよ」と唱えると、胸から毒が迸《ほとばし》り出て、少年は目をあけます。次いで父親が今後布施をするという決意を語り、その真実語によって腹から毒が出て、母親が愛《いと》し子が毒蛇に噛まれた苦しみが如何に大きいかという真実を唱えると、すべての毒は抜け去りました（『ジャータカ』四四四話）。

こうした例から見えてくるのは、病気になったらまず医薬の力に頼るものであり、それが出来ない時は呪術に頼るという仏教徒の考え方です。「真実語」というのは言葉、特に真実の言葉に秘められている超自然的な力に依存する比較的単純な呪術的行為です。おそらく釈尊時代にも仏教徒の間に行われていたに違いありません。それから発達したのが防護呪（護呪＝パリッタ paritta 第14回を参照）で、これは当時から現代に至るまでテーラヴァーダ仏教で広く読誦される経典であり、一般民衆も唱えています。

インド仏教では三世紀から五世紀にかけて比丘たちは呪術的行為をかなりオープンに行うようになり、その儀礼は一連の「雑部《ぞうぶ》密教」（「雑密《ぞうみつ》」）経典に反映してきます。五世紀以降になるとそうした呪術的観念と儀礼は悟りのレヴェルに昇華され、教理的に体系化されていわゆる「純粋密教」（「純密《じゅんみつ》」）として発展し、『大日経』『金剛頂経《こんごうちょうぎょう》』などが著わされることになります。日本に伝わっているのは主にこの純粋密教です。こうした流れの中に、ある雑密経典は自ら呪術を行いながら、なおかつ、昔はかかることをしなかったが、現在の五濁《ごじょく》の衆生を救う便法として雑法《ぞうほう》、つまり呪術を説くのであり、これにより仏道を得ることが出来るのだ、とブッダの言葉をかりて言わせています（『仏説灌頂《かんじょう》七萬二千神王護比丘呪《じんのうごびくしゅ》経《きょう》』巻五）。忸怩《じくじ》たる風情があるのですが、これは密教の時代になっても本来の悟りのレヴェルが意識されている、ということでしょう。

バイブルの譬喩

話が広がってしまいましたが、釈尊にまつわる奇跡的な挿話は、やはり、超人化の現われであり、宗教者としての偉大さを示すものだったでしょう。それ以外に特に深い宗教性を示すものとは思われません。

これはキリスト教におけるバイブルのイエス・キリストの挿話と大きな違いです。バイブルにはイエスにまつわる奇跡物語がきわめて多く説かれています。有名なものだけでも、五つのパンと二つの魚を五千人に夕食として与えても尽きることがなかったといいます（「マルコ」6・30―40、他）。ゴルゴダの丘で処刑されて三日後に復活したという奇跡もあります（「マタイ」28・1―20、他）。クリスチャンにとってでは単にイエスの偉大さを示すものではありません。それは深い宗教性を奥に秘めている「譬喩《ひゆ》」なのです。それをどう受け止め、理解し、信じるかが信仰を確立していく大きな要素になります。

原始仏典・律典の病気直しをいいましたから、比較の意味でバイブルに出ている例を挙げると、例えば、

ひとりの〈ハンセン病の〉病人がイエスのところにきた……イエスは手を伸ばして、彼にさわり、「……きよくなれ」と言われた。すると、……病気は直《ただ》ちにきよめられた。イエスは彼に言われた「だれにも話さないように、注意しなさい。ただ行って、自分のからだを祭司に見せ、それから、モーゼが命じた供え物をささげて、人々に証明しなさい」。

……ある百卒長《ひゃくそつちょう》が……「主よ、わたしの僕《しもべ》が中風《ちゅうふう》でひどく苦しんで、家に寝ています」。イエスは「……わたしが行ってなおしてあげよう」と言われた百卒長は答えて……「主よ、わたしの屋根の下にあなたをお入れする資格は、わたしにはございません。ただ、お言葉を下さい。そうすれば僕はなおります。わたしも権威の下にある者ですが、わたしの下にも兵卒がいまして、ひとりの者に『行け』と言えば行き、ほかの者に『こい』と言えばきますし、また、僕に『これをせよ』と言えば、してくれるのです」。

イエスはこれを聞いて非常に感心され、ついてきた人々に言われた、「よく聞きなさい。イスラエル人の中にも、これほどの信仰を見たことがない。」……イエスは百卒長に「行け、あなたの信じたとおりになるように」と言われた。すると、ちょうどその時に、僕はいやされた。

それから、イエスはペテロの家にはいって行かれ、そのしゅうとめが熱病で、床《とこ》についているの

をごらんになった。そこで、その手にさわられると、熱が引いた。そして女は起きあがってイエスをもてなした。

夕暮になると、人々は悪霊につかれた者を大ぜい、みもとに連れてきたので、イエスはみ言葉をもって霊どもを追い出し、病人をことごとくおいやしになった。これは、預言者イザヤによって「彼は、わたしたちのわずらいを身に受け、わたしたちの病を負うた」と言われた言葉が成就するためである。

（「ルカ」８・２—17）

バイブルの記述は文字通りに読むのではなく、譬喩として受け止め、その意味を理解する必要があります。正確には「隠喩《いんゆ》」で、表現の裏に真意が隠されている譬喩です。バイブルにはきわめて多くの隠喩がありますから、それを理解しないとバイブルは読めません。原始仏典にはこうした隠喩はあまりありません。むしろ、中国の禅の語録、公案《こうあん》が、表面の言葉の裏にある宗教的真意を探る、という意味で、隠喩と言っていいでしょう。

でも実は今読んでいるこの経典にも隠喩はあるのです。先述のガンジス河を「渡らずに渡った」という記述のあとに、次のように示唆に富む詩が付け加えられているのです。

沼地に触れないで、橋をかけて（広く深い）海や湖を渡る人々もある。（木切れや蔓草《つるくさ》を）結び付けて筏《いかだ》を作って渡る人々もある。聡明な人々は、すでに渡り終っている。

（Ｉ・34）

㉓ プックサとの対話

プックサとの出会い

釈尊は入滅の地であるクシナーラーの一歩手前まで来ています。身体も不調で疲労の極みにあったに違いありません。釈尊はおそらく大きく枝葉を伸ばしている大樹の下に坐しています。疲れにもかかわらず、精神はゆるみ無く、その姿が静かで、落ち着いていたのでしょう。通りかかった人がその姿に魅せられて声をかけ、会話が始まります。釈尊はすぐそばに大雨や落雷があったにもかかわらず、心は静けさを保っていた、などと語り、その人が信者になって金色の衣を布施する、というストーリーが淡々と述べられてゆきます。

さてその時、マッラ族の人であり、アーラーラ・カーラーマの弟子であるプックサが、クシナーラーからパーヴァーに向って道を歩いていた。

マッラ族の人プックサは、尊師が一樹の根もとに坐しておられるのを見た。見て尊師のおられるところに近づいた。近づいて、尊師に敬礼《きょうらい》して一方に坐した。一方に坐して、マッラ族の人プックサは尊師にこう言った。

「尊い方よ。ああ、実に不思議なことです。ああ、実に珍らしいことです。ああ、実に出家された方々が心静かなすがたで住しておられるのは！　（Ⅳ・26）

マッラ族は今のビハール州の北の方で部族国家を形成し、釈尊と親しい関係にありました。釈尊入滅の地であるクシナーラーもマッラ国の領土内にあります。アーラーラ・カーラーマは、釈尊が二十九歳で出家し、すぐに指導を受けた二人の沙門《しゃもん》指導者の一人です。無所有処定《むしょうしょじょう》という禅定を教えられた釈尊はこれをたちまちマスターします。そこでアーラーラ・カーラーマは、私と一緒に弟子たちを指導しようと申し出るのですが、釈尊は私が求めている悟りではないと言って出て来てしまいます。

続いてウッダカ・ラーマプッタの所へ行って、非想非非想処定《ひそうひひそうじょじょう》を学びますが、同じような展開があったと仏典は伝えています。この無所有処定と非想非非想処定はのちの仏教の禅定の教理体系では、悟りの一歩手前の境涯だと位置づけられることになります。

釈尊は今、八十歳です。修行していたのは五十年前の話ですから、アーラーラ・カーラーマの信者であったこのプックサという人もそれなりの年齢だったろうと思います。「マッラ族の人」の原語はMalla-puttaで、注釈書はプックサを「王子」と訳していますが、特にそう理解する必然性はなさそうです。近代の学者も単に「マッラの人」というほどの意味で受け取っています。彼はクシナーラーの方からやってきて、心静かに坐る釈尊の容姿をみて、話しかけてきます。

昔（修行者）アーラーラ・カーラーマは大道を歩んでいましたが、道から外れて、ほど遠からぬところにある一樹のもとに、昼の休息のために坐を占めていました。そのとき（隊商の）五百台の車がアーラーラ・カーラーマの近くを通り過ぎました。そこで、かの（隊商の）車の主の後につき従って行った一人の男が、アーラーラ・カーラーマに近づきました。近づいてから、アーラーラ・カーラーマにこのように言いました。――

『尊い方よ。五百台の車が通り過ぎたのを、あなたは見ましたか？』

『友よ。わたくしは見ませんでした。』

『では、音を聞きましたか？』

『友よ。わたくしは音を聞きませんでした。』

『では、あなたは眠っておられたのですか？』

『友よ。わたくしは眠っていたのではありません。』

『では、あなたは意識をもって（覚めて）おられたのですか？』

『そのとおりです。』

『それでは、あなたは意識をもっていて覚醒しておられても、五百台の車が近くを通り過ぎたのを、見られもせず、音を聞かれもしなかったのです。尊い方よ。あなたの外衣は塵《ほこり》に覆《おお》われていますね。』

『友よ。そのとおりです。』

そこでかの人はこう思いました。『ああ、実に不思議なことです、ああ、実に珍らしいことです。

――ああ、実に出家者が心静かなすがたで住し、実に意識をもっていて覚醒していながらも、五百台の車が近くを通り過ぎたのに、それを見ず、また音を聞かないとは』と。かれはアーラーラ・カーラーマに対する大いなる信仰をのべて去って行きました。」

（Ⅳ・27）

昔、アーラーラ・カーラーマが午後の休息をとっていました。ある樹の下に「心静かに」坐っていた時に、目の前の道を交易の荷物を積んだ五百台のキャラバン隊が通り過ぎて行きました。衣が塵《ほこり》にまみれてしまうほどすぐそばにいたのに、それを見もしなければ音も聞かなかった、といいます。プックサは不思議なことだ、珍しいことだ、と信心を起こして立ち去ったものです、と自分の体験を語ります。

釈尊の反論

それを聞いた釈尊は、逆にプックサに尋ねます。

「プックサよ。あなたはそれをどう思うか？　意識をもっていて覚醒していながらも、五百台の車が近くを通り過ぎたのに、それを見ず、また音を聞かないのと、また、意識をもっていて覚醒していながらも、天に雨降り、天に雷鳴し、電光閃《ひらめ》き、雷電がとどろいても、それを見ず、音を聞かないのと、いずれが一層なし難いか？　あるいはいずれが一層達成し難いのか？」

（Ⅳ・28）

クシナーラーへの道

五百台の車に気づかないのと、雨や雷に気づかないのと、どちらが心の静けさの度合いが深いか、という比較です。

ここに「天に雨降る」とありますが、単に「雨が降る」というのと同じです。インド語では神つまり天が主語となり、「天が雨降る」という言い方が普通の表現です。たとえば英語ではIt rains.といいますが、いちいち「それは……」とは訳しませんね。単に「雨が降る」ということなのですが、訳者の中村元先生はサンスクリット語の表現の面白さを失いたくないとばかりに、あえてこういう書き方をされているのでしょう。

「尊い方よ。かの五百台の車、または六百台の車、または七百台の車、または八百台の車、または九百台の車、または一千台の車も、または一万台の車でも何ができるというのでしょう。実に意識をもっていて覚醒していながらも、天に雨降り、天に雷鳴し、電光が閃き、雷電がとどろいても、それを見ず、音を聞かないことのほうが、一層なし難く、また一層達成し難いのです。」（Ⅳ・29）

プックサは答えます。雨や雷に気づかない方がずっと難しいことだ、と言いますと、釈尊はそれは私の話だよ、と言い出します。

「さてプックサよ。あるとき、わたしはアートゥマー（村）で〈籾殻《もみがら》の家〉に住した。ちょうどそのときに天に雨降り天に雷鳴し、電光閃き、雷電がとどろいて、〈籾殻の家〉の兄弟二人の農夫と四頭の牛とが殺された。そのとき、アートゥマーから大群衆が出て来て、かの兄弟二人の農夫と四頭の牛が殺されたところに近づいた。（Ⅳ・30）

さてプックサよ。そのとき、わたしは〈籾殻の家〉から出て、その戸口の路地でそぞろ歩きしていた。そのとき、かの大群衆の中からある男がわたしのいたところに近づいて来た。近づいて、わたしに敬礼して、一方に立った。一方に立ったかの男に、わたしはこう言った。――（Ⅳ・31）

『友よ。この大群衆が集まっているのは、どうしてですか？』

『尊い方よ。今、天に雨降り、天に雷鳴し、電光閃き、雷電がとどろいて、兄弟二人の農夫と四頭の牛とが殺されました。だからこの大群衆が集まっているのです。ところで、あなたはどこにいらっしゃったのですか？』

『友よ。わたしはここにいたのです。』

『では何を見られましたか？』

『友よ。何も見ませんでした。』

『では、音をお聞きになりましたか？』

『友よ。わたしは音を聞きませんでした。』

『では、あなたは眠っていらっしゃったのですか？』

『友よ。わたしは眠ってはいませんでした。』

『では、尊い方よ、あなたは目覚めていらっしゃったのですか？』

『そうです。友よ。』

『では、尊い方よ、あなたは目覚めていて覚醒しておられたけれども、天に雨降り、天に雷鳴し、電光閃き、雷電がとどろいたときにも、それを見ず、音をも聞かなかった、とおっしゃるのですか？』

『そうです。友よ。』　（Ⅳ・32）

プックサよ。そこでその男は次のように思った。『ああ、実に不思議なことです、ああ、実に珍らしいことです。——ああ、実に出家者が心静かなすがたで住し、実に意識をもっていて覚醒していながらも、天が雨降らし、天が雷鳴し、電光閃き、雷電が裂けたときにも、それを見ず、音をも聞かなかったとは』と。かれはわたしに対する大いなる信仰をのべて、右まわりの礼をして、去って行きました。」と。　（Ⅳ・33）

こう言われたので、マッラ族の子であるプックサは尊師にこのように言った。——

「尊い方よ。では、わたくしは、アーラーラ・カーラーマに対する信を、大風のうちに吹き飛ばし、奔流《ほんりゅう》のうちに流し去りましょう。すばらしいことです。すばらしいことです。あたかもくつがえされた者を起すように、覆《おお》われたものを開くように、方角に迷った者に道を示すように、あるいは〈眼《まなこ》ある人々はかたちを見るであろう〉といって暗闇《くらやみ》の中で燈火をかかげるように、そのように尊師は種々のしかたで真理を明らかにされました。尊い方よ。それ故に、わたくしは尊師に帰依したてまつる。また真理と修行僧のつどいに帰依したてまつる。尊師は、わたくしを、今日から終生帰依する在俗信者として、お受けください」と。（Ⅳ・34）

実はこのところの叙述が私にはよく理解できないままでいます。アーラーラ・カーラーマにしても釈尊にしても、「心静かな（santa）すがたで住し」、しかも、「意識をもっていて覚醒していた（sañ̃ñ̃ī・・・jāgaro・・・）」とあるのですが、側を通るキャラバン隊や大雨、雷鳴、落雷などを「見もせず、音も聞かず」というのはどういうことなのでしょうか。

これが瞑想に入っていた、というなら良くわかります。瞑想は、基本的には、なにか特定の事物や言葉などに心を専注することです。ですから心は眼前のことにはなく、「見れども見えず、聞けども聞こえず」ということは十分にあり得ます。それだけ瞑想が深い、ということにもなります。しかし、ここの一連の記述によると瞑想している状態ではなさそうです。考えられるのは、車も見、音も聞こえてはいたが、それに煩《わずら》わされることなく、心の静けさの中に留まっていた、ということでしょうか。岩松浅夫先生は「出家の人が静まりの境地にはいっていると、……見もしないし聞きもしない」と訳しています。しかしもしそうなら、それこそ禅定、瞑想の中にいることに限りなく近づいていることになります。話題が飛ぶようですが、曹洞宗では「只管打坐《しかんたざ》」といいます。何らかの対象に意識を集中することとは反対に、坐禅中は一切の思考を働かせません。頭の中を空っぽにし続けます。かつて駒澤大学の心理学教室で最新の機械を使って坐禅の時の脳波を調べたりしました。それによると、心を安静にしていくとアルファ波が現われ、さらに開眼しているにもかかわらず、振幅が大きいシータ波に代わっていく。しかも外からの刺激に敏感に反応し、しかもすぐに元に戻る。つまり「高度にリラックスした覚醒状態でありながら、周囲の変化に即座に反応できる状態」にある（駒澤大学心理学教室・茅原《ちはら》正博士）のだそうです。ですから、音が「聞かれているが聞いていない」と言ってもいいものでしょう。

ところが、初心者が坐禅をしていると、心にはすぐにいろいろな思いが浮かんできて、途切れることがありません。あ、また何か考えていたな、と気がつく度にその考えを捨てるのですが、ふと気がつくとまた別の何事かを意識し、考えている。時にはその考え、「妄想」にのめり込んでいると、活動的なベータ波がつづいていて、外からの音も意識に入っていないこともある。つまり、音が「聞かれていない」のです。

テキストのこの一節を読むと、私にはこうしたいろいろなことが思いだされるのですが、ここは実際に見、聞きはしたが、それによって心は動揺しなかった、と理解しておきましょう。

プックサの布施

釈尊に帰依したプックサは「柔らかいつやつやした金色の一対の衣」を持ってこさせ、それを釈尊に布施します。

「尊い方よ。柔かい絹の金色の一対の衣が、ここにございます。尊師は、どうか、わたくしのためにお受け下さい。」

「では、プックサよ。一つはわたしに着せ、一つはアーナンダに着せなさい。」

「かしこまりました」と、マッラ族の子プックサは尊師に答えて、一つの衣を尊師に着せ、（他の）一つの衣をアーナンダに着せた。（Ⅳ・35）

そこでプックサは釈尊の説法を聞くと、例によって右まわりに三回まわって挨拶し、帰って行きます。（Ⅳ・36）

次いで若き人アーナンダは、マッラ族の子プックサが去って間《ま》もなく、その柔かいつやつやした金色の一対の衣を、尊師のからだに着せてあげた。尊師のからだに着せられたその衣は、輝きを失ったように見えた。

そこで若き人アーナンダは、尊師に次のように言った。

「尊い方よ。不思議なことです。珍らしいことです。修行完成者の皮膚の色は、きよらかで、輝かしい。そのつやつやした柔かい絹の一対の金色の衣を尊師のおからだに着せてあげましたが、尊師のおからだに着せられたその衣は、光輝を失ったかのように見えます。

「アーナンダよ。そのとおりである。まことに二つの時において修行完成者の皮膚の色は、きよらかで、輝かしい。その二つの時とはどれであるか？　すなわち、アーナンダよ。修行完成者が無上のさとりを達成した夜と、煩悩の残りのないニルヴァーナの境地に入る夜とである。アーナンダよ。この二つの時において、修行完成者の皮膚の色は、極めてきよらかで、輝かしい。」（Ⅳ・37）

文章の続き方が少しわかりにくいのですが、釈尊が金色の美しい衣を身に纏《まと》うと、その輝きが失われたように見えた、その理由は釈尊の身体が清浄で輝いているから、それに圧倒されて、衣の色つやなどが（注釈書によると）「消え失せた炭火のように」なったということです。そしてテキストは涅槃《ねはん》を得た（つまり悟りを開かれた）夜と、般涅槃《はつねはん》に入られる夜に、釈尊の身体、皮膚が清らかに白く輝くのだと説明しています。

そして釈尊は今夜、自分は般涅槃に入る、と宣言してクシナーラーに向けて出発して行きます。

24 チュンダへの思いやり

マンゴー園に休む

釈尊はパーヴァーの町で鍛冶工《かじこう》の子チュンダの供養を受けたのちに「血の迸《ほとばし》る病」に罹《かか》ります。疲れた、休みたいなどと素直に気持ちを打ち明けながら、次第に入滅の地であるクシナーラーに向かって歩みを進めます。

釈尊の一行はその途中のカクッター河を渡り、マンゴー園で一休みします。

そこで尊師は多くの修行僧とともにカクッター河に赴《おもむ》いた。赴いてカクッター河につかり、浴し、また飲んで、流れを渡り、マンゴー樹の林に赴いた。赴いてから若き人チュンダカに告げた。

「チュンダカよ。どうか、お前はわたしのために外衣《げえ》を四つに折って敷いてくれ。チュンダカよ。わたしは疲れている。わたしはよこになりたい。」

「かしこまりました」と、若き人チュンダカは尊師に答えて、上衣を四重にして敷いた。（Ⅳ・39）

釈尊は河で沐浴《もくよく》します。これが最後の沐浴という気持ちもあったかもしれません。河から上がって、疲れたからと横になります。

ここにチュンダカという名前が出てきます。名前の最後に「カ」を付けると、ちっぱけなといった意味を示す言葉になります。日本語で「娘っこ」とか「犬っこ」という「こ」に似た「縮小辞」で、小さなチュンダというほどの意味です。

釈尊はパーヴァーの町で鍛冶工の子チュンダの供養を受けています。赤痢《せきり》ではないか、と推定されている病気になって衰弱し、亡くなられるのですが、そのためにチュンダの供養は「最後の供養」として知られるようになりました。

そのチュンダとここにでてくるチュンダカが同一人か別人なのか、実はよく分かりません。いろいろな伝承が入り混じって、こういう文章になっているようです。「若き人」というのは、年長者が若い出家者に対して呼びかける言葉ですから、その後に出家してついて来たとも考えられますが、おそらくそうではないでしょう。いちおう別の人と考えておきます。

そこで尊師は右脇を下につけて（右）足に（左）足をかさねて、獅子《しし》のように臥《ふ》し、（しばらくたってから後にまた）起《た》ち上ろうという思いをなして、注意して、心に念じよく気をつけておられた。若き人チュンダカはそのまま尊師の前に坐っていた。（Ⅳ・40）

ここでテキストは同じことを詩で繰り返します。

ブッダは、水の清く快く澄んでいるカクッタ一河におもむいたが、師は体が全く疲れ切って、流れにつかった。――世に比ぶべき者のない完《まった》き人であったが。

師は沐浴しまた飲んで、（流れを）渡り、修行僧の群れの中にあって先頭に立って行った。

この世で諸々の法を説く師・尊師・偉大なる仙人は、マンゴーの林に近づいて、チュンダカという名の修行僧に告げた。――

「わがために（衣を）四つに折って敷けよ。わたしはよこになりたい」と。

かれチュンダカは、修養をつんだ人（＝釈尊）にうながされて、たちどころに（外衣を）四つに折って敷いた。

師は全く疲れ切ったすがたで、臥した。

チュンダもそこに（釈尊の）前に坐した。（Ⅳ・41）

仏典には、偈頌《げじゅ》すなわち詩の形で書かれた部分と、それを散文で説明した部分があります。原則として古い時代ほど、釈尊の行動は詩の形で書かれています。ですから通常は詩のほうが元であるとされ、後になってあらためて散文で繰り返し叙述し直したということが多いようです。しかし、時には、散文で書かれたものを詩の形で最後にまとめて載せた、だから詩のほうが後にできたという場合もありえます。原始仏典に関しては、詩に古い言葉の痕跡が残っている例が多いので、概して詩形のほうが古いということになっています。

チュンダへの配慮

「誰かが、鍛冶工の子チュンダに後悔の念を起させるかもしれない、――〈友、チュンダよ。修行完成者はお前の差し上げた最後のお供養の食物を食べてお亡くなりになったのだから、お前には利益《やく》がなく、お前には功徳が無い〉と言って。
（Ⅳ・42）

このチュンダは目の前に坐ったチュンダカとは別の、先に「最後の供養」を捧げた人のことです。彼が供養した食べ物が原因で釈尊が亡くなったのだから、自分には利益がなく、功徳もないと後悔するだろうというのですね。原文は、alābhā と dulladdha ということばで、訳すれば他の訳に見るように「利益・不利益」（岩松訳）、「利得、損失」（渡邊訳）ということです。しかし、注釈書は「布施の功徳によって得られる諸々の利得」としていますし、現に次の文章には利得の内容を天に生じさせる行為だとしています。こうしたことを踏まえ、さらに、今日の日本語では「功徳がある、ない」というと、何かの「役に立つ、立たない」という意味での一般的用法もあるので、中村先生は「功徳」と訳されたのだろうと思います。

しかし、自分の供養した食事で釈尊が亡くなったのであれば、責任を感じて後悔するのであって、自

釈尊が最後の沐浴をしたカクッター河（丸山勇撮影）

分の利益になるかならないかで後悔する、というのは不自然な発想です。ただし原文を忠実に訳せばこういうことですし、また釈尊もチュンダの供養は利益がある、容色を増し、寿命を延ばし、名声を得、天に生じる行為だから、後悔する必要はないとチュンダに告げよ、と命じています。

アーナンダよ。鍛冶工の子チュンダの後悔の念は、このように言ってとり除かれねばならぬ。
〈友よ。修行完成者は最後のお供養の食物を食べてお亡くなりになったのだから、お前には利益があり、大いに功徳がある。友、チュンダよ。このことを、わたしは尊師からまのあたり聞き、うけたまわった、――この二つの供養の食物は、まさにひとしいみのり、まさにひとしい果報があり、他の供養の食物よりもはるかにすぐれた大いなる果報があり、はるかにすぐれた大いなる功徳がある。その二つとは何であるか？　修行完成者が供養の食物を食べて無上の完全なさとりを達成したのと、および、（このたびの）供養の食物を食べて、煩悩の残りの無いニルヴァーナの境地に入られたのとである。この二つの供養の食物は、まさにひとしいみのり、まさにひとしい果報があり、他の供養の食物よりもはるかにすぐれた大いなる果報があり、はるかにすぐれた大いなる功徳がある。鍛冶工の子である若き人チュンダは寿命をのばす業《ごう》を積んだ。鍛冶工の子である若き人チュンダは容色をます業を積んだ。鍛冶工の子である若き人チュンダは幸福をます業を積んだ。鍛冶工の子である若き人チュンダは名声を増す業を積んだ。鍛冶工の子である若き人チュンダは天に生れる業を積んだ。鍛冶工の子である若き人チュンダは支配権を獲得する業を積んだ〉と。

アーナンダよ。鍛冶工の子チュンダの後悔の念は、このように言ってとり除かれねばならぬ」と。（Ⅳ・42）

チュンダには、最後の供養だからこそあなたの供養には利益があり功徳がある、そのことを釈尊から直接聞いたと伝えて後悔を除け、と命じているのです。良くわかる心遣いです。

功徳の内容

ここで、大きな功徳のある供養は二つあると言っています。悟りを開くことになった供養と、涅槃に入る時の供養です。具体的には、六年間の難行苦行の生活を終えた釈尊がスジャーターから乳粥《ちちがゆ》をもらって体力を回復し、菩提樹のもとで瞑想して悟りを開いたことが一つ。それからここのチュンダが供養したきのこ料理を食べて涅槃に入ることになったのがもう一つ。この二つはたいへん名誉な供養だというわけです。

その功徳とはどんな素晴らしい内容なのか。原始仏典には功徳を積めという表現が多く出てくるにもかかわらず、その具体的な内容まではあまり出てきません。ここは珍しく比較的古い時代のものでありながら功徳の意味内容を挙げてくれています。すなわち、⑴寿命をのばす業、⑵容色を増す業、⑶幸福を増す業、⑷名声を増す業、⑸天に生まれる業、⑹支配権を獲得する業、これらの功徳を積んだのだというのです。

功徳を積むのは死後に良い世界に生まれるためだ、というのが一般的な理解です。良い世界というのは、天の世界か、人間の世界でも恵まれた環境ということになります。具体的に我々の生活に密着したものとして考えるならば、懸命に生きてきて功徳を積んで、善業を積んだはずだから、死後に良い世界に生まれることは間違いない、と自覚するところに、迫り来る死というものの怖さを乗り越える大きな力になる、これが現代的な解釈です。ホスピスなどでも、あなたは一生懸命に生きてきて、死後は幸せになるのが決まっているのだから心配しなくていいよ、という言い方は、一つの方法として定着しているものです。

しかし、仏典でもすこし後になると、善い行いをして功徳を積むと、死後の世界だけではなく、現世でもいいことがあると説くようになります。ここに早くも出てきた例は、「寿命が延びる」「容色が良くなる」のであり、「名声が増す」「支配権を獲得する」と説いています。きわめて現実的な利益です。功徳を積むことはそうした現世利益に連なって理解されていたものです。

仏典は「施・戒・生天の論」(第10回参照)というくらいで、布施し戒律を守ってこそ人は功徳を積むことが出来ます。正しい生活をすることが充実した生活となり、自分なりに納得できる人生となるという現実的な姿勢がここにあります。

そこで尊師は、その趣意を知って、そのときこの感興《かんきょう》のことばを述べられた。──

「与える者には、功徳が増す。
身心を制する者には、怨《うら》みのつもることがない。
善き人は悪事を捨てる。
その人は、情欲と怒りと迷妄とを滅して、束縛が解きほごされた」と。(Ⅳ・43)

自我欲望を振りまわせば振りまわすほど、不平不満が増えますから、それに応じて束縛が増える道理です。だからこそ、「情欲と怒りと迷妄」を滅せよ、というのですが、注意して読んでいただきたいと思います。仏典はしばしば欲望を「滅せよ」と気軽にいうのですが、欲望を滅したら生きていることにはなりません。欲望のない人間なんていないのですから。これも前に四諦八正道《したいはっしょうどう》のことを説明した時に触れたことですが(第9回参照)、欲望を滅するということは欲望をしかるべく抑制して、私たちの欲望が現実に働き出ることがないようにせよ、ということです。「欲望そのものをゼロにする」ことではなく、「欲望の働き出ることを抑《おさ》えろ」という意味です。

両面交通の布施

功徳を積む行為としての布施ですが、インドの伝承ではこの「与える」という行為は一方通行ではなくて両面通行でなくてはならない、という原則があります。つまり、一方的に「与える」のではなく、与える者も相手から何かを受け取っている、という考え方です。つまり両面通行ですし、相手と同じ立場に立ちます。ですから、自分を高いところにおいて、相手に「くれてやる」「恵んでやる」という与え方は正しくないというのですね。

なるほどと実感させられた体験が私にあるので、ご紹介したいと思います。かつてカルカッタ大学に留学していた時のことですが、私は老齢の乞食に、いや、ホームレスと言い直しましょう、「たしなめられた」ことがあるのです。

インドの暑い夏の一日、それも午後のことでしたが、大学での授業が終わって下宿に戻る途中のことです。一人の老ホームレスがやってきて恵みを求めました。私は学生のことであまりお金もない。また、インドではきりがないので原則としてお金を与えることをしませんでした。しかし私の友人たちは同じように貧乏なのによくお金をあげるんですね。何で？　と聞いたら、このくらいの小銭なら自分にもあるし、困っている人だから、というのがおおよその平均した答えでした。

私はその老ホームレスにあげないよ、といって歩き出したのですが、しつこいんですね、手をさしのべたまま、ずっと後をついてくる。革のサンダルをひきずって歩くものだから、歩道を叩くペタッという音がリズミカルに後を追いかけてくる。それに喘息《ぜんそく》かなにかを患《わずら》っているのでしょう、一歩ごとに喉《のど》がヒューッ、ゼイと鳴るんです。ペタッ、ヒューッ、ゼイという音が後ろからいつまでも追いかけてくる。振り向いてみると、そっぽを向きながら、手だけは突き出してついてくる。暇なんだなと思いました。もっとも、忙しいホームレスなんているかどうか知りませんが……。

我慢が出来なくて、振り向いて、「やらないといったらやらない」と少し大きな声を出しました。びっくりしたような顔でさすがに手は引っ込めて帰って行ったのですが、その時に言ったんですね。「私に少しばかり恵んでくれるお金がないではなかろうし、恵んでくれることでお前さんも功徳が積めるのだろうに……」。

捨て台詞《ぜりふ》ですが、私にはショックでした。インドでは、与えることは功徳を積む行為であることは知識としては知っていました。それが現実の生活の場でしっぺ返しのような言葉で思い知らされたわけで、いろいろと考えながら帰ってきた記憶があります。

与えることは、同時に、自分が功徳を積むことです。いや、積ませてもらうことなのです。ヒンドゥー教徒もしばしばそういう表現をしますし、仏教教団＝サンガのことを「福田《ふくでん》」と表現するのにも同じ発想があります。サンガに食事や衣などを寄付することで、功徳が積めます。サンガは在俗の生活をしている人には福徳、つまり功徳を生み出す田なのです。ですから例えば東南アジアのテーラヴァーダ仏教では、布施を受けた比丘は御礼の言葉もジェスチュアーも示しません。黙ってもらうだけです。御礼を言われると、せっかくの功徳がそれだけ減ってしまう、という感覚があります。

布施行は施物《せもつ》と功徳の与え合いです。その意味で両面通行と言っていいでしょう。それがインドの布施の行為を支える基本観念です。その上に、修行者に対する敬意が表明されます。だからこそ、仏教伝承は後になって「法施《ほうせ》と財施《ざいせ》」の交換などというようになりました。単なる交換ではなく、信者の側からは信仰を深める行為でもあります。

現代の日本でも禅宗には「福田会」といったグループがあります。篤志《とくし》者が集まって坐禅用の衣や絡《らく》子《す》を縫い、修行僧に布施するのですが、ここでは修行僧への布施が功徳を生むことを期待すると同時に、自らの信仰を保ち、増強する行為となっています。

インドでは、持てるものはそれ相応に与えるものとされています。与えなければならないのです。だからこそ釈尊はつぎのように教えています。

「多く持てる者は多く、中くらいの者は中くらいに、少なく持てる者は少なく与えよ。与えないということがあってはならない」（『ジャータカ』V、三八七ページ）

25 クシナーラー沙羅双樹の間に

床に体を横たえて

釈尊はクシナーラーに着きました。疲れていたに違いありません。二本のサーラ樹の間におそらく粗末な寝台をおかせて、横になります。

テキストはこれから入滅までの種々な状況とエピソードを述べてゆきます。

さて、尊師は若き人アーナンダに告げた。

「さあ、アーナンダよ。ヒラニヤヴァティー河の彼岸にあるクシナーラーのマッラ族のウパヴァッタナに赴《おもむ》こう」と。

「かしこまりました。尊い方よ」と、若き人アーナンダは尊師に答えた。

そこで尊師は多くの修行僧たちとともにヒラニヤヴァティー河の彼岸にあるクシナーラーのマッラ族のウパヴァッタナに赴いた。そこに赴いて、アーナンダに告げて言った。——

「さあ、アーナンダよ。わたしのために、二本並んだサーラ樹（沙羅双樹《しゃらそうじゅ》）の間に、頭を北に向けて床《とこ》を用意してくれ。アーナンダよ。私は疲れた。横になりたい」と。

「かしこまりました」と、尊師に答えて、アーナンダはサーラの双樹の間に、頭を北に向けて床を敷いた。そこで尊師は右脇を下につけて、足の上に足を重ね、師子座《ししざ》をしつらえて、正しく念《おも》い、正しくこころをとどめていた。（Ⅴ・1）

『平家物語』の冒頭の文章は私たちには懐かしいものです。「祇園精舎《ぎおんしょうじゃ》の鐘の声、諸行無常《しょぎょうむじょう》の響きあり。沙羅双樹の花の色、盛者必衰《じょうしゃひっすい》の理《ことわり》をあらわす」。日本語の美しさと同時に、『平家物語』全編に流れる無常観を予告する名文です。

もっとも当時の日本にはインドの正確な情報は伝わっていませんし、事実と違うところのあるのは致し方ありません。祇園精舎には日本のような梵鐘はありませんでしたし、日本の沙羅樹は落葉樹です。インドのサーラ樹は常緑樹で、良く言われているように夏椿とは違います。すっと伸びた大木で樹質は硬く建築材料として用いられる木です。

今日のクシナーラーでもこの木は多くみられます。釈尊にしても、何もないところに横になるには落ち着きませんし、アーナンダは雰囲気のいい二本のサーラ樹の間におそらく簡単なベッドを用意したものでしょう。「床」を用意したとありますが、原語は mañcaka で、寝台のことです。ウパヴァッタナというのは遊園のことですから、ちょっと横になれる粗末なベッドくらいは置いてあったものでしょう。インドに長く住んでいた人間として勝手な想像をするなら、いわゆる「ダルワン・ベッド」くらいのものでなかったでしょうか。「ダルワン」とは玄関番のことです。四本の脚と木枠に縄で編んだ網のようなものを張っただけのベッドです。今日でも夏などこうしたベッドの上で毛布にくるまって戸口の前で寝ている姿をよく見ます。また、安宿に泊まるとコンクリートむき出しの床にこのベッドが置いてあるだけの部屋もあります。留学生時代の私たちは簡単な寝具を持って旅行しますから、このベッドの上に毛布を敷いて寝ていたものです。

すぐ後に師子座とあるのは釈尊のおられるところだからそう呼んだだけのことです。

釈尊は頭を北に向けて、といい、つまり北枕《きたまくら》です。ここから北枕は死者の寝る姿だ、縁起が悪い、などという考え方もでているのですが、あまりこだわることはないものでしょう。北枕は「頭寒足熱」だからいいとか、地磁気に沿っているから健康的だなどという説も言われています。しかし、インドには北枕が正しい寝方であるという伝承もあるので、釈尊はインドの文化伝承に従ったものと私は理解しています。

天人供養

釈尊が横になった時に、沙羅樹は満開となり、天の華や香が降り注ぎました。それは天人たちによる釈尊への大いなる供養でした。

さて、そのとき沙羅双樹が、時ならぬのに花が咲き、満開となった。それらの花は、修行完成者に供養するために、修行完成者の体《からだ》にふりかかり、降り注ぎ、散り注いだ。また天のマンダーラヴァ華は虚空《こくう》から降って来て、修行完成者に供養するために、修行完成者の体にふりかかり、降り注ぎ、散り注いだ。天の楽器は、修行完成者に供養するために、虚空に奏《かな》でられた。天の合唱は、修行完成者に供養するために、虚空に起った。（V・2）

供養とは幅広く用いられている言葉です。今日の日本では仏（仏像）、法、僧に対する供養があります。死者や祖先への先祖供養もありますし、餓鬼《がき》供養もよく行われていますし、鰻供養とか針供養のような日本独特の民俗儀礼もあります。仏教の歴史的発展に応じて「供養」という言葉にいろいろな意味が付け加えられてきたものです。しかし「供養」という訳語自体にすでにいくつかのインド語の意味が混ざっています。例えば尊敬する宗教者に「仕《つか》える」とか「奉仕する」という言葉も供養と訳されています。また比丘たちに「飲食物を食べさせて」という原文も供養とされたりしています。しかし一番普通にはプージャーというヒンドゥー儀礼に由来する用法でしょう。

プージャー（pūjā）とは今日のインドでも、例えばサラスヴァティー（女神への）・プージャーとか、ドゥルガー（女神）・プージャーとかの「祭礼」の意味で普通に用いられていますし、ヒンドゥー教のごく基本的な礼拝形式です。釈尊の時代にはバラモン僧が司祭するヤジュニャ（yajña・供犠《くぎ》）という儀礼がしばしば行われていました。普通には生贄《いけにえ》を捧げて神からの現実的な恩寵《おんちょう》を願うもので典型的な現世利益《げんぜりやく》の儀礼です。しかし、仏教やジャイナ教などの沙門《しゃもん》宗教などが強く主張した不殺生《ふせっしょう》の理念や、その他の理由から生贄がきらわれるようになりました。かわりに、おそらくドラヴィダ人系の文化だとされて

クシーナガル・涅槃堂の前のサーラ樹

いますが、プージャーが行われるようになりました。生贄を捧げることなく、灯、華、水、食物、香などで神に敬意と感謝を捧げる儀礼です。仏教徒も仏・菩薩や神霊たちへのプージャーを行っています。こうしてさまざまな意味があるのですが、「供養」とは仏・法・僧の三宝《さんぽう》に供物を捧げて尊崇と敬意、帰依の心を表するもの、と言っていいと思います。

テキストは天人たちが華、香、楽器や歌声などの音楽で釈尊に敬意を表している「供養」を述べています。

真の供養とは

しかし、釈尊はこうした供養は私に対する本当の供養ではない、といい出します。

しかし、アーナンダよ。修行完成者は、こ

のようなことで敬《うやま》われ、重んぜられ、尊ばれ、供養され、尊敬されるのではない。アーナンダよ。いかなる修行僧、尼僧、在俗信者、在俗信女でも、理法にしたがって実践し、正しく実践して、法にしたがって行なっている者こそ、修行完成者を敬い、重んじ、尊び、尊敬し、最上の供養によって供養しているのである。アーナンダよ。それ故に、ここで〈われらは理法にしたがって実践し、正しく実践し、法にしたがって行なう者であることにしよう〉と、お前たちはこのように学ばねばならぬ。アーナンダよ。」　（V・3）

釈尊への最上の供養は仏・菩薩に何かを寄進し奉仕するよりも、各人が教えを肯《うけが》い、自ら真実を実践することだというのです。本経典は先に釈尊が教団主であることを否定した発言のあったことを記しています（「12　旅に病む」参照）。また、後のこと（本経V・10）になりますが、釈尊は比丘たちが自分の葬式に関わるな、修行に専念せよ、葬式は在家信者にまかせよと説いています。実際にはそんなことは出来ようはずもなく、釈尊の葬儀も最長老の弟子である摩訶迦葉《まかかしょう》尊者の到着をまって始まっています。

同じことが日本でもみられます。浄土真宗の親鸞《しんらん》聖人は「某《それがし》閉眼《へいげん》せば賀茂川にいれて魚にあたうべし」（覚如《かくにょ》『改邪鈔《がいじゃしょう》』）と言っていますし、一遍《いっぺん》上人も「わが門弟子におきては、葬礼の儀式をととのうべからず、野に捨てて、獣にほどこすべし。ただし在家の者、結縁《けちえん》のこころざしをいたさんをば、いろうにおよばず」（『一遍上人語録』）と指示しています。しかし、いずれの場合でも、葬儀は弟子の僧侶たちが中心で行っています。当然のことなので、私たちの身に引き当てて考えたらすぐ判ることでしょう。

教えられ、育てられ、敬愛する師匠の死に際して、涙し、別れを告げる行為が葬式儀礼です。何もせずにいられるわけがありません。それを承知の上で、祖師たちが葬儀に関わるな、と言っているので、礼拝儀礼よりは仏法の実践に励めと教えているものです。

そしてこの教えは、日本における仏祖への報恩《ほうおん》儀礼には修行が付随していることの先駆でもあります。例えば、禅宗の達磨忌接心《だるまきせっしん》とか成道会接心《じょうどうえ》とかは本経の釈尊の教えと響きあっています。仏教信仰の基本的な姿勢のひとつと言えるものでしょう。

神々が集まる

この時、ウパヴァーナという若い比丘が釈尊の前にたって、大きなうちわで釈尊に風を送っています。今日でも東南アジアなどでよく見られる光景ですが、釈尊はやめるようにといいます（V・4）。アーナンダは何故かと釈尊に問います。

そこで若き人アーナンダは尊師に言った。「尊い方よ。この若き人ウパヴァーナは、長いあいだ尊師の侍者、側にいる人、近くで用をつとめる人であった。それなのに尊師は、亡くなる最後《いまわ》のときに、若き人ウパヴァーナを退けられた、――〈去りなさい。修行僧よ。わたしの前に立ってはいけない〉と。尊師が〈去りなさい。修行僧よ。わたしの前に立ってはいけない〉といって、若き人ウパヴァーナを退けられた理由、わけ、は何なのでしょうか？」

「アーナンダよ。十方の世界における神霊たちが修行完成者に会うために、大勢集まっている。アーナンダよ。クシナーラーのウパヴァッタナ、マッラ族の沙羅樹林には、周囲十二ヨージャナにわたって取り巻いて、大威力のある神霊たちが集まってそれに触れていて、兎の毛の尖端《せんたん》で突くほどの隙間《すきま》も無いほどである。アーナンダよ。神霊たちは呟《つぶや》いた、〈ああ、われわれは修行完成者にお目にかかるために、はるばる遠くからやって来た。なにかの時に（稀《まれ》に）、修行完成者・真人《しんにん》・正しくさとりを開いた方々は世に現れる。しかるに今日、最後の時刻に、修行完成者はお亡くなりになるでしょう。ところが、この大威力ある修行僧が尊師の前に立って覆うて（さえぎって）いるから、われわれは最後の時に修行完成者にお目にかかることができないのだ〉といって、神霊たちは呟いているのだ。アーナンダよ。」（Ｖ・５）

神霊（deva-tā）と訳されていますが、もともと deva-tā の -tā とは物事を抽象化する接尾辞で、この言葉は「神であること」「神格」ということで、広く「神々」と訳していい言葉です（村上真完・及川真介『パーリ仏教辞典』deva-tā の項参照）。ここでも釈尊が入滅されると聞いて十方から「神々」が蝟集《いしゅう》していると理解してよいものでしょう。諸訳もそう理解しています。

神々が鈴なりになっているのを「兎の毛の尖端で突くほどの隙間もない」という喩えで表現しています。それなのに釈尊の前にウパヴァーナが立っているものだから見えないのだというのです。

この「去りなさい」という翻訳が私にはすこし疑問があります。これでは叱《しか》られて別のところへ姿を消せと言っているように思えます。ここは「そこをどきなさい」というほどの意味です。

神々の悲しみ

神々が集まっていると聞いて、アーナンダは興味を示し、いったいどんな状況なのでしょうかと釈尊に尋ねます。アーナンダには神々は見えないのです。釈尊だけに見えているのです。

「尊い方よ。神霊たちはどのような状態にあると尊師は考えられるのですか?」

「アーナンダよ。虚空のうちにあって地のことを想《おも》うている神霊たちがいる。かれらは、頭髪を乱して号泣し、両腕を伸ばして突き出して泣き、砕かれた岩のように打ち倒れ、のたうち廻る、――〈尊師がお亡くなりになるのが、あまりにも早い。幸いな方がお亡くなりになるのが、あまりにも早い。世の中の眼《まなこ》がおかくれになるのが、あまりにも早い〉と言いながら。

アーナンダよ。地のうちにあって地のことを想うている神霊たちがいる。かれらは、頭髪を乱して号泣し、両腕を伸ばして突き出して泣き、砕かれた岩のように打ち倒れ、のたうち廻る、――〈尊師がお亡くなりになるのが、あまりにも早い。幸いな方がお亡くなりになるのが、あまりにも早い。世の中の眼がおかくれになるのが、あまりにも早い〉と言いながら。（V・6）

空中にいる神々も、地上の神々（神霊）も「地のことを想って」転がりまわっているというのですが、後代のパーリ語の注釈書には、空中にいる神々は「虚空に堅固な大地を作り出して」とし、地上の神々も「彼らは水のように沈むから（大地は彼らを支えられない）。そこで大地を堅固なものとして」というのですが、意味がはっきりしません。

原語は paṭhavī-saññī で、「大地の想いをもって」ということですから、「あたかも大地の上でもあるかのように」悲しみで転がりまわったと理解しておきましょう。神々も神霊たちも地上、空中に集まってきて、釈尊が亡くなる状況を見守っているのですね。あまりに早く亡くなられてしまうのを悲しんで、嘆き悲しんでいます。

しかし、無常を真に知るものは親しい者との死別を悲しみつつも、それに堪《た》えることを知っています。だからこそ教えを受けた神々の中にはその悲しみにじっと堪えているものもいるに違いありません。テキストは次のように述べてこの節をまとめています。

しかしそれらの神霊たちは、情欲を滅ぼしつくしていて、こころに念《おも》い、よく気をつけているので堪え忍んでいた、――〈つくられたものは無常である。そのこと（＝滅しないということ）がどうしてあり得ようか？〉と言いながら。」（V・6）

中村元先生はこの文章の主語を「それらの神霊たちは」とし、上に述べたすべての神々は無常を想い別離の悲しみに「堪えていた」と理解されていますが、意味の続き具合が良くありません。しかし原文は「欲望を断ち切った神々だけは」とありますので、そう理解する方が正しい。無常をみて、いうなれば、「心しずかに悩む」ことのできる人はそう多くはいないものでしょう。

26 四大霊場と葬儀の教え

巡礼すべき四大聖地

クシナーラーで粗末なベッドに横になっておられる釈尊について、経典はいろいろな出来事を語っていきます。前節では多くの神々がやってきてまわりを取り囲み、最後の別れを告げていました。この節では弟子たちが話題となります。

「尊い方よ。かつて地方にあって雨期の定住生活を送っていた修行僧たちが、修行完成者にお目にかかるためにやって来ました。わたくしたちは、心の修行を積んだその修行僧たちに見《まみ》えて、仕《つか》えることができました。しかし尊師がお亡くなりになったのちには、わたくしたちは、心の修行を積んだ修行僧の方々にお会いすることはできないでしょう。またお仕えすることもできないでしょう。尊い方よ。」

（Ⅴ・7）

いままでは侍者《じしゃ》和尚のアーナンダが問いかけて釈尊がお答えになるという形式になっていました。ところがこの第七節は「わたくしたち……」が主語になっています。文章の内容は、雨安居《うあんご》の前後には修行僧たちが釈尊のところにやってきて、（注釈書によると）雨安居中の瞑想のテーマをもらい指導を受けます。その時に修行僧たちに会えたのだが、釈尊が亡くなられると、そういうことが出来なくなると嘆いている、という趣旨です。

誰が嘆いているのかと言うことがわかりにくいのですが、渡邊照宏先生はおそらく神々であろうと推定されています。テキストの編纂上の混乱もありそうですが、ここではそう解釈しておきましょう。

経典は次いで四大巡礼地についての釈尊の説示を載せています。

「アーナンダよ。信仰心のあるまじめな人が実際に訪ねて見て感激する場所は、この四つである。その四つとはどれどれであるか？

〈修行完成者はここでお生れになった〉といって、信仰心ある良家の子が実際に訪ねて見て感激する場所がある。

〈修行完成者はここで無上の完全なさとりを開かれた〉といって、信仰心ある良家の子が実際に訪ねて見て感激する場所がある。

〈修行完成者はここで教えを説き始められた〉といって、信仰心ある良家の子が実際に訪ねて見て感激する場所がある。

〈修行完成者はここで煩悩の残りの無いニルヴァーナの境地に入られた〉といって、信仰心あるま

四大仏跡は釈尊の生涯の四大出来事の起こった場所である。釈尊が三十三天から降下する図を中央にして、右から左へ誕生、降魔成道、初転法輪、涅槃が彫られている。マトゥラー・２世紀（丸山勇撮影）

じめな人が実際に訪ねて見て感激する場所がある。

（Ｖ・８）

釈尊が入滅されると、釈尊のもとに集まって直接教えを受けることは出来ない。そこで釈尊を偲《しの》ぶ四つの大事な場所があります。

「見て感激する場所」というところは、原文では「見るべき」あるいは「訪ねて」、そして「感激すべき」場所ということで二つの単語が並んでいます。感激と訳されている原語は、「心おののくもの」という言葉です。心がゆれおののく（場所）ということで、感激するという理解でいいものでしょう。

その四つの場所とは、お生まれになったルンビニー、悟りを開かれたボードガヤー、初転法輪《しょてんぼうりん》のサールナート、亡くなられたクシナーラーで、すなわち今日の四大仏跡です。

本来ならばこの場面では、釈尊はまだ生きているわけですが、いかにも客観的に書かれています。本経典は後代の伝承を集めて編纂されたものですから、こういう記述になっているのです。

アーナンダよ。これらの四つの場所が、信仰心ある良家の子が実際に訪ねて見て感激する場所である。アーナンダよ。信仰心ある修行僧・尼僧たち、在俗信者・在俗信女たちが、〈修行完成者はここでお生れになった〉、〈修行完成者はここで無上の完全なさとりを開かれた〉、〈修行完成者はここで教えを説き始められた〉、〈修行完成者はここで煩悩の残りの無いニルヴァーナの境地に入られた〉といって（これらの場所に）集まって来るであろう。

アーナンダよ。誰でも、祠堂《しどう》（チェーティヤ）の巡礼をして遍歴し、清らかな心で死ぬならば、かれらはすべて、死後に、身体が壊《やぶ》れてのちに、善いところ、天の世界に生れるであろう。」（V・8）

釈尊の生涯で四つの大きな出来事のあった場所を訪ねなさい。そこにある祠堂に巡礼し、釈尊を思慕《しぼ》し、心を浄め、感激の心を新たにせよと説かれています。

文章としては釈尊が説いているのですが、巡礼地の設定とか祠堂の建設とはむろん釈尊が入滅された後のことです。弟子、信者たちの釈尊を思う心が自ずから巡礼地信仰を発展させて来たものに違いありません。

巡礼地にある祠堂とは、礼拝のための建物のことですが、遺跡から判断すると実際には仏塔、ストゥーパです。前にも申しあげたことがありますが、今日では仏跡各地に残る祠堂（チャイティヤ）には仏像が安置されています。しかし、仏像が作られるようになったのは西暦一世紀最後ないし二世紀初めですから最初期には巡礼地に造られたのはおそらく仏塔です。

女性は修行の妨げか?

次いで、経典の流れとしては唐突な話が挿入されています。


「尊い方よ。わたくしたちは婦人に対してどうしたらよいのでしょうか?」

「アーナンダよ。見るな。」

「尊師よ。しかし、見てしまったときには、どうしたらよいのでしょうか?」

「アーナンダよ。話しかけるな。」

「尊い方よ。しかし、話しかけてしまったときには、どうしたらよいのでしょうか?」

「アーナンダよ。そういうときには、つつしんでおれ。」

(V・9)


この個所について、漢訳経典の一つで確かめますと、つなぎの言葉が書いてあります。釈尊が亡くなった後、修行者の所へ法を聞きに信者の女性が尋ねてくるに違いない。その時にどうすればよいかという質問に対して、こう答えたという流れになっています。

ここの記述について、パーリ語の注釈書には詳しい解説があります。五世紀のブッダゴーサの注釈なのですが、そこにはおおよそ次のように述べられています。

女性が説法を聞きに来ても坐臥所《ざがしょ》の戸口を開けるな。会わなければ貪欲《とんよく》はおこらない。施食《せじき》を持ってきてくれた時でも会うな。鬼や夜叉《やしゃ》がきても命を取られるだけだが、女性とさしむかいで話をすると親しみの情が起こり、親しみの情が起こると油断し、心に油断があれば破戒して地獄に堕ちる。戒を授けてくれとか法を聞きたいとかの場合では会うことは仕方がないが、その時には母にふさわしい者を母と思い、姉妹にふさわしい者を姉妹と思い、娘にふさわしい者を娘と思え。このように思念《しねん》をしっかりと保て、と説いています。

このような教訓に基づいて、アーナンダよ、思念をしっかり保つがよいと言われたのである、というのですが、女性を色欲の対象としてしか見ていない言葉です。修行者に不婬戒《ふいんかい》を守れとかなり誇張して説いているのですが、私には僧院に住む指導者が女性を斥《しりぞ》けよといたずらに頭でこねまわしていると、こういうバランスを欠いた発想になってくるのではないかと思えます。

「修行者は葬儀に関わるな」

つづいて、釈尊が亡くなってからの遺体供養はどうしたらよいかという問題になります。

「尊い方よ。修行完成者のご遺体に対して、われわれはどのようにしたらよいのでしょうか?」

「アーナンダよ。お前たちは修行完成者の遺骨の供養（崇拝）にかかずらうな。どうか、お前たちは、正しい目的のために努力せよ。正しい目的を実行せよ。正しい目的に向って怠《おこ》らず、勤め、専念しておれ。アーナンダよ。王族の賢者たち、バラモンの賢者たち、資産家の賢者たちで、修行完成者（如来）に対して浄らかな信をいだいている人々がいる。かれらが、修行完成者の遺骨の崇拝をなすであろう。」（Ⅴ・10）

ここで中村元先生は「遺体」と「遺骨の供養」と訳し分けています。遺体も遺骨も原語はサリーラで、「遺骨の供養」はサリーラ・プージャー（sarīra pūjā）です。サリーラは身体、遺体ないし遺骸、遺骨（音写して舎利《しゃり》）などの意味を持つ単語ですが、葬儀に関わる遺体と火葬された後の遺骨崇拝とを分けて理解されたものでしょう。しかし注釈をはじめ諸訳はすべて遺体と理解しています。

いずれであれ、ここで釈尊は自分が死んでもお前たち修行者は葬式に関わるなと言っています。遺体の処理、つまり葬式は在家信者にまかせて、本来の目的つまり修行に専念せよ、と説いているのですね。人生は無常である。修行に勤めよ、と常に教えていた釈尊です。後に出てきますが、入滅直前の「遺言《ゆいごん》」も同趣旨の言葉です。ですから、自分の葬儀は在俗の信者たちがやるであろうから、お前たちは特に葬儀に関わらず、修行に専念せよ、というのは釈尊の言葉としても頷《うなず》ける発言です。

同趣旨の発言は日本にもあります。すでに前回にご紹介しましたが、親鸞《しんらん》聖人や一遍《いっぺん》上人は、自分が死んだら我が遺体は川や山に捨てよと遺言しています。しかし、その通りにはいかないこともすでに申しあげたとおりで、釈尊の場合も、「大番頭」格の摩訶迦葉《まかかしょう》がやってきて火葬の火を点じ、葬儀が始まっています。葬儀の準備その他は無論、信者がやったに違いありませんが、弟子たちも葬儀に参加し、師の入滅を悲しみ弔《とむら》っているのです。宗教指導者の言いつけがそのまま守られないことも、状況によってはあり得るのです。

上の文章はまた別の意味で重要な意味を持っています。

今日、仏教教団が行っている葬祭（葬儀と法要）に揺《ゆ》らぎが出ています。それとの関係もあるのですが、葬祭は僧侶が行うべきものではない、その証拠に釈尊は禁止しているではないか、という批判があります。その根拠として引用されるのがこの一文なのですが、しかし、正しい和訳が引用されることは滅多にありません。ほとんどの場合、「釈尊は比丘《びく》に葬儀をするなと説いた」という趣旨だけが一人歩きしています。

しかし、脈絡が違うことはすぐおわかりでしょう。ここでは釈尊は自分の葬儀に関わるなと説いているのであって、信者に対して葬儀を行うなと言っているのではありません。しかし、釈尊や弟子たちが信者に葬儀を行わなかったことは事実です。その理由は釈尊の遺言によるものではなく、全く別の理由によるものです。

この問題はその後仏教教団が葬祭を扱うようになり、現代にまで到っている歴史と意味を知ることに関わるので、すこし説明しておきたいと思います。

仏教と葬祭

インド仏教では比丘が亡くなると、同じ僧院の仲間が葬式を行っていたようです。すこし後代の文献には『無常経』を読んで火葬したなどと記されています。しかし信者のために葬儀を行った証拠はありません。

　では仏教信者はどうしていたのでしょうか。

　葬儀は「通過儀礼」の一つです。通過儀礼とは人生の成長段階を通り過ぎる節目に行われる儀礼で、日本で言うなら命名式、お宮参り、誕生祝い、七五三、成人式、結婚式、葬儀などです。それぞれに心理的かつ社会的な意味があり、これがなかったら社会生活は成り立ちません。

　この儀礼を古代インドではヒンドゥー教のバラモン僧が司祭していました。ヒンドゥー教については申しあげたこともあるのですが（第2回参照）、日本古代の「神道《しんとう》」と同じ民族宗教です。そこに生まれ住む人々の社会構造や慣習、宗教観念や儀礼、などのすべてを包み込んでいる生活文化の世界であり「ヒンドゥー世界」と言った方が理解しやすいでしょう。その意味で釈尊も弟子たちも、そして信者たちもすべて「ヒンドゥー世界」の住人なのです。

　仏教信仰は葬祭とは関係がありませんから、信仰を説く釈尊も弟子の比丘たちも信者のために葬祭を手がける必要も必然性もありませんでした。バラモン僧にまかせていたのです。

　しかし、インドから外に出た仏教は例外なく僧侶が信者に葬祭を行っています。東南アジアのテーラヴァーダ仏教でもそうですし、チベット仏教、また中国、朝鮮、日本の大乗仏教圏でも同様です。

　その理由について、渡邊照宏先生はこう論じられています。インドでは僧院の生活が確立して、いったん僧侶になってしまえば寝て食べて着るものは保証されている。だからとくに収入の道を講ずる必要はなかった。しかしアジア各地では僧侶の全生活を保障する生活は崩れている。だから収入を得る必要があったというのが第一の論点。もう一つは、信者から身内の死について相談された時に、無常の意味を説いて励まし、心を和《やわ》らげていくのは出家者でなければならない、その意味で僧侶が関わるようになったのは自然だったであろう。

私なりに補足するなら、葬祭や日常儀礼は各民族、種族に固有の文化伝承です。それぞれの民俗的な観念や慣習と結びついていて、容易に変更できるものではありません。そこにインドから仏教がやってきました。普遍的な教理や信仰は受け入れられました。しかし、もし仏教がインド的な独自の葬祭や民俗をもっていて、それを押しつけたら、仏教は受け入れられなかったに違いありません。しかし、幸いにインド仏教は独自の日常儀礼などはもっていなかったのです。だからこそ仏教は抵抗無く受け入れられました。そして次第にローカルな民俗伝統としての葬祭を取り上げ、仏教の世界観をかぶせてそれぞれの地域の「仏教葬祭」が形成され、定着し、発展しました。それとともに仏教信仰も庶民の社会生活の中に根を張っていくことが出来たのです。

一方、仏教を送り出したインドの仏教は日常儀礼を持っていません。出家比丘たちの修行体系と教理学の伝統、そして信者たちには信仰と倫理を説くだけでしたから、いうなれば社会的には根無し草でした。だからこそ、後に仏教信仰がヒンドゥーの教えと類似のものとなったこともあり、次第に独自の宗教体系としての存在理由を失ってきます。その結果、仏教はヒンドゥー世界に吸収されて姿を消してゆくことになりました。

もしも仏教が日常儀礼をがっちりと持っていたら、おそらく仏教はインドで滅びなかったでしょう。と同時に、それは外国にも出にくかったでしょう。ジャイナ教が外に出られなかったように。

日本の状況

日本においても状況は同じです。仏教が一般庶民のために葬祭儀礼を積極的に行うようになったのは室町時代以降のことです。仏教教団は最初から葬祭を行っていたわけではないのです。最初のうちは度牒《ちょう》（国家公認の出家者のこと）を受けていない民間の僧侶たちが、たとえば遺骨を高野山に持って行って納めてあげるなどの行為をしていたのですが、次第に教団が庶民のために葬祭を行うようになりました。伝統的な民俗の伝統を肯《うけが》い、仏教の世界観をかぶせて「仏教葬祭」は発展し、それにつれて仏教教団も全国に広がっていきました。

それ以後の仏教葬祭の歴史は複雑です。大筋をいうなら、徳川時代にはすべての人はどこかの寺の檀家となり（いわば登録され）ました。寺檀《じだん》制度といいますが、寺院は市役所的役目を負わされたのです。それとともに寺院と葬祭は深く結びつき、経済的な安定を得たと同時に、さまざまに世俗化しました。そうした状況が今日に到っています。

私は仏教と葬祭の関係をつぎのように考えています。

① 葬祭と仏教信仰は宗教レヴェルを異にしています。葬祭は民俗信仰であり信仰は実存的な生き方です。そして僧侶は（どこまで立派な信仰者かということではなく）、私なりの言葉を使わせてもらうなら、「およばずながら」でも、信仰の道を真面目に歩いているべきものです。ですから葬祭さえや

っていればいい、というものではありません。

②　しかし、まさに同じ理由から、僧侶が苦しんでいる人の心を救う慈悲行として葬祭を行うことは大切な行為だと言えましょう。死という現実に関わる儀礼だけに僧侶が関わることにはそれなりの意味があるものでしょう。

③　葬祭儀礼とは、親しい人を失って悲しむ「心」を慰《なぐさ》め癒《いや》す「形」です。ですからその「形」を大切に行うことが「心」を救います。したがって儀礼そのものを、苦しむ心に寄り添って大切に行うことが重要なものと私は考えています。教団側のタテマエとして、葬祭は「教化の手段」などといいますが、手段ではありません。心をこめて行う儀礼が結果的に教化に連なることはありますが、儀礼そのものの意味を重視すべきものだと思います。

こうして考えてくると、現在の仏教葬祭に不足しているものが多くあるようです。

27 仏塔崇拝の意味

遺体処理法

前回、釈尊は自分の葬式は信者にまかせて、お前たち出家者はそれに関わるな、修行に専念せよ、と教えました。しかしアーナンダは遺体処理の方法を尋ねています。

「尊い方よ。しかし修行完成者のご遺体に対して、われわれはどのように処理したらよいのでしょうか？」

「アーナンダよ。世界を支配する帝王（転輪聖王《てんりんじょうおう》）の遺体を処理するようなしかたで、修行完成者の遺体も処理すべきである。」

「尊い方よ。では、世界を支配する帝王の遺体は、それをどのように処理したらよいのでしょうか？」

「アーナンダよ。世界を支配する帝王の遺体を、新しい布で包む。新しい布で包んでから、次に打ってほごされた綿で包む。打ってほごされた綿で包んでから、次に新しい布で包む。このようなしかたで、世界を支配する帝王の遺体を五百重に包んで、それから鉄の油槽の中に入れ、他の一つの鉄槽で覆《おお》い、あらゆる香料を含む薪《まき》の堆積《たいせき》をつくって、世界を支配する帝王の遺体を火葬に付する。そうして四つ辻（四つの道路の合一する地点）に、世界を支配する帝王のストゥーパをつくる。アーナンダよ。世界を支配する帝王の遺体に対しては、このように処理するのである。

アーナンダよ。世界を支配する帝王の遺体を処理するのと同じように、修行完成者の遺体を処理すべきである。四つ辻に、修行完成者のストゥーパをつくるべきである。誰であろうと、そこに花輪または香料または顔料をささげて礼拝し、また心を浄らかにして信ずる人々には、長いあいだ利《り》益《やく》と幸せとが起るであろう。（V・11）

「世界を支配する帝王（転輪聖王）」とあります。転輪聖王とは古代インドに伝承されている理想的王者像です。ここで輪というのは、本来は戦車の車輪あるいは円盤状の投擲《とうてき》武器ですが、それが転じて「支配権」などの意味もあります。偉大なる王者には天から与えられた輪宝が空中を周りながら軍勢を先導し、戦わずして世界を征服し、平和社会を実現するといいます。だから「転輪聖王」なのです。常人とは異なる三十二の身体的特徴（三十二相）を持っています。

この世俗世界のトップである転輪聖王が、宗教の世界におけるトップであるブッダと並び称されるようになりました。だからこそ釈尊は法の輪を転ずるとされ、サールナートでの最初の説法を「初転法輪《しょてんぼうりん》」というのはご承知の通りです。身体的特徴である三十二相もブッダに適用されました。

伝承によると、釈尊が生まれた時、アシタ仙人は釈尊を抱いて涙を流しました。何か不吉なことでもあるのですかと聞くと、いやそうではない、この子は世俗の世界にいれば転輪聖王となるであろうが、必ずや出家してブッダになるであろう、私は年をとっていてその教えを聞くことができないのが悲しくて涙を流したんだ、と答えたというエピソードがあります。

このように並び称されるものですから、葬式もまた転輪聖王と同じようにやらなければならない、というわけです。

ここに描かれている葬法は現実に行われたとは考えられません。釈尊ブッダの超人化の一例だということにしておきましょう。

ストゥーパの建立

上の文の最後に、転輪聖王の場合と同じく、四辻に釈尊ブッダ（如来）の遺骨を納めたストゥーパ（塔）を建立せよと指示していますが、経典はそれを次のように広げて説いています。

アーナンダよ。これらの四つの者は、ストゥーパをつくって拝まるべきである。その四つというのは、何であるか？　修行完成者・真人・ブッダについては、人々がかれのストゥーパをつくってこれを拝むべきである。独りでさとりを開いた人（独覚《どっかく》）については、人々がかれのストゥーパをつくってこれを拝むべきである。修行完成者の教えを聞いて実行する人については、人々がかれの入

サーンチーにのこる仏塔（丸山勇撮影）

トゥーパをつくってこれを拝むべきである。世界を支配する帝王については、人々がかれのストゥーパをつくってこれを拝むべきである。

（V・12）

塔を建てるべき人として、最初に「修行完成者・真人・ブッダ」があげられています。中村元先生は仏教の術語を現代語に直すことをいつも意識されていて、こういう言い方になっていますが、仏教用語を使えば、如来、阿羅漢《あらかん》、そして仏陀のことです。

如来の「如」（tathā）というのは「あるがまま」ということで、真実、真理のことです。ですから如来（tathāgata）とは「真理に行った人」なのですが、漢訳者は「真理から来た人」と理解したので「如来」と訳しました。真理の体現者というほどの意味です。

阿羅漢は、arhat（パーリ語ではarahant）の音写語で、供養を受けるに値《あたい》する人、ということで「応供《おうぐ》」とも訳されます。悟りを開いた人のことで、初期の原始仏典では釈尊の悟りも弟子たちの悟りも同じで、みんな阿羅漢と呼ばれました。しかし次第に、阿羅漢の悟りは仏陀の悟りに及ばないものとされました。中国、日本では「羅漢」さんなどとして親しまれています。しかし如来、応供そしてブッダ（仏世尊）は後に「仏の十号」としてまとめられています。

独覚とは「独りで悟り（覚）を開いた人」の意です。師匠に習うことなく一人で悟りを開いたから「独覚」といい、また縁起の道理を理解した人だからというので「縁覚《えんがく》」などとも言います。独りの悟りということから、自分の悟りを他者に説かない人という理解もあって、後代には悟ってから初転法輪までの釈尊をこう呼ぶ、という用法もあります。しかし、果たしてそうなのか、という疑問も生じていて、今読んでいるこの「大パリニッバーナ経」でも、法顕《ほっけん》による漢訳では〈諸法を思惟《しゆい》して自ら道を覚悟し、またよく世間の人民を利す〉と書いてあります。つまり、悟って人々に利益《りやく》を与えるという理解もあったわけです。「山に住む者」という理解もあり、悟りを開いたが山にこもって人に接しない聖者たちがいたのかも知れません。

三番目の「修行完成者の教えを聞いて実行する人」とは仏弟子のことですが、悟りを開いた弟子たちのことでしょう。実際に西インドのサーンチーには何人かの仏弟子の遺骨を納めた塔が残っています。しかし時代とともに、仏塔は仏舎利《ぶっしゃり》を納めるものとなり、仏弟子の塔はほとんどありません。

四番目が転輪聖王ですが、これは理想の王者像ですから、転輪聖王の塔というのは現存しません。因《ちな》みに、ヒンドゥー教系統の聖者の塔もありませんので、塔を建立することは仏教独自の特色といってもいいものでしょう。

像塔の理由

では、塔は何のために建てるのでしょうか。

そうして、アーナンダよ。どのような道理によって、修行完成者・真人・正しくさとりを開いた人については、人々がかれのストゥーパをつくってかれを拝むべきであるのか？　アーナンダよ。〈これは、かの修行完成者・真人・正しくさとりを開いた人のストゥーパである〉と思って、多くの人は心が浄《きよ》まる。かれらはそこで心が浄まって、死後に、身体が壊れてのちに、善いところ・天の世界に生れる。アーナンダよ。この道理によって、修行完成者・真人・正しくさとりを開いた人については、人々がかれのストゥーパをつくってこれを拝むべきである。（V・12）

経典はさらに、独覚、仏弟子、転輪聖王についてほぼ同じ文章を続けています（V・12）。塔を礼拝すると、それによってブッダ（等）を思い出し、心を浄め、死後に天界に生まれることが出来ると説かれています。「心が浄まる」とはどういうことかというと、原語はpasādaで、漢訳経典には「浄信」などと訳される言葉です。実際の用法をみると釈尊の姿を見たり、説法を聞いたりして浄信を起こすとか、布施して心が浄まるとか、あるいは両親を仏法僧の三宝《さんぼう》に対して浄信を起こさせる、等と用いられていますので、ここでも仏塔をみて信の心を起こすこととみていいものでしょう。そして、さらに死後に天界に行くことが出来るとありますから、造塔を含む塔崇拝は功徳を積むための行為として理解されていることは明らかです。

今までにもしばしば触れてきたことですが、仏教伝承では悟りと死後に天界にいたることとは宗教的レヴェルを異にしています（第7回参照）。原始仏典でも、悟りを求める修行、梵行《ぼんぎょう》は「出世間の善業《ぜんごう》」であり、功徳を積む行為は「世間的な善業」である、とはっきり認識しています。

ですから塔崇拝は、少なくとも最初期では、在俗の人たちが信を起こし、礼拝し、功徳を積む行為でした。上の文に「多くの人が」とあるのも出家者ではない一般人を意味しています。

しかし、時代とともに仏塔崇拝は出家修行者も関わるようになりました。その理由の一つは、すべての出家者が悟りを開けるわけではありません。つまり輪廻世界に留まらざるを得ないのですが、在俗の信者さえ功徳を積んで天界に行くことができます。ましてや厳しい修行をしてきた出家者は当然天界に行くことになりますし、事実、原始仏典は時代とともに、きわめて多くの出家者が天の世界に再生する事例を述べています（本経の第一章にもその例が載っています。連載第10回参照）。また、前二世紀以降の西インドにあるサーンチーの仏塔にも出家者が塔の石畳や階段、欄楯《らんじゅん》という玉垣の柱や笠石、梁《はり》などを寄進し、自分の名前を銘文に残しています。サーンチーの第1塔では比丘、比丘尼が寄進した例は五十五例、バールフトの塔では三十六例が知られています（『静谷目録』）。

出家者は仏塔崇拝に関わるなという釈尊の教えは崩れているのです。

仏塔信仰の深化

しかしそれは教団の堕落とか世俗化だとか理解するのは正しくありません。後代の出家者にとっては、功徳を積む行為は究極的には悟りに到る道程の一環でした（施戒生天論、「10 遙かなる悟りを目指して」参照）。同時に釈尊の説かれた法への敬意のあらわれとして仏塔を礼拝しています。

釈尊の生前は、何かあったら釈尊のところへ行けば慰めの言葉をもらえたし、しゃべらなくても「施《せ》無畏《むい》」といって、釈尊がにっこり笑ってくれれば、それだけで心がホッとして救われるということもあったでしょう。釈尊が亡くなった後は代々の指導者がその機能を果たしたに違いありませんが、釈尊の代わりにはなり得なかったものでしょう。

いかなる宗教であれ、手を合わせて礼拝する対象のない信仰などというものは現実にありえません。そこに出てきたのが仏塔崇拝でした。出家修行者であろうと在俗信者であろうと、仏塔は釈尊に代わる信仰の対象でした。そこに手を合わせて、さまざまな形での信の心をあらわす、それが心を浄めるという行為だと理解する必要がありましょう。仏像があればよいのですが、古代インドで仏像が作られたのは西暦一世紀の最後か二世紀初頭のことです。それまでは仏像をつくることはタブーでした。仏塔は生身の釈尊、ないし後代の仏像にかわる機能を持っていたのです。

ですから後になると、仏塔は「仏身である」という信仰も出てきます。五世紀の部派仏教の論書である『倶舎論《くしゃろん》』には「仏塔は仏の身体である、だから仏塔を傷つけることは仏さまから血を流させるのと同じだ」などと書いてあります。仏塔がすなわち仏と同じなのだという信仰があったことがわかります。こうなりますと、今読んでいる「大パリニッバーナ経」にあるような「出家修行者は仏塔崇拝に関わるな」という世界とはまったく変わってしまい、仏塔が釈尊の代わりになっているのです。仏塔崇拝の宗教性が功徳を積んで良き後生を望む、というところから、涅槃を求める行為に深まっているのです。

大乗仏教成立と仏塔を巡る問題

せっかく仏塔がテーマとして出てきたので、ここで問題が大きくなりすぎるかもしれませんが、仏塔と大乗仏教成立を巡る話題を紹介しておきましょう。

西暦一世紀頃から、インドの広い地域にわたって大乗仏教運動が起こりました。多くの大乗経典が作られ、残っているので、その思想は明らかになっています。しかし、この運動を担《にな》っていたのは具体的にどういう人であったかは大きな疑問点として残っていました。そこで提示されたのが、仏塔信仰者グループが大乗仏教運動を担ったのではないかという説です。故平川彰先生が提唱されたものですが、それによると、大乗仏教運動は伝統的部派の中から出たものではない。何人かの出家の指導者はいたろうが、基本的には仏塔を中心として集まった在家仏教者の運動だったというものです。しかし、この説には難点もあって、仏塔と伝統的部派教団とは密接な関係があったこと、大乗仏教教団の実体が見えてこないこと、得度する際の戒律が不明なこと、などが疑問として残っていました。

そして最近では平川説はほぼ否定されています。かわりに主張されているのは、大乗仏教はやはり伝統的部派教団の中からでてきたものであること、つまり伝統的部派教団に属する出家者が大乗仏教を形成してきたのではないかという主張です。それならば、大乗仏教独自の戒律がないのも理解できます。大乗仏教のあの深い思想も、在家信者グループからは出にくく、やはり伝統的学問・思想の伝承の上で形成され得たものでしょう。そして大乗仏教とは教団というよりむしろ学派的な思想運動が主体だったのです。

　こうしたことを踏まえてみると、仏塔信仰が伝統的な部派仏教の系統でも大乗仏教の系統でも共に実存性の高い信仰に深められていることは、仏教の普遍的な傾向だったことが肯《うなず》かれてきます。

　後三世紀に仏教が栄えた南インドのナーガールジュナコンダにある大塔は西山住部《せいせんじゅうぶ》という伝統的な部派に属するものですが、そこには「自分が涅槃の至福《しふく》を獲得できるように……と願って」柱を寄進したという銘文があります。また西北インドのタキシラのカラワーン遺跡に残る説一切有部《せついっさいうぶ》の礼拝堂（チャイティヤ）の銅板の銘文があって、舎利を屋塔に奉安したのは「涅槃の証得をもたらさんことを」祈っての寄進だと記しています。実は仏塔や仏像を寄進して一切衆生の成仏や仏果の獲得、自分や両親が涅槃を得るよう祈る、という碑文はグプタ王朝期（西暦三二〇年成立）以降の仏教碑文にはしばしば出てくるものです。それはすぐれて大乗仏教的な「善根功徳の回向《えこう》」思想にほかなりません。

　伝統的仏教においても、また大乗仏教系統においても、仏塔は単に功徳を積んで良き後生を願うだけのものではなく、涅槃に直結する信仰と深く関わっていたのです。

28 アーナンダへの別れの言葉

アーナンダの嘆き

釈尊はすでにこのクシナーラーで生涯を終えることを覚悟しています。だからこそ、葬儀の方法やら何かと言い置くべきことを語っています。そうした釈尊の姿を見るにつけ、アーナンダの心は悲しみにあふれ、もう涙を流して泣いています。二十数年にわたって侍者《じしゃ》として仕《つか》え、生活を共にし、教えを受けてきた師匠です。心が痛むのはよく判ります。

さて若き人アーナンダは、住居に入って、戸の横木によりかかって、泣いていた。――〈ああ、わたしは、まだこれから学ばねばならぬ者であり、まだ為《な》すべきことがある。ところが、わたしを憐《あわ》れんでくださるわが師はお亡くなりになるのだろう〉と思って。

そこで尊師は修行僧たちにたずねた。「修行僧らよ。アーナンダはどこにいるのか?」

「尊い方よ。若き人アーナンダはここにおります。住居に入って、戸の横木によりかかって泣いております。――〈ああ、わたしは、まだこれから学ばねばならぬ者であり、まだ為すべきことがある。ところが、わたしを憐れんでくださるわが師はお亡くなりになるのだろう〉と思って。」

そこで尊師は或る一人の修行僧に言った。

「修行僧よ。お前は行って、わたしのことばだといってアーナンダに告げなさい、〈友、アーナンダよ。師がきみを呼んでおられる〉と。」

「かしこまりました」と、その修行僧は尊師に答えて、アーナンダに近づいた。近づいて、若き人アーナンダに告げた。

「友、アーナンダよ。師がきみを呼んでおられる。」

「承知しました。友よ」と、若き人アーナンダはその修行僧に答えて、尊師に近づいた。近づいて、尊師に敬礼《きょうらい》して、一方に坐した。（V・13）

アーナンダは「住まいの戸の横木によりかかって」泣いていたというのですが、これは事実ではなさそうです。「住まい」と訳されている言葉の言語は vihāra で、明らかに「精舎《しょうじゃ》」です。しかし少し前の同章第1節には、釈尊は二本のサーラ樹の間に粗末なベッドをおいて横になったとありました。この時代にクシナーラーに立派な精舎があったとは考えられませんし、これは後代の伝承です。漢訳諸本やサンスクリット本、チベット本などを参照すると、やはり釈尊は戸外で横になっていますし、アーナンダは釈尊の目の届かないベッドの裾《すそ》の方で涙を流していたとみていいようです。

上の文章で、アーナンダは自ら「学ぶべきものがあり、なすべきことがある」と呟《つぶや》いています。原語

クシナーラーのアーナンダの墓

は sekha（サンスクリットは śaikṣa）といい、通常「有《う》学《がく》」と漢訳されています。「学が有る」という意味ではありません。「未だ学ぶことが有る」という意味で、修行中の者を指します。反対が「無《む》学《がく》」という言葉で、これは学ぶことがない、つまり悟りを開いた人という意味になります。現代の日本語では意味が逆転しています。

アーナンダが釈尊在世中に未だ悟りを開いていなかったことは原始仏典の他のところにも出てきますし、よく知られていたことだったのでしょう。彼はこの次の雨安居《うあんご》で悟りを開いたということになっています。釈尊の入滅後に、教団の長老である摩訶迦葉《まかかしょう》がいわゆる第一結集《けつじゅう》を招集したことは前にも申し上げたことがあります（第17回参照）。五〇〇人の長老が集まり、ブッダの説かれた経と律を確定する作業が行われました。悟りを開いた長老のみが集められたものですが、アーナンダはここに間に合うように悟りを開いたと伝承されています。そして、釈尊の説かれた「経」（スッタ）を記憶の底から唱え出し、第一結集の主役を務めることになります。

アーナンダの涙の裏には自らの至らなさに対する悔《くや》しさもあり、不安もあり、そうしたことが自分は未だ「有学だ」というつぶやきとして出ていたものかも知れません。

釈尊はアーナンダを側に呼び坐らせると、別離の悲しさに耐えるよう話しかけます。

アーナンダを慰める釈尊

若き人アーナンダが一方に坐したときに、尊師は次のように説いた。

「やめよ、アーナンダよ。悲しむな。嘆くな。アーナンダよ。わたしは、あらかじめこのように説いたではないか、――すべての愛するもの・好むものからも別れ、離れ、異なるに至るということを。およそ生じ、存在し、つくられ、破壊さるべきものであるのに、それが破滅しないように、ということが、どうしてありえようか。アーナンダよ。そのようなことわりは存在しない。アーナンダよ。長い間、お前は、慈愛ある、ためをはかる、安楽な、純一なる、無量の、身とことばとこころとの行為によって、向上し来れる人（＝ゴータマ）に仕えてくれた。アーナンダよ、お前は善いことをしてくれた。努めはげんで修行せよ。速やかに汚《けが》れのないものとなるだろう。」（Ⅴ・14）

お互いにわかり合っていたものでしょうが、釈尊もあらためて無常の理《ことわり》を説いて、別れに耐える心の強さをもつように諭《さと》しています。同時に侍者として長い間仕えてくれたことへの礼の言葉を述べています。「私のために身も心もささげて、陰ひなたなく私のためを思って仕えてくれた」という釈尊の言葉には実感がこもっています。事実、仏典に豊富に出てくるアーナンダという人の言葉と行動をみてきますと、頭がよく、気がつき、誠実で、優しい心根をもち、親切な人柄が浮かび上がってきます。釈尊にとってもかけがえのない侍者であったに違いありません。

心からのねぎらいの言葉をかけて、その上で、釈尊は近いうちに「汚れのない者となる」、つまり、悟りを開くであろう、と慰《なぐさ》め、激励しています。ともあれ、ここは釈尊からアーナンダへの思いやりがよく伝わってくる一節です。

因《ちな》みに、ここの「アーナンダよ。わたしは、あらかじめこのように説いたではないか……そのようなことわりは存在しない」という言葉は、まったく同じ内容が第三章第48節にも出ています。

アーナンダを讃える釈尊

釈尊は続いてそこにいた修行僧たちにアーナンダの徳を種々に褒《ほ》め讃えます。

そこで尊師は修行僧たちに告げた。

「修行僧たちよ。過去の世に真人《しんにん》・正しくさとりを開いた人々がいた。それらの尊師たちにも侍《はべ》り仕《つか》えることに専念している侍者たちがいて、譬えば、わたしにとってのアーナンダのごとくであった。修行僧らよ。また未来の世にも、真人・正しくさとりを開いた人々があらわれるであろう。それらの尊師たちにも最上の侍者たちがいて、譬えばわたしにとってのアーナンダのごとくであろう。

修行僧たちよ。アーナンダは賢者であって、〈これは、修行完成者にお目にかかるために修行僧たちが近づくべき時である〉、〈これは尼僧たちが（そうすべき）時である〉、〈これは在俗信者たちが（そうすべき）時である〉、〈これは在俗信女たちが（そうすべき）時である〉、〈これは国王や大臣たち、異教の師たち、異教の弟子たちの（そうすべき）時である〉ということを知っている。（V・15）

ここに過去仏の思想が出ています。ブッダとは「目覚めた」という意味で、真実、法に目覚めた人という意味です。ですから釈尊一人ではなく、目覚めた人がたくさんいてもおかしくない道理ですし、現に仏弟子のサーリプッタ（舎利弗《しゃりほつ》）がブッダと呼ばれていた例がジャイナ教の文献に出ています。また仏教伝承では早くから六人のブッダが説かれていて、七人目が釈尊ブッダであり、「過去七仏《かこしちぶつ》」として知られています。真実、つまり法の普遍性を象徴する思想ですし、さらに未来仏（弥勒仏《みろくぶつ》）の観念も発展しています。

仏教では「仏身論」、つまり「仏とは何か」という思想的探求がさかんで、過去七仏もその一つです。過去七仏は歴史的にタテ系列で並ぶ仏たちで、一世界に一仏ですが、大乗仏教になりますと三世十方世界の諸仏諸菩薩といわれるようになります。時・空《くう》を超えたすべての世界に仏はいるのです。また「三身仏」といって、まず「法」を擬人化した「法身仏《ほっしんぶつ》」（法を身体として持てる仏）が考えられました。法の普遍性を発展させたものです。さらに阿弥陀仏《あみだぶつ》や薬師如来《やくしにょらい》のように、衆生を救うという誓願と長い修行に「報《むく》いられて」仏となった「報身仏《ほっしんぶつ》」がいます。肉親を持った歴史的ブッダとしての釈尊は「化身《けしん》仏《ぶつ》」ないし「応身仏《おうじんぶつ》」といい、あわせて三身仏などといいます。仏教伝来の仏身論は複雑な歴史をもっています。

テキストでは、過去仏にもアーナンダのように優れた侍者がいたといい、この侍者はみな賢《かしこ》くて、釈尊の説法を聞きにきた多くの人たちにそれなりの対応ができたというものです。因みに、ここに出てくる修行僧とは比丘《びく》、尼僧が比丘尼《びくに》、在俗信者が優婆塞《うばそく》、在俗信女が優婆夷《うばい》で、仏教教団を構成する「四衆《しゅ》」などとまとめられて呼ばれています。

アーナンダの四つの徳

次いで釈尊はアーナンダに四つの徳があることを讃えます。

修行僧たちよ。アーナンダには、この四つの不思議な珍らしい特徴がある。その四つというのは、どれどれであるか？

修行僧たちよ。もしも修行僧の集《つど》いが、アーナンダに会うために近づいて行くと、かれらは、会っただけで心が喜ばしくなる。そこで、もしもアーナンダが説法するならば、説法を聞いただけでもかれらは心が喜ばしくなる。またもしもアーナンダが沈黙しているならば、修行僧の集いは、かれを見ていて飽きることが無い。
修行僧たちよ。もしも尼僧の集いが、……乃至《ないし》……在俗信者の集いが……乃至……在俗信女の集いがアーナンダに会うために近づいて行くと、会っただけで心が喜ばしくなる。そこで、もしもアーナンダが説法するならば、説法を聞いただけでも心が喜ばしくなる。またもしもアーナンダが沈黙しているならば、修行僧の集いは、かれを見ていて飽《あ》きることが無い。（Ｖ・16）

この文章には幾分わかりにくいところがあります。アーナンダには（「不思議な珍しい）「四つの特徴」があったといいます。原語は「ダンマ」で、特徴、ないし諸訳本がそう訳しているように、性質、長所というほどの意味の言葉です。どういう特徴かというと、四衆の誰でもが、アーナンダに会うだけで心が喜び、説法を聞いても心嬉《うれ》しく、沈黙していても顔を見ているだけで見飽きることがない、といいます。これこそがアーナンダの「すぐれた珍しい」特徴のように思えるのですが、ここではこの三つしか書かれていません。

では「四つ」とはなんでしょうか。パーリ語の注釈書では、上の三つの特徴が比丘、比丘尼、優婆塞、優婆夷の「四衆」それぞれに当てはまるから四つの特徴だという理解をしています。諸訳もこれについては何も言っていないのですが、ここのところは少し疑問なのでありまして、特徴とそれが当てはまる人の種類とがごっちゃになっています。「彼は先生、先輩、仲間、後輩に好かれる」というなら、「好かれる」ことが「珍しい」特徴、性質なのであって、四者すべてに好かれるから四つの特徴があるということにはならないでしょう。

また上には「アーナンダが沈黙しているならば、修行僧の集いは、かれを見ていて飽きることが無い」と訳されていますが、原文は、むしろ、修行僧たちはアーナンダの説法を聞いて心が喜ぶ。いくら聞いていても、もうこれでいいと「厭《あ》きる（＝満足する）ことがないので、そこで説法を止めて沈黙する」というものです。しかし、複数の漢訳経典が「黙然《もくねん》としていても、説法をしていても、皆喜ぶ」という意味にとっています。中村先生はその意味でテキストを理解して上の訳をつけたことを注記しています。

なお「厭きることがない」という言葉の原語はatitta（サンスクリットはatṛpta）で、満足しない、という意味です。しかし、ここではいくら説法を聞き、顔を見ていても「満足することがない」、「もういいということがない」という用法です。漢訳に「無厭《むえん》」等とも訳されています。上述の有学・無学と同じで、「満足した」の否定語ではありますが、単に「不満足」なのではない、最高の満足をいうものです。

次いでテキストは転輪聖王《てんりんじょうおう》にも同じ三種の特徴が四者に普遍妥当することをいいます。

修行僧たちよ。世界を支配する帝王にもこの四つの不思議な珍らしい特徴がある。

修行僧たちよ。もしも王族の集いが……乃至……バラモンの集いが……乃至……資産者の集いが……乃至……修行者の集いが、世界を支配する帝王に会うために近づいて行くと、会っただけで心が喜ばしくなる。そこで、もしも世界を支配する帝王が話をするならば、話を聞いただけでも心が喜ばしくなる。またもしも世界を支配する帝王が沈黙しているならば、修行者の集いは、かれを見ていて飽きることが無い。

修行僧たちよ。アーナンダには、このようにこの四つの不思議な珍らしい特徴がある。修行僧たちよ。もしも修行僧の集いが……乃至……尼僧の集いが……乃至……在俗信者の集いが……乃至……在俗信女の集いが、アーナンダに会うために近づいて行くと、会っただけで心が喜ばしくなる。そこで、もしもアーナンダが説法するならば、説法を聞いただけでも心が喜ばしくなる。またもしもアーナンダが沈黙しているならば、修行僧の集いは、かれを見ていて飽きることが無い。修行僧たちよ。アーナンダには、この四つの不思議な珍らしい特徴があるのである。（V・16）

前の葬儀の方法を述べたことと同様に、ここでも、世俗の聖王である転輪聖王と宗教の世界の聖者である釈尊を同一視する姿勢が見られます。

次いでアーナンダは、釈尊の入滅に相応《ふさわ》しい場所について質問していきます。

クシナーラーの過去

このように言われて、若き人アーナンダは尊師にこのように言った。

「尊い方よ。尊師は、この小さな町、竹藪《たけやぶ》の町、場末の町でお亡くなりになりますな。尊い方よ。ほかに大都市があります。例えば、チャンパー、王舎城《おうしゃじょう》、サーヴァッティー、サーケータ、コーサンビー、バーラーナシー（ベナレス）があります。こういうところで尊師はお亡くなりになってください。そこには富裕な王族たち、富裕なバラモンたち、富裕な資産家たちがいて、修行完成者（ブッダ〉を信仰しています。かれらは修行完成者の遺骨の崇拝をするでしょう。」

「アーナンダよ。そんなことを言うな。アーナンダよ。〈小さな町、竹藪の町、場末の町〉と言ってはいけない。」（Ⅴ・17）

「このように言われて」、アーナンダは質問したというのですが、上に賞《は》められたこととは関係がありません。ここも後に挿入された別の伝承に違いありません。しかし、仏典にしばしば出てくテーマです。アーナンダは釈尊ともあろう方がクシナーラーのような小さな辺鄙《へんぴ》な田舎で亡くなっていいのか、と問いかけます。

釈尊はそれでいい理由を説明します。

「アーナンダよ。むかし〈大善見王《たいぜんけんおう》〉という名の王がいた。正義を守る、法の王で、世界を支配する帝王であり、四辺に至るまで征服し、その国土の人民を安泰ならしめ、七つの宝をそなえていた。アーナンダよ。このクシナーラーは、大善見王の首都で、〈クサーヴァティー〉という名であった。長さは東西にわたって十二ヨージャナあり、幅は南北にわたって七ヨージャナあった。

アーナンダよ。クサーヴァティーという首都は栄え、富裕で、人民が多く、人々に満ち、食物も豊かであった。アーナンダよ。譬えば、アーラカマンダーと名づける神々の首都が栄え、富裕で、人民が多く、人々に満ち、食物が豊かであるように、クサーヴァティーという首都は栄え、富裕で、人民が多く、人々に満ち、食物も豊かであった。

アーナンダよ。クサーヴァティーという首都は、昼も夜も、十種の音声の絶えることが無かった。すなわち、象のひびき、馬のひびき、車のひびき、太鼓の音、鼓《つづみ》の音、琵琶《びわ》の音、歌声、銅鑼《どら》の音、手で打つ小鐃《しょうにょう》の音、および第十に〈食べなさい。飲みなさい。噛《か》みなさい〉という声であった。

（V・18）

アーナンダは、釈尊に王舎城やその他の大都市で入滅するようにと勧めます。そこには釈尊の信者で豊かな人たちがいるし、ご遺体の供養も盛大にしてくれるでしょうから、というのですが、釈尊はそれを斥《しりぞ》けます。クシナーラーは昔は大善見王の首都としておおいに栄えた町であるから、と上に述べたような説明をしています。幾分中途半端な書き方なのですが、実はこの部分は「大善見王物語」という別の独立の経典の一部です。そしてこの王は釈尊の前生ということになっています。だからこそ、クシナーラーで入滅してもおかしくはない、ということなのですが、釈尊を慕《した》う後世の信者たちの思いを代表している伝承です。

29 最後の弟子スバッダを導く

地元の信者への通知

経典はここから釈尊が入滅された晩の状況をのべはじめます。仏典には夜を初夜、中夜そして後夜と三つの刻分に分けることがよく出てくるのですが、その初夜に地元のマッラ族の人たちが別れを告げにきます。

釈尊はマッラ族の人たちに今まで教えを説いていますし、信者もたくさんいたはずです。そこで釈尊は今晩ここで入滅することをマッラ族の人たちに知らせるようアーナンダに命じます。

「アーナンダよ。お前は行きなさい。クシナーラーに入って、クシナーラーの住民であるマッラ族に告げなさい、『おお、ヴァーセッタたちよ。今夜、最後の時刻に、修行完成者がお亡くなりになるでしょう。ヴァーセッタたちよ。集まって来なさい。ヴァーセッタたちよ。集まって来なさい。あとになって〈われわれの村の土地で、修行完成者がお亡くなりになった。われわれは（夜の）最後の時刻に修行完成者にお目にかかることができなかった〉といって後悔することのないようになさい』と。」

「かしこまりました」と、若き人アーナンダは尊師に答えて、内衣《ないえ》を着け、上衣《じょうえ》と鉢とをたずさえて、（従者）一人を連れて、クシナーラーに入った。（V・19）

ヴァーセッタとは古代の仙人の名前で、マッラ族はその子孫だということになっています。これはちょうどシャカ族の祖先がゴータマ仙で、家系（ないし氏姓）の名前であることと同じです。

ところで、そのとき、クシナーラーの住民であるマッラ族の人々は、或る（公けの）用件で、公会堂に集まっていた。そこで、若き人アーナンダはクシナーラーの住民であるマッラ族の公会堂におもむいた。そこにおもむいて、クシナーラーの住民であるマッラ族の人々に告げた。

「おお、ヴァーセッタたちよ。今夜、最後の時刻に、修行完成者がお亡くなりになるでしょう。ヴァーセッタたちよ。集まって来なさい。ヴァーセッタたちよ。集まって来なさい。あとになって〈われわれの村の土地で、修行完成者がお亡くなりになった。われわれは（夜の）最後の時刻に修行完成者にお目にかかることができなかった〉といって後悔することのないようになさい」と。（V・20）

マッラ族の人たちは悲しみながら、大挙してやってきます。

若き人アーナンダからこのことを聞いて、マッラ族の人々、マッラ族の子たち、マッラ族の嫁たち、マッラ族の妻たちは、苦悶《くもん》し、憂《うれ》え、心の苦しみに圧せられて、或る人々は髪を乱して泣き、両腕を伸ばして突き出して泣き、砕かれた岩のように打ち倒れ、身をもだえさせた、——〈尊師がお亡くなりになるのが、あまりにも早い。幸いな方がお亡くなりになるのが、あまりにも早い。世の中の眼《まなこ》がおかくれになるのが、あまりにも早い〉と言って。

そこで、マッラ族の人々、マッラ族の子たち、マッラ族の嫁たち、マッラ族の妻たちは、苦悶し、憂え、心の苦しみに圧せられて、マッラ族のウパヴァッタナの沙羅《しゃら》樹《てうじゅ》林のうちの、若き人アーナンダのいるところに近づいた。（Ⅴ・21）

アーナンダの機転

大勢の人がやってきたものですから、アーナンダは機転をきかせます。

そこで、若き人アーナンダはこのような考えが思い浮かんだ。——

「もしもわたしがクシナーラーの住民であるマッラ族をして一人ずつ、尊師に敬礼させるならば、この夜明けになっても、クシナーラーの住民であるマッラ族の人々は尊師を敬礼《きょうらい》し終らないであろう。そうだ。わたしは、クシナーラーの住民であるマッラ族の人々をして、家族ぐるみ一団とな

クシーナガルの農村風景

ってまとめて立たせて、尊師に敬礼させよう、――〈尊い方よ。これこれの名のマッラ人が、子や妻や仲間や朋輩《ほうはい》とともに、尊師のみ足に頭《かしら》をつけて敬礼いたします〉と言って。」

そこで若き人アーナンダは、クシナーラーの住民であるマッラ族の人々をして、家族ぐるみ一団となってまとめて立たせて、尊師に敬礼させた、――〈尊い方よ。これこれの名のマッラ人が、子や妻や仲間や朋輩とともに、尊師のみ足に頭をつけて敬礼いたします〉と言って。

そこで若き人アーナンダはこの方法によって夜の最初の刻にクシナーラーに住むマッラ族をして尊師に敬礼させた。（V・22）

「み足に頭をつけて敬礼」するというのは、インドで昔から続いている最高の敬意の表し方です。現代でも、たとえば偉い行者さんを自宅にお招きしたら、その一家のご主人が椅子に座っている行者の前に跪《ひざまず》き、その両足に自分の額《ひたい》をすりつけます。相手の足に頭をつけるというのが最高の敬意を表するしかたなのです。

今日でも、尊敬する人への挨拶として、身をかがめて手を相手の足の甲に触れ、その手を自分の額に当ててから合掌するという挨拶は普通に行われています。私の経験でも、大学院での少人数の講義の時など、学生は入室すると先生にさりげなくこの挨拶をして、席に着いていました。厳格な家庭では両親、祖父母などに朝会うとこの挨拶をすることをよく見受けます。

漢訳では「頭面礼足《ずめんらいそく》」などといいます。この習慣は現代の日本仏教にも残っています。私は曹洞宗のことしか知りませんが、他のご宗派でも同様ではないかと思います。仏様に礼拝する時、両膝、両肘そして額を畳につけ、両の掌《たなごころ》をみ足を戴《いただ》くように持ち上げるしぐさをします。これはインド以来の礼拝の名残りです。

そうした挨拶を一人ひとりやっていたのでは時間がかかって夜が明けてしまいます。時間の節約の意味で、アーナンダは家族をまとめて代表者に拝させたものです。

『遊行経』の記述

今読んでいるこの『大パリニッバーナ経』にはいくつかの漢訳経典があることは今までもしばしば触れていますが、その一つである『遊行経《ゆぎょうきょう》』に注目すべき記述があります。それによると、五百人のマッラ族の人々が家族共々、アーナンダに連れられて釈尊に会いに来ます。釈尊は「汝らの来るのを労しし、まさに汝らをして寿命延長・無病無痛ならしむべし」という言葉を発しています。そして無常について説法をし、人々は喜び、それぞれに「白畳《びゃくじょう》」つまり白い毛織物を差し上げて帰って行ったとあります。

渡邊照宏先生は「寿命延長・無病無痛」という現世利益《げんぜりやく》の祝福に注目し、人々はそれを期待していたし、仏教もそれを重視していたことを指摘しています。私も同様に考えています。現世利益については今までも申しあげたことがありますが（例えば第8回）、教団の歴史、仏教文化史の立場からはとても重要なことなのですね。

仏教の本義である心の救済、「安心《あんじん》」の生活は現世利益ではありません。これははっきりさせておかねばなりません。「無病」と言っていますが、病気になったら、病気になったという無常の現実を受け入れ、逃げ出さず、治療を受けて回復に努力するという前向きの姿勢を取れることが、「安心」の生活の中身です。悟りに裏付けられた基本的姿勢です。病気にならないように、病気がすぐに治るように、と願うだけなのは現世利益の祈りで、仏教の「救い」ではありません。

しかし、仏教伝承はこの「悟りのレヴェル」の教えに固執しすぎる面があるのですね。そうした現世利益は「正しくないもの」だと理解し、「やってはいけない」ものだという受け止め方をする場合が多いのです。私は「悟り一点主義」と言っているのですが、そうした純粋培養されたようなレヴェルの高い信仰だけでは、少数のエリートの修行者はいいのですが、一般の大衆はついて行けません。「世間レヴェル」の観念や儀礼がないと大衆はついてこれませんし、教団は存続し得ません。現世利益は民衆のごく素朴な祈りであり、素直な心情です。それなりに「救い」があるものです。特に害がない限りそれを認めたうえで、仏教本来の悟りのレヴェルの救済を説いていくべきものだし、仏教の現実の歴史もそうした形で展開してきたものです。

一例に過ぎませんが、キリスト教においてもローマ法王が信者たちの頭に手をやって祝福していますし、日本でも、長野の善光寺ではご住職が朝ならんでいる信徒たちの頭を数珠でなでてくれるという行事などがあります。これも明らかな祝福の儀礼です。喜びとやすらぎを与えて結構じゃありませんか。

『遊行経』の記述は、実は「寿命延長・無病無痛ならしむべし」と祝福しながら「無常についての説法をした」というのですが、寿命延長などは現世利益です。無常を説いたというのは仏教本来の信仰を説いたことです。この二つを並べているところに、『遊行経』の作者が教団の現実を述べると同時に、釈尊には無常を説いてもらわないと建前上おさまりがつかないと考えていたに違いありません。そうした事情を反映している記述です。

スバッダの質問

そのときスバッダという名の遍歴行者がクシナーラーに住んでいた。遍歴行者スバッダは「今夜最後の刻に〈道の人〉ゴータマは亡くなるであろうとのことだ」と聞いた。

そこで遍歴行者スバッダはこのように思った、「わたしはかつて、年老いた長老、師や主師である遍歴行者たちが話し合っているのを聞いたことがある、——〈真人・正しくさとりを開いた人である修行完成者たちは、いつか或るとき（稀《まれ》に）世に現われる〉と。ところで『今夜、最後の時刻に、修行者ゴータマは亡くなるであろう』という、この疑い（＝不安）がわたしに起った。しかしわたしはこのように修行者ゴータマを信じているのであるから、〈わたしがこの疑いを捨てることができるように、修行者ゴータマは教えを説くことができる〉と、わたくしはこのように修行者ゴータマを信じている」と。（V・23）

ここに出家遊行者であるスバッダが登場します。次第に明らかになるように、彼は臨終の床《とこ》にある釈尊に質問し、帰依《きえ》し、弟子となりました。初転法輪《しょてんぼうりん》の際、「そうか、判った！」と最初に教化《きょうけ》された弟子が阿若憍陳如《あにゃきょうじんにょ》なら、スバッダは釈尊最後の弟子として後世に名を残すことになりました。

そこで遍歴行者スバッダは、マッラ族のウパヴァッタナの沙羅樹林のうちで若き人アーナンダのいるところに近づいた。近づいて、若き人アーナンダにこのように言った。

「わたしはかつて、年老いた長老、師や主師である遍歴行者たちが話し合っているのを聞いたことがある、……《上の文章の繰り返し》……修行者ゴータマを信じている。さあ、アーナンダよ。わたしが修行者ゴータマに会うことができるようにしてください」と。

このように言われたときに、若き人アーナンダは遍歴行者スバッダにこのように言った。「スバッダさんよ。おやめなさい。修行を完成されたかたを悩ましてはなりません。先生は疲れておられるのです。」

遍歴行者スバッダは二度も……乃至……遍歴行者スバッダは三度も、若き人アーナンダに言った。（Ⅴ・24）

アーナンダとのやりとりを耳にして、釈尊はスバッダを側に呼ぶように命じます。

尊師は、若き人アーナンダが遍歴行者スバッダとこの会話を交わしているのを聞いた。そこで尊師は、若き人アーナンダに告げた、「やめなさい、アーナンダよ。遍歴行者スバッダを拒絶するな。スバッダが修行をつづけて来た者に会えるようにしてやれ。スバッダがわたしにたずねようと欲することは、何でもすべて、知ろうと欲してたずねるのであって、わたしを悩まそうと欲してたずねるのではないであろう。かれがわたしにたずねたことは、わたしは何でも説明するであろう。かれはそれを速やかに理解するであろう」と。

そこで、若き人アーナンダは、遍歴行者スバッダにこのように言った。「さあ、スバッダさんよ。先生はあなたに許しを与えられました」と。（Ⅴ・25）

ここでスバッダは釈尊の最後の説法に連なる質問をします。

「ゴータマさんよ。この諸々の修行者やバラモンたち、つどいをもち徒衆《としゅ》をもち徒衆の師で、世に知られ、名声あり、宗派の開祖として多くの人々に崇敬されている人々、例えば、プーラナ・カッサパ、マッカリ・ゴーサーラ、アジタ・ケーサカンバリン、パクダ・カッチャーヤナ、サンジャヤ・ベーラッティプッタ、ニガンタ・ナータプッタ――かれらはすべて自分の智をもって知ったのですか？　あるいは、かれらはすべて知っていないのですか？　そのうちの或る人々は知っていて、或る人々は知らないのですか？」

「やめなさい。スバッダよ。〈かれらはすべて自分の智をもって知ったのですか？　あるいは、かれらはすべて知っていないのですか？　そのうちの或る人々は知っていて、或る人々は知らないのですか？〉ということは、ほっておけ。スバッダよ。わたしはあなたに理法を説くことにしよう。それを聞きなさい。よく注意なさいよ。わたしは説くことにしよう。」（V・26）

プーラナ・カッサパ以下は仏教伝承において「六師外道《ろくしげどう》」として知られている人たちです。釈尊在世のころ、特に東インドには活発な宗教・思想運動が展開されていました。百家争鳴《ひゃっかそうめい》とでもいうのでしょうか。いろいろなタイプの思想や行法が主張されていました。仏典では、当時六十二の思想が説かれていたなどというのですが、ここに挙げた六人はその中でも有力な指導者たちです。

詳しいことは省略して、中村先生が彼らの思想の特徴を捉《とら》えてまとめられているので、それをご紹介しておきましょう。

（1）プーラナ（道徳否定論）
（2）ゴーサーラ（決定論）
（3）アジタ（唯物論）

(4) パクダの七要素説（地・水・火・風・苦・楽・生命（霊魂））
(5) サンジャヤ（懐疑論）
(6) ニガンタ・ナータプッタ

このうち、ゴーサーラはアージーヴィカ教の開祖で当時かなり有力な教団で、アショーカ王も外護《げご》したといわれています。サンジャヤは舎利弗《しゃりほつ》と目連《もくれん》が釈尊に帰依するまで師事していた指導者です。最後のニガンタ・ナータプッタは釈尊とほぼ同時代の人でジャイナ教の開祖です。本名ヴァルダマーナ、後にマハーヴィーラ（大雄）として知られています。最近では仏教とジャイナ教の間には思想的に密接な関わりがあったことが知られ、原始仏教の思想研究には原始ジャイナ教の研究が必須となっています。

スバッダはこの六人の宗教・思想運動の指導者の名前を出して、本当に真実を知っているのか、自分で知ったのか、それとも知らない人もいるのではないか、と六師外道のいわば品定めを釈尊に迫ったのです。釈尊はそういう評価はするべきではない。私が修行者、宗教者としてのあるべき理法を説くから、それで判断せよ、という姿勢を示します。六師外道は正しいかどうかという直截《ちょくさい》な論評を避けています。

そして次のように説き始めます。

30 真の宗教とは

真の条件

釈尊は入滅まぎわですが、スバッダという修行者の質問をうけます。この人は「ブッダ最後の弟子」として名前を残すことになるのですが、当時の沙門《しゃもん》の指導者たちのうちで誰が悟りを開いた本物の宗教者かと問います。

釈尊時代にはバラモン系、沙門系など、多くの宗教者、哲学者がでています。仏典には、六十二の異なる宗教・思想が説かれていた、などと言いますし、また特に有力な沙門系の指導者を「六師外道《ろくしげどう》」などとまとめて述べています。ですからその中の誰が本物なのか、誰も本物ではないのか、などという疑問は当然あったものでしょう。それはまた真実を求めている者にとっては、誰に師事すべきかを知る大きな問題だったに違いありません。

こうしたスバッダの問いに対して釈尊はきわめて慎重な答え方をするのですが、その内容は同時に、真の宗教とは何か、という重要な問題にも関わっています。

スバッダよ。いかなる教えと戒律とにおいてでも、〈尊い八支よりなる道〉が存在すると認められないところには、（第一の）〈道の人〉は認められないし、そこには第二の〈道の人〉も認められないし、そこには第三の〈道の人〉も認められないし、そこには第四の〈道の人〉も認められない。しかしいかなる教えと戒律とにおいてでも、〈尊い八支よりなる道〉が認められるところには、第一の〈道の人〉が認められ、そこには第二の〈道の人〉も認められ、そこには第三の〈道の人〉も認められ、そこには第四の〈道の人〉も認められる。

この（わが）教えと戒律とにおいては〈尊い八支よりなる道〉が認められる、ここに第一の〈道の人〉がいるし、ここに第二の〈道の人〉がいるし、ここに第三の〈道の人〉がいるし、ここに第四の〈道の人〉がいる。他のもろもろの論議の道は空虚である。――〈道の人〉を欠いている。スバッダよ。修行僧らはここに正しく住しなさい。そうすれば、世の中は真人《しんにん》たちを欠くことの無いものとなるであろう（＝真人たちがつづいて出て来るはずだ）。　（V・27）

「尊い八支よりなる道」とありますが、無論、八正道《はっしょうどう》のことです。「四諦《したい》八正道」は原始仏教以来のもっとも基本的な教えです。仏教の拠《よ》って立つ「真実」つまり「法」を肯《うけが》い、実践し、もって真の自己実現をはかり、「安心《あんじん》」の人生を送るための教えです。具体的には、人生は苦なり（苦諦《くたい》）、苦の原因は欲望にあり（集諦《じったい》）、したがって欲望をしかるべく抑制すれば苦ものり超えられる（滅諦《めったい》）、そしてそのための実践として八正道がある（道諦《どうたい》）、というものです。

八正道とは正しい見解（正見《しょうけん》）、意・口・身それぞれの正しい行動（正思《しょうし》・正語《しょうご》・正業《しょうごう》）、正しい生活（正命《しょうみょう》）をするよう努力し（正精進《しょうしょうじん》）、そうした生活をするよう常に自分に言い聞かせて忘れない（正《しょう》念《ねん》）、そして正しい精神統一（正定《しょうじょう》）の八つです。正思・正語・正業以下の徳目は仏教に限らず、どんな宗教にも必要とされる一般的な実践の道でしょう。

最初の「正見」、つまり宗教的な拠り所や人間の正しい在り方などについての正しい見解を持て、というのも、これもどの宗教にもあてはまることでしょう。実際問題として仏典が正見の中身として説くのは縁起とか無常、無我などの真実、あるいは四諦八正道などの仏教の実践であることは当然です。

そうしたことを踏まえながら、しかし、上の一文は「八正道」が仏教に限らず、普遍的な実践の道だと主張しています。「いかなる教えと戒律とにおいてでも」ということはつまりどんな宗教でも、ということなのですが、八正道がありさえすれば、道の人、つまり正しく宗教を実践する沙門、修行者がいると言っていいのだ、と釈尊は説いているのです。

その上で、私の説いた宗教にも八正道があるから正しい沙門、修行者がおり、悟りに向かうことが出来る、と説いています。実際には仏教の世界観や実践方法を意味しながら、しかし表面的には八正道の一般性、普遍性を説くことで、それが正しい宗教を歩く道であるというのです。

第一から第四の「道の人」というのは、修行者が悟りへ近づいていく段階をいうものです。第一は「預《よ》流果《るか》」で悟りへの流れにのった境涯、段階です。この世では悟りを開けませんが、死ぬと天に生まれ、また人間界に生まれてということを六回繰り返し、その間修行を続け、七回目に最終の悟りを開いてもう輪廻《りんね》しない、などというものです。六回とか七回とかいうのは教理的理解です。実際は修行が進んでくるとそれなりの理解と確信が身について熟してくる。そうした信仰の深まりをいうものです。

第二の「一来果《いちらいか》」はもう一段階進んで、死んで天に生まれてもう一度だけ人間界に戻ってきたところで悟りが開けるという段階、第三「不還果《ふげんか》」は天界からそのまま悟りに行く段階、そして最後が第四「阿羅漢果《あらかんか》」で、現世で悟りをひらいた段階、境涯のことをいいます。阿羅漢は原始仏教の古い時代には悟りを開いた人のことで、釈尊も阿羅漢といわれました。しかし次第に阿羅漢果は悟りを開いた人ではあるがそれは弟子たちの悟りで、釈尊ブッダの悟りとは区別されるようになりました（第10回参照）。

「真実は一つ」

釈尊が四諦八正道の普遍性を説くのは、無論自分の教えの正当性を確信しているからです。同時に、「真実は一つ」というインド宗教の大きな特徴的思想が背景にあることを知っておく必要があると思います。

インドでは伝統的に思想、宗教が自由に追求されてきました。宗教弾圧とか思想迫害などの例はほとんどありません。五世紀に南インドに入ったユダヤ教も、世界で「唯一迫害されたことのない」ユダヤ教だと言われています。国王たちも自分の信奉する宗教は持っていますが、それが他の宗教を迫害することには連なっていません。アショーカ王なども仏教を特に保護しましたが、仏教以外の宗教にもそれなりの敬意と保護を与えています。

宗教的寛容性はインド宗教文化の大きな特徴の一つです。その理由の一つとして、古来から「真実は一つ」という考え方が強いことを挙げることが出来ます。どんな宗教も説き方が変わるだけで真実なるものは一つだというのです。

『リグ・ヴェーダ』というテキストがあります。前十世紀には成立していた世界最古の宗教文献であり、インドの宗教的伝統の基盤を形成している伝承です。ここにすでに神々が一つの根源に帰するという思想が表明されています。

ヒンドゥー教にはシヴァ、ヴィシュヌ、ブラフマーなどの三大神を始めとして、無数の神がいます。言うなれば「八百万《やおよろず》の神」がいて、それぞれに機能も性格も表現された形（図像学的形姿）も違いますが、その背後には唯一の絶対的な存在があると信じられています。それは名前も形も属性も表現できないほど絶対なる存在です。これは逆に言うと、シヴァ神などの諸神はこの絶対者の異なる機能や性格を代表するものですし、どの神を信じても究極的には同じところに行き着きます。したがって、人は自分の信じる神の優劣やら絶対性を争う必要はないし、またどの神を信じてもかまわないということになります。インドの宗教的寛容性の背後にある重要な思想です。

ブッダが菩提樹をイエスにわたす

いくつかの実例を挙げましょう。

一九五六年から五七年にかけて東南アジア諸国では仏誕二千五百年記念祭（ブッダ・ジャヤンティ）が開催されました。インドも例外ではなく、厖大な国家予算を使って盛大に記念行事が行われ、故ネルー首相が今後の世界平和をもたらすのに仏教の意味は大きい、などと演説しています。たまたま私がインドに留学したのがこの一九五六年秋のことで、鮮烈な記憶があります。

諸行事の一つに、パトナ大学の学生が演じた影絵芝居がありました。ブッダが菩提樹の一枝を背の高い人にわたすのですが、これはイエス・キリストでした。別の枝がムハンマドにわたされ、最後に出てきたのはマハートマ・ガンディーでした。ブッダの教えそのものがイエスやムハンマドに継承されているということでは無論ありません。それぞれに教理や実践は違うものの、宗教的真実は一つであり、それがこうして世界の宗教的偉人それぞれの教えとなって受け継がれているというモチーフを主張する芝居でした。

もう一つ別の例を申しあげましょう。ラーマクリシュナ（一八三六～一八八六）はベンガル出身の近代ヒンドゥー教の聖者です。私は純正な宗教者だと尊敬していますし、この人についての本も書いています（『ラーマクリシュナ』講談社、昭和五十八年）。信奉するカーリー女神の姿を現実に見る神秘体験を何度も持った人で、その教えは「ラーマクリシュナ・ミッション」として広がり、世界各地に支部もあります。

彼はふとしたことから自分がイエス・キリストやアッラーが自分の身体の中に入って合一する神秘的体験を持っています。そうしたこともあって彼は「真実は一つ」であることをつぎのように語っています。

「本体は一つ。名前はさまざま。……一つの池に沢山のガート（水汲み場）があるが、ヒンドゥー教徒はある場所から水を汲んで壺にいれてジャル（jal）と呼び、イスラム教徒は別のガートから水を汲んで皮袋に入れてパーニ（pāni）と呼び、キリスト教徒は……ウォーターだという。……もし互いに……これはパーニだ、ウォーターだ、ジャルだよ、なんて言い合いをしたら、笑い話じゃないか。これが宗教、宗派間の争い、意見のちがい、ケンカだよ。宗教のために殴り合ったり、殺し合ったり、戦争したり、愚かなことだね。どの宗派の人も皆、あのお方への道を進んでいるんだ。誠心誠意、一生懸命になっていれば、誰でもあのお方をつかむことが出来るんだよ」

（ラーマクリシュナ『不滅の言葉（コタムリト）』1884.6.20）

釈尊もこう言っています。

真実はただ一つである、二つとはない。したがって悟った人はそれについて人々と議論しない。ところが彼ら宗教家たちはめいめい自説をほめるので、真実がさまざまになり、したがって同じことを教えないのである。

（『スッタニパータ』883-4）

ここには宗教的真実を言葉でいうことの難しさが関わっています。宗教は「生きる」ことですし、宗教的真実は具体的な実践を通して働かせていくものです。しかし、多くの宗教者はそれを言葉で教えとして説くのですが、言葉の下には思考があり、思考を支えているのは自我的なハカライです。それぞれの視座があるわけですし、視座が違えば思考も教えもさまざまになるのは当然でしょう。十人十色なんです。問題は自説のみが絶対に正しいとこだわることなので、上の釈尊の言葉はその愚かさを指摘し、真実は黙って自分が実践していればいい。「八正道」の実践こそが真の沙門、宗教者の道だと説いているのです。

真実と言葉の関係がここでは議論されているのですが、その前に「真実は一つ」と言い切っているところに、釈尊もインドの伝統的観念を肯《うけが》っていることを示しています。

宗教多元主義

真実は一つ、というテーマに関して興味ある議論が今行われています。ご紹介しておきたいのですが、宗教多元主義という思想です。一九八〇年代以降にJ・ヒックとかその他の学者が言い出したのですが、世界の諸宗教の相互の関係を全く新しい視点から見ようというものです。

従来のキリスト教は自分の宗教だけが真の救いを与えるもので、世界の他の宗教はすべて純正ならざる信仰だと言っていました。これは「宗教排他主義」であり、帝国主義的思想だというのですが、さすがに一九六三年から行われたローマ教皇の「エキュメニカル運動」つまり諸宗教宥和政策以降はあまり主張されなくなりました。

現在よく主張されているのは「宗教包括主義」です。他の宗教にも正しい救いがあり純正な宗教であることは認めるのですが、その本旨は実はキリスト教なのだ、と自分の教えのなかに引き込んで位置づける姿勢です。例えば、カトリックの人が禅の素晴らしい精神性を知ると、これこそカトリックの霊性に他ならない、と自分のところに引き込んでしまう。大きなお世話だと言いたくもなるのですが、実は日本の禅僧も似たことをしています。禅は禅であってしかも禅という枠を超える、世界の諸宗教は禅ならざるものはない、などという主張がないでもありません。なぜ、それぞれの宗教のすぐれた精神性を素直にそのまま認めないのでしょうか。

そこで出てきたのが「宗教多元主義」という主張です。キリスト教はキリスト教、イスラム教はイスラム教、ヒンドゥー教はヒンドゥー教、道教は道教、それなりの特色ある宗教信仰であり教えなのですが、その根源に「唯一絶対の実在」というものを認めるのですね。英語で言うと、"One Ultimate Reality" つまり、究極的には一つに帰する真実があり、それが各地域の人びとの民族性や気候、風土、思考などの文化に応じてそれぞれの宗教的真実として発展し宗教信仰が形成された。それが神であり、アッラーであり、ヒンドゥー教のブラフマンであり、仏教の法、ダルマであり、道教の「道《タオ》」だというのです。割り切りすぎるくらい割り切って言えばそういう思想です。

実はこの思想は問題が多く、いろいろに議論されていますし、今後にも議論が続く問題です。仏教の立場から言うなら、基本的世界観である縁起《えんぎ》、空《くう》などが「唯一の実在」だと言われてもすぐには賛成できません。また、仮説としてであっても、諸宗教は一つの真実に帰するといっても、どう証明出来るのか、など多くの問題が残っています。

こうした主張が出てきたのには、次のような背景があります。欧米にアジアからの移民たちが定着しました。みんなクリスチャンになるかと期待していたらそんなことはなく、依然として自分たちの宗教信仰を守っている。しかもそこには素晴らしく深い精神性と倫理性があることが判ってきました。キリスト教の立場からどうみるのか、ということもあって、多元主義が説かれざるを得なかった経緯もあります。今後、諸宗教の間の対話や協調、協力が要請されている現代において、この「真実は一つ」というインドの古い宗教伝承はあらためて検討さるべき意味を持っています。

善を求める

釈尊はつづいて、自らが宗教者として踏み歩んできた道を振り返りつつ、スバッダに説き明かします。

スバッダよ。わたしは二十九歳で、何かしら善を求めて出家した。スバッダよ。わたしは出家してから五十年余となった。正理と法の領域のみを歩んで来た。これ以外には〈道の人〉なるものも存在しない。第二の〈道の人〉なるものも存在しない。第三の〈道の人〉なるものも存在しない。第四の〈道の人〉なるものも存在しない。他の論議の道（＝他派）は空虚である。――〈道の人〉を欠いている。スバッダよ。この修行僧たちは、正しく住すべきである。そうすれば、世の中は、真人たちを欠くことの無いものとなるであろう。（V・27）

二十九歳で出家してから五十年余となり、その間、「正理と法の領域（を歩んだこと）」、と釈尊は述べています。

釈尊は二十九歳出家、三十五歳成道《じょうどう》といわれていますし、八十歳で亡くなられましたから、四十五年間は悟りを開いたブッダとして法を説いたということになります。ここで出家してから五十年余というのは、悟りを開く以前の六年の修行期間を読み込んでいるわけです。難行苦行していた時も、今にして思えばその間も八正道の基本を押さえて生きてきたのだという言い方になっています。それこそが沙門の道ですし、まただからこそ、八正道のない「他の論議の道」は理屈ばっかりで実践を欠いている空虚な教えだということになります。

さて、この「正理と法の領域を歩む」(ñāyassa dhammassa padesa-vattī) という箇所ですが、学者によって理解が異なり、それも仏教という教えの基本的な性格を左右する議論に連なっています。

まず、中村先生は正理と法とを並列して「正理と法」と理解していますが、その内容については特に触れていません。しかし、他の訳は注釈書をも含めて「正理の法」とすることでほぼ一致しています。内容的には八正道の意味を主張しているところですし、私も「八正道という正しい実践道」という意味にとり、「正理の法」と理解しておきたいと思います。

つぎに「正理の法の領域」を歩く、実践するというところですが、岩松先生も「真理の領域」としています。しかし渡邊先生は漢訳やサンスクリット本を参照して、「正理の法の一部分(だけでも)」語ると理解しています。たしかに padesa は「領域」という意味も「部分」という意味もある言葉です。渡邊先生は「法は深遠であるから、説法することは法の一部分を説くほかはない」とされるのですが、それでは脈絡が途切れると私は思います。

テキストは「この法以外には沙門はいない」と続きます。釈尊は八正道に象徴される普遍的な「法」を宗教者の歩む道だと説いていますし、この姿勢を中村先生は次のように述べています。「釈尊は……仏教というものを説かなかった。彼の説いたのは、いかなる思想家・宗教家でも歩むべき真実の道である」。しかし、後代の仏教者は、例えば注釈者のように、「わが教え以外には」と理解し、仏教という特定の枠組みに自らを限定してしまった、と述べられています。これに私は賛成です。

こうして釈尊はスバッダの質問に、誰が本当の宗教者だ、という直接的な答えを巧《たくみ》みに避け、普遍的な八正道の意味を説き、自分はそれを出家以来実践して来たのだ、と自らの宗教者としての姿勢を示したのです。スバッダは感激し、弟子になりたいと申し出ます。

31 スバッダの教化

スバッダの感激

入滅直前の釈尊のところにスバッダという異教の修行者がやってきて、本物の宗教者は誰か、と問います。釈尊は八正道《はっしょうどう》を実践する人が本当の修行者だと答えます。八正道は疑いもなく仏教の教えですが、ここでは、そういう説き方をしていません。八正道は普遍的な実践の道である。それを実践してさえいれば、仏教であろうとほかの宗教であろうと、悟りの境涯に至れるのであり、真正な宗教である。そして私は八正道を実践してきたし、それを説いているぞ、と答えています。

八正道という実践の普遍性を強調すると同時に、釈尊は「他のもろもろの論議の道は空虚である」（V・27）と、ズバッと言いきっています。真実を実践しつつ生きていくことが大切なので、その上に教理や哲学があるというわけです。釈尊はこう説くことによって、誰が本物の宗教者か、という問いに、間接的に答えています。

このように言われたときに、遍歴行者であるスバッダは、尊師にこのように言った。――「すばらしいことです。尊い方よ。すばらしいことです。尊い方よ。あたかもくつがえされたものを起すように、覆《おお》われたものを開くように、方角に迷った者に道を示すように、あるいは〈眼《まなこ》ある人々は諸々のかたちを見るであろう〉といって暗闇《くらやみ》の中で燈火をかかげるように、尊師は種々のしかたで真理を明らかにされた。故に、わたしは尊師に帰依《きえ》します。また真理と修行僧のつどいに帰依します。わたしは尊師のもとで出家し、完全な戒律（具足戒《ぐそくかい》）を受けさせていただきたいのです」と。

「スバッダよ。かつて異教を奉じていた者が、この教えと戒律とにおいて出家することを望み、完全な戒律を受けようと望む者は、四カ月のあいだ、別のところに住むべきである。四カ月が経過してのちに、修行僧たちの承認が得られたならば、修行僧となるために、かれを出家させ、完全な戒律を受けさせる。しかしこの場合に、人によって相違のあることを、わたしは認める。」（V・28）

前半の表現は原始仏典にしばしばでてくる慣用句です。その意味は、今まで見えなかった道理、宗教信仰の世界がハッキリ見えるようになった、明らかになったという感激の表現です。感銘を受けて納得したスバッダは、釈尊の教えに従って出家したいと願います。

出家受戒の方法

ところが、当時の教団の定めでは、他の宗教教団で修行していた人たちが仏教に改宗し具足戒を受けて出家したいという時、比丘たちとは別に住んで見習い期間を四カ月（三カ月という伝承もあります）経なければならないということになっていました。他で修行していた生活や方法を持ち出されても困るので、出家者の見習いとしてしばらく生活したあとで、本人も納得し、教団側からも許可が出て、そこではじめて入門が許されるわけです。

しかし、出家得度の正規な形式は次第に作り上げられ、定着してきたものです。最初期には釈尊が「来たれ、比丘よ、法は善く説かれている。梵行《ぼんぎょう》を修せよ」と語りかけることで出家得度《しゅっけとくど》がすんでいます。これは「善来比丘《ぜんらいびく》」による出家、などと言われています。初転法輪《しょてんぼうりん》の際には五人の比丘がこの形式で出家しています。

宗教儀礼の形式が次第に調ってくる軌跡を見ることが出来ます。

「尊い方よ。もしも、かつて異教を奉じていた者が、この教えと戒律とにおいて出家することを望み、完全な戒律を受けようと望む者は、四カ月のあいだ、別のところに住むべきであり、四カ月が経過してのちに、修行僧たちの承認が得られたならば、修行僧となるために、かれを出家させ、完全な戒律を受けさせるというのであれば、わたしは四年のあいだ別に住みましょう。四年が経過してのちに、修行僧たちの承認が得られたならば、修行僧となるために（わたしを）出家させてください、完全な戒律を受けさせてください。」

そこで尊師は、若き人アーナンダに告げた。「それでは、スバッダを出家させてやれ。アーナンダよ。」

「かしこまりました」と若き人アーナンダは尊師に答えた。（V・29

スバッダは四カ月でも、必要なら四年でも別住して、得度したいと固い決意を示します。しかし、釈尊は自分で言い出しておきながら、その必要はあるまい、すぐにわが教団で出家させてやろうといい、それをアーナンダに命じます。

現代ヒンドゥー教の出家修行者（丸山勇撮影）

文章の続き具合がスムーズではないのですが、漢訳やらその他の伝承には四カ月の別住を言わずに、その晩に「善来比丘」の形式で出家させたとも記しています。先の第V章28節の最後に「人によって相違のあることを、わたしは認める」と言ったことをそのまま行ったということでもあるのですが、伝承に幾分混乱があるようです。

スバッダがこの晩にすぐ出家させてもらえたとすると、律に定められた正規の入団手続きはしていない道理で、だからこそ「善来比丘」の形式で出家したのかも知れません。しかし、テキストはすぐ後で、出家するのに「灌頂《かんじょう》」儀礼を行ったような言い方をしています。

そこで遍歴行者であるスバッダは、若き人アーナンダに次のように告げた。——「友、アーナンダよ。あなたは益を得た。あなたの受けた益は大きい。——ここで師の面前に近く住して、灌頂を受けたとは」と。（Ｖ・30）

釈尊の入滅は間近に迫っているのですし、今から四カ月別住すると、自分は釈尊から直接具足戒をうけて出家することは不可能である。それに比べて、アーナンダさん、あなたは直接釈尊から具足戒を受けたことは素晴らしい、私はうらやましい、などとスバッダは言い出します。釈尊がそれを聞いて、今晩すぐに出家することを認めた、という伝承もあります。

ここにアーナンダは釈尊から灌頂を受けて出家したとあります。灌頂とは王が即位にあたって聖水を頭に受ける儀礼で、インドでは普通の慣行です。仏教では後に得度の際の儀礼としてこの習慣を取り入れています。精神的な「新生」を意味するものです。しかし、スバッダを得度するのに灌頂を行ったかどうかは定かではありません。少なくとも「善来比丘」による出家に灌頂は普通は記述されていません。中村先生は弟子たる資格を受けたことをいうもので、文字通りの意味ではない、とされています。とにかくスバッダはこの晩に出家しています。

最後の弟子スバッダ

遍歴行者であるスバッダは、尊師のもとで出家することができた。教団に受け入れられることができた。教団に受け入れられてまもなく、尊者スバッダは、ひとりで、群衆から離れて暮し、怠《おこた》ることなく、熱心に、精神修養に努め励んでいた。まもなく、それを得るために立派な人々が家から出て家無き状態に正しく出家するところの、その無上の清浄行《しょうじょうぎょう》という究極の目標を、現世においてみずから、さとり、証《あか》し、具現していた。そうして「生存は尽きた。清浄行はすでに確立した。為《な》すべきことは、すでに為《な》し終った。もはやこのような状態にもどることは無い」とさとった。

尊者スバッダは、尊敬さるべき真人《しんにん》の一人となった。

かれは尊師の最後の直弟子《じきでし》となった。

（V・30）

「家から出て家なき状態に正しく出家する」というのは、これも原始仏典に出てくる決まり文句です。出家とは文字通りの意味で家を出る、つまり屋根のあるところでは寝ないことで、世俗の生活を完全に離れたことを言います。

スバッダは究極の目的つまり涅槃《ねはん》を自らに「悟り、証し、具現」して、悟りの境涯をえました。その内容をテキストは具体的に、「生存は尽きた。清浄行はすでに確立した。為すべきことは、すでに為し終った。もはやこのような状態にもどることは無い」とまとめています。

この句も実は慣用句の一つで、漢訳仏典には「我《が》生《しょう》已《い》尽《じん》・梵《ぼん》行《ぎょう》已《い》立《りゅう》・所《しょ》作《さ》已《い》辨《べん》・不《ふ》受《じゅ》後《ご》有《う》」などとしてしばしばでてきます。悟りの内容を示した表現であり、スバッダはこうして努力し、悟りを開き、後世にまで「ブッダ最後の弟子」として名前を残すことになりました。

悟りの表現をめぐって

右の一句の「我が生は已《すで》に尽きた……」という言葉には、実は、インド仏教研究者の間に未だに議論が続けられている問題が関わっています。内容的にも釈尊の信仰を理解するのに重要なポイントでもあるので、少し詳しく考えてみたいと思います。

「生存は尽きた」（我生已尽）の原文は khīṇā jāti です。jāti とは生まれることでもあり、同時に生という存在、生存のことです。khīṇa とは尽きること、二度とは起こらないことです。最後の一句の「もはやこのような状態に戻ることはない」（不受後有）とは死後に再生して新たな生存を受けないということで、この二つの表現は当時の一般的観念である輪《りん》廻《ね》と関わっています。

輪廻とは人間の霊魂が生前に為した善悪業《ごう》が原因となって、死後に別の世界に生まれ変わることです。仏教では六道輪廻といって、六つの死後世界を説いています。輪廻する世界は「苦」とされていますし、ヒンドゥー伝承では、解《げ》脱《だつ》し悟れば業の影響はなくなり、もはや再生しない、つまり輪廻を脱すると考えられていました。

仏教もヒンドゥー世界のなかでの出来事ですし、業・輪廻の観念はそのまま受容されました。釈尊にしてもそれを否定する理由は特になかったはずです。何故なら死後によい世界に生まれ変わるためには布施（「施」）し、善い行いをする（「戒」）ことで功徳を積まなければなりません。業・輪廻思想が一般化している社会では、何故善い行為をしなくてはならないのか、という倫理を支えていた主たる観念が、功徳を積む意欲と実践です。そして仏教教団を経済的に支えているのも功徳を積むための布施でした。否定することは出来ないし、その必要もないものでしょう。だからこそ、釈尊は在家信者に対して施、戒を守り功徳を積んで「善き死後世界のための資量とせよ」と強く説いています。

しかし、釈尊の信仰の究極の目標は悟りです。現に生きているこの世において、自我欲望を抑制して自己を調え、真実、法に随順して生きていくところに宗教的「安心《あんじん》」を目指す信仰です。その理想が悟りですし、在俗信者にも出家比丘たちにも等しくこれを説いています。特に出家者にとっては悟り、解脱が重要ですから、釈尊は出家者には功徳を積んで死後に生天《しょうてん》することなど望むな、と教えています。しかし仏教は次第に出家者にも功徳を積み、生天を望むことを許容するようになりました。こうした状況については先に述べたところです（「7　地獄と天界を説く」参照）。

こうしたことから、インド仏教はかなり早い時期から業・輪廻思想をうけがっています。悟ればもう輪廻しない、という観念も受容していますし、仏典にもそう説かれています。先に述べた「生は已に尽き、もはや更に輪廻しない」という表現はこうした状況を示しています。

釈尊と輪廻説

釈尊が輪廻思想をどう理解していたかについては、研究者の議論が定着していません。故・梶山雄一先生はこう述べています。「釈迦牟尼仏自身が輪廻説を説いたか、説かなかったについては不明である。そのため、例えば和辻哲郎は、霊魂の実在を否定した釈尊が輪廻説を説いたはずがない、といい、舟橋一哉は、釈尊は在家信者に向かっては輪廻を説いたこともあったが、出家の弟子たちには輪廻を否定した、といった。現代の多くの学者たちはこの問題に対しては明確な判断を中止している。」（梶山雄一「仏教輪廻の再検討」、『中外日報』平成15年1月3日付）

実存的な仏教信仰と民俗信仰とは、論理的関係などを無視して仏教徒の生活文化の中にしばしば併存してきた事実があります。この問題はそうした生活文化の面から見ないと解決できない事柄だと私は考えています。

釈尊は自我欲望を抑制して自己を調え、法に随順して生きるところに宗教的「安心」の得られることを説きました。自灯明《じとうみょう》・法灯明《ほうとうみょう》の教えに見るとおりです。その究極の境涯が悟りですし、そのための実践として八正道も説かれています。法として重要視されているのが縁起、無常、無我、無自性等の思想でした。精神性の高い、実存性の強い信仰です。

一方、輪廻思想は古代インドに民衆の間に定着していた民俗信仰です。ヒンドゥー教の哲学や宗教信仰のなかから自ずと出てきた論理ではなく、民衆の間に広まっていた観念です。それが次第にウパニシヤッドなどの宗教・哲学書にも取り上げられ、教理化され、学問的テーマになったものです。

釈尊が自ら信じる宗教的生き方、信仰を人に説いた時、当然のことながら、他の諸思想や諸宗教的観念との関わりが出てきます。いくら釈尊にしても、何から何まで全く新しい思想を説いたわけではなく、当時の宗教・思想文化の中に育まれて、独自の教えを開いていったに違いありません。ウパニシャッドの哲学思想や原始ジャイナ教との深い関係は今やよく知られていますし、それは仏教教理学の領域で論理的に論じられてきました。

同時に、釈尊は民衆の間に行われている諸観念や慣行のうち、許せないものは明らかな言葉で否定しています。生贄《いけにえ》を捧げる供犠《くぎ》とか、殺生《せっしょう》などの暴力行為などです。反面、特に否定する必要のないものはそのまま受容しています。祖先崇拝や温かい人間関係の倫理などはその例です。意味あるものと思われたことは積極的に許しています。功徳を積んで良き後生を願う慣行はその典型的な一例です。

作功徳《さくどく》→生天を骨子とする輪廻思想は悟りには直接の関係はありません。宗教的レヴェルが違うのです。業を担《にな》って再生する主体としての霊魂と無我説とは論理的に矛盾します。しかし、悟りに関係のない民俗信仰だからこそ、それを黙認しても一向に差し支えないものでしょう。だからこそ釈尊は業・輪廻説を認め、それは次第に教理学として論じられるようになりました。教理として論じられるようになると、霊魂と無我説との矛盾は問われざるを得ないし、これは長らくインド仏教の難問となりました。何故なら、輪廻主体としての霊魂と無我説とは成立の視点も、発展の経緯も、宗教的意味もまったく違うのです。高度の哲学と民俗信仰とは論理的に統合しようとしても難しいのです。

しかしこの問題は現実にインドではさまざまに議論されてきたし、中国、日本でも同様です。そうした経緯は梶山先生が見事にまとめて下さっているので、関心のある方は、ご参照下さい（梶山雄一『空の思想――仏教における言葉と沈黙』一五五ページ以下）。

現実の問題として業思想と輪廻思想とは不即不離の関係にあります。そして仏教思想の歴史において、業は輪廻を踏まえながらもそれ自体として思想的・宗教的に深められてきた一面があり、実存的に昇華されて発展しています。親鸞《しんらん》聖人や道元《どうげん》禅師の業、宿業《しゅくごう》思想などをその例として挙げることが出来ましょう。

こうして業・輪廻思想は仏典に説かれ、教理書に論じられているものですから、これが仏教の本質的思想でもあるかのように受け止められてきました。しかし、釈尊は悟りに関する修行や生き方のみを指導したわけではありません。民衆の間に行われていた観念や習俗は、それがとくに釈尊の教えに反しないものは、そのまま受容されているのです。

そのあるものは教理として論じられるようになりました。教理としては全く論じられないものも無数にあったはずです。教理書に説かれていることのみを釈尊は認め、他は一切否定した、などとは考えないでください。悟りのレヴェルの宗教観念ではないかも知れませんが、積極的に奨めたものもあり、黙認した事柄もあるのです。それらが悟りのレヴェルとどう関わるかは教理学の問題なのであって、一般の仏教徒にとっては問題になっていないのです。

仏教徒の生活文化のすべてが教理書で是非を判断されているわけではないことをご理解下さい。釈尊は実存的な教えを説きつつ、タテマエだけを強いたわけではありません。民俗信仰的な庶民信仰をも容認しつつ、心豊かな宗教生活を説いているのです。

㉜ 釈尊最後の説法

遺訓の数々

釈尊の入滅の時が近づいています。なにか言い置くべきことがあるのではないか、と釈尊は思いを巡らせていたものでしょう。幾つかの、しかし、重要なことばを発しています。

そこで尊師は若き人アーナンダに告げられた。――

「アーナンダよ。あるいは後にお前たちはこのように思うかもしれない、『教えを説かれた師はましまさぬ、もはやわれらの師はおられないのだ』と。しかしそのように見なしてはならない。お前たちのためにわたしが説いた教えとわたしの制した戒律とが、わたしの死後にお前たちの師となるのである。」（Ⅵ・1）

とても重要なことばです。仏教は祖師信仰ではありません。法宗拝です。釈尊はすでに、自分は教団の主ではない、と言いきっています。釈尊の見出された真実とその教え（法）に従って正しい生活（律）をするところに「安心《あんじん》」の人生が得られます。自灯明・法灯明の教えが示すとおりです（Ⅱ・25、26）。自分が亡くなった後に弟子たちが落胆し、導き手がいなくなって不安になるであろうことを知りつつ、釈尊はここに自分がいなくても問題はない、お前たちは法と律を実践すればよいのだ、とあらためて確認を求めているのです。

次に釈尊は教団の中の「法」に基づいた人間関係を確認しています。

「また、アーナンダよ。いま修行僧たちは、互いに『友よ！』と呼びかけて、つき合っている。しかし、わたしが亡くなったのちには、お前たちはこのようにいってつき合ってはならない。アーナンダよ。年長である修行僧は、新参の修行僧を、名を呼んで、または姓を呼んで、または『友よ！』と呼びかけてつき合うべきである。新参の修行僧は、年長の修行僧を『尊い方よ！』とか『尊者よ！』と呼んでつき合うべきである。」（Ⅵ・2）

修行僧たちがお互いに「友よ」と呼びかけ合っていた時期があったのでしょう。しかし自分が死んだ後は、年長者は若い者を名前で呼び、逆に若い者は年長者を名前で呼ばず、「尊い方よ（bhante）」「尊者よ（āyasmā）」と呼びなさいという訓辞です。「友よ」という呼称は同等の立場を示しますが、しかし教団内では法臘《ほうろう》、つまり出家してからの年月が席次の上下を決めます。組織体としては何らかの序列が必要なものですし、それがこうした指示になっているものでしょう。因《ちな》みに今日のテーラヴァーダ仏教でも僧侶を尊敬して bhante（バンテー）と呼びかけます。

釈尊はまたアーナンダに次のように言います。この言葉がのちに教団で問題になります。

「アーナンダよ。修行僧の集《つど》いは、わたしが亡くなったのちには、もしも欲するならば、瑣細《ささい》な、小さな戒律箇条は、これを廃止してもよい。」（Ⅵ・3）

それほど重要でない戒律を「小戒」、それよりさらに必要性の少ない戒律を「小小戒」と言います。この小小戒は都合によって廃止してもよいと釈尊はアーナンダに告げています。

釈尊入滅後に弟子たちが集まって経と律の編纂事業が行われたことは前にもみたとおりです。これを第一結集《けつじゅう》と言います。アーナンダが「経」を、そしてウパーリが「律」の条項を記憶の中から唱え、みんながそれを聞いて確認しました。

この作業の中でアーナンダが、「尊師は小小戒は廃止してもよいと言われた」と言い出します。このあたりがアーナンダのボンボン的なところと言いますか、律の編纂作業の中でこんなことを言い出せば、それではその小小戒とは何か、と具体的に聞かれるにきまっています。ところが「いや、そこまでは聞いていない」などと答えるものですから、長老たちにひどく叱られています。

しかし、今さら言ってもしかたないので、座長の大迦葉《だいかしょう》は「釈尊の定めた戒律を守り、それを絶対に廃さない、それ以外の戒律を作らない」という大原則を採択します。

しかし、社会状況が変わると、その通りに守れない戒律も出てきます。たとえば、出家者は金銭を持

涅槃・サーラ双樹の間に臥す釈尊
（ガンダーラ出土、丸山勇撮影）

ってはいけないことになっていますが、貨幣経済が発展してくればそうも言っていられません。では金銭を所持していいとルールを変えたのかというと、そうはせずに、「例外」として状況によって認める、ということにしたのです。

今日でも、長老比丘が外国などに出かける時には金銭を身につけません。俗人の世話役が付き添ってきます。またタイでは、信者が私的な「小切手」を布施として渡し、特定の店で買い物が出来るようにしている、という報告もあります。

形式的な慣習ですが、しかし、基本ルールを変えないでいるからこそ、テーラヴァーダ仏教の出家者の生活姿勢がほぼ変わらないで二千数百年伝承されてきました。たとえ出家修行者が精神的に堕落することがあったとしても、少なくとも外側の形だけは崩れずに済んできたのです。

これは戒と律のうちの律の話ですが、大乗仏教の方では、戒を重視してきました。修行者の本分に則《のっと》って、自らの思想と行動を定めてゆく自主的な姿勢があります。こちらのほうが精神性は高いのですが、教団が世俗化し堕落すると歯止めがきかなくなるという面があります。一方、テーラヴァーダ仏教では、言われたことを守ってさえいればいいという形式主義にもなりかねず、一長一短ではありますが、ここに双方の特色が見てとれます。

「アーナンダよ。わたしが亡くなったのちには、修行僧チャンナには、〈清浄な罰〉〈ブラフマ・ダンダ〉を加えなさい。」

「尊い方よ。〈清浄な罰〉というのは、そもそも何ですか?」

「アーナンダよ。修行僧チャンナは、自分の欲することを何でも言ってもよい。しかし修行僧たちはかれに話しかけてはならないし、訓戒してはならないし、教えさとしてはならない。」（Ⅵ・4）

チャンナという修行僧は、たいへん乱暴な人ということになっています。釈尊が遺言《ゆいごん》で、彼はどうしようもないから処罰せよと言っているわけです。何でも好きなことを言わせてもいいけど相手にするな、というのですから、いわゆる村八分です。

ダンダ（daṇḍa）というのは元来、棒のことです。それが刑罰という意味をもつようになり、さらに暴力という意味になります。

「ヴィナヤ」という律典にこの後日談が載っています。アーナンダがチャンナに釈尊の遺言を伝えたところ、チャンナはびっくりして、それでは生きていけないと気絶します。やがて日が覚めて反省し、まじめに修行し始めます。チャンナが悟りを開いて、この罰ははずされたといいます。

チャンナという名前は他の文献にほとんど出てきません。しかし、釈尊が出家しようと城を出た時に馬の轡《くつわ》をとっていたのがチャンナという人です。しばらく行ったところで釈尊は装飾品や着物をチャンナに与え、馬と一緒に城へ帰らせています。チャンナは泣く泣く帰って報告をする、そういう役割を果たしています。このチャンナがのちに出家して、このエピソードの主人公になったという説がありますが、確証はありません。

釈尊は随分きびしい罰を与えたものと思うのですが、渡邊先生は右の律の記述を取り上げて、これはチャンナを改心させる便法であり、釈尊の慈悲心だと理解しています。

釈尊は次に、何か疑問があるなら今のうちに訊《き》いておけと弟子たちに尋ねます。


そこで尊師は、修行僧たちに告げられた。——

「また、修行僧たちよ。ブッダに関し、あるいは法に関し、あるいは集いに関し、あるいは道に関し、あるいは実践に関し、一人の修行僧に、疑い、疑惑が起るかもしれない。修行僧たちよ。〈そのときには〉問いなさい。あとになって、〈わたしたちは師に目《ま》のあたりお目にかかっていた。それなのにわたしたちは尊師に目のあたりおたずねすることができなかった〉と言って後悔することの無いように」と。

このように言われたときに、かの修行僧たちは黙っていた。

再び尊師は……乃至……三たびも尊師は告げられた。〈同じ言葉がくりかえされます〉

〈このように言われたときに〉かの修行僧たちは三たびも黙っていた。

そこで尊師は修行僧たちに告げられた。「修行僧たちよ。お前たちは師を尊崇するが故にたずねないということがあるかもしれない。修行僧たちよ。仲間が仲間に〈たずねるように〉たずねなさい。」

このように言われても修行僧たちは黙っていた。（Ⅵ・5）

釈尊は「尊師が存命中に聞いておけばよかった」などということがないようにと、二回確認するのですが、誰も質問しません。教えを全部受け入れていますというわけです。最後に念押しで、遠慮しなくてもいい、仲間同士で会話するよう気楽に訊いてこい、とまで言うのですが、質問はなかったようです。


そこで若き人アーナンダは尊師にこのように言った。

「尊い方よ。不思議であります。珍らしいことであります。わたくしは、この修行僧の集いをこのように喜んで信じています。ブッダに関し、あるいは法に関し、あるいは集いに関し、あるいは道に関し、あるいは実践に関し、一人の修行僧にも、疑い、疑惑が起っていません。」

「アーナンダよ。お前は浄らかな信仰からそのように語る。ところが、修行完成者には、こういう智がある、〈この修行僧の集いにおいては、ブッダに関し、あるいは法に関し、あるいは集いに関し、あるいは道に関し、あるいは実践に関して、一人の修行僧にも、疑い、疑惑が起っていない。この五百人の修行僧のうちの最後の修行僧でも、聖者の流れに入り、退堕《たいだ》しないはずのものであり、必ず正しいさとりに達する〉と。」

（Ⅵ・6）

アーナンダが「誰も疑問を起こしていませんよ、すばらしいことではありませんか」と言うと、釈尊は「お前は心情的な面からそう言うが、私は智慧でもって、ここにいる者たちがすでに疑問をもっていないということを現実に知っているのだ」というのです。つまり学ぶべきことは学んだと知っていながら、あえて質問はないかと手続きを踏んできたというわけです。

ここに「聖者の流れに入り、退堕しないはずのもの」とありますが、これは悟りにいたる段階の最初の「預流果《よるか》」のことです。信仰が確立し、もう迷いの状態には戻ることなく、悟りに向かう流れに乗った者、ということです（第10回参照）。

最後の説法

そして、釈尊は最後の臨終の言葉を発します。

そこで尊師は修行僧たちに告げた。——

「さあ、修行僧たちよ。お前たちに告げよう、『もろもろの事象は過ぎ去るものである。怠ることなく修行を完成なさい』と。」

これが修行をつづけて来た者の最後のことばであった。

（Ⅵ・7）

「怠ることなく修行を完成なさい」という表現のうちの、「修行を完成なさい」という部分は原文にはありません。中村元先生が注釈などに従って、完成するための努力をしなさいという意味でこのように訳されたものです。渡邊照宏先生は「怠らず努めるがよい」と原文を素直に訳されています。

釈尊は別のところでも、どきっとするような言い方をしています。

なんで笑っているのか。なんで喜んでいるのか。人生は（無常の火に）燃えているというのに。あなた方は（無明の）闇に覆われているのに、なぜ、灯火を求めようとしないのか。

（『ダンマパダ』一四六）

「生死事大《しょうじじだい》　無常迅速《むじょうじんそく》」という禅仏教の伝承にも連なる訓誡で、怠らず仏道修行にはげむべきことを教えています。釈尊の四十五年間にわたる教化の最後の説法は、無常だからこそ怠ることなく仏道を歩め、速やかに真の自己を実現し、悟りを得よというものでした。

この最後の説法、あるいは遺誡《ゆいかい》と言ってもいいでしょうが、それを少し敷衍《ふえん》すれば次のような実践的な教えに連なるものと私は理解しています。

ここに無常というのですが、決して現代の常識的な無常とのみ受け取るべきではありません。無常というと普通は二つの用法があります。一つは、はかないという情緒的な捉え方。そしてもう一つは、科学的な真実としての無常です。

人が突然亡くなったりすると、無常だねぇーなどといいます。変化してやまない無常の現象を身近に受けとめるのは、生きている者が亡くなり、栄えていたものが滅びてゆくような時に実感されるものでありましょう。しかしこの「情緒的無常感」も、あるいは「客観的無常性」も、それだけでは釈尊が説く仏法にはなりません。仏教の無常というのは、たしかに客観的真実を踏まえます。そして、はかないねぇーという情緒的な嘆きも踏まえます。その上で無常の現実が自分の上に起こっている事実を肯《うけが》う。一般論ではなく、この「私」が無常の現実に出逢っているのだと受け止める時、無常なるが故に自分の思い通りにならない「苦」が生じていることに気がつきます。その苦はどう乗り越えたらいいのか。そのためには、すべてを思い通りにしたいという私たちの自我をととのえなくてはなりません。

おのれこそおのれのよるべ　おのれを措きてだれによるべぞ
よくととのえしおのれにこそ　まことえがたきよるべをぞ獲ん
（『ダンマパダ』一六〇・友松圓諦訳）

これを「自覚的無常観」と私は呼びたいと思っています。この無常を観るということがないと仏教にならない、いや、それこそが釈尊の説いた教えの最基本です。

だからこそ、釈尊は無常の世間を努力して自我を調え、「安心」の生活を送れと、遺誡の言葉を発しているのです。そしてそれこそが仏教の悟りの生活に他なりません。

33 釈尊の入滅

釈尊入定

入滅の時が来ました。

釈尊は入滅の前にご自分の体験した禅定《ぜんじょう》の諸段階を繰り返し、歩みなおされます。

ここで尊師は初禅（第一段階の瞑想）に入られた。初禅から起《た》って、第二禅に入られた。第二禅から起って、第三禅に入られた。第三禅から起って、第四禅に入られた。第四禅から起って、空無辺《くうむへん》処定《しょじょう》に入られた。空無辺処定から起って、識無辺処定《しきむへんしょじょう》に入られた。識無辺処定から起って、無所《むし》有処定《うしょじょう》に入られた。無所有処定から起って、非想非非想定《ひそうひひそうじょう》に入られた。非想非非想定から起って、滅想受定《めっそうじゅじょう》に入られた。

そのとき若き人アーナンダは尊者アヌルッダにこう言った。

「尊い方、アヌルッダよ。尊師はニルヴァーナに入られました。」

「友、アーナンダよ。尊師はニルヴァーナに入られたのではありません。滅想受定に入られたのです。」（Ⅵ・8）

「初禅から起って、第二禅に……」というのは言葉のあやで、むしろ「初禅から出て」とした方が判り良いかも知れません。釈尊はここで自らに深めてきた禅定を次第を逐《お》って後追いしています。まとめて図示するとつぎのようになります。

初禅↓第二禅↓第三禅↓第四禅↓
空無辺処定↓識無辺処定↓無所有処定↓
非想非非想処定↓滅想受定（↓仏界・涅槃）

初めの四つ（四禅《しぜん》）は仏教伝承において重要な禅定の深まりです。心の中の分別が次第に無くなってゆく、それに応じて外界のさまざまな煩《わずら》いが無くなってくる、その意味では心が透きとおってくる、心が安んじてくる喜びがある、最終的にはそうした喜びも突き抜けたところで、あえていえば野原にたたずむお地蔵さんみたいに、風が吹き雨が降りトンボが止まるといったような、心のわだかまりのない精神的境涯だともいえましょう。

肉体はここにあるし、頭ではいろいろなことを考えて、ああだこうだと分別している。考えるという動作は自分の自我にのっとって働くものです。自我は自分勝手にいろいろな概念を作り出しています。

これは黒です、あれは机です、これが善です、あれは悪です、などといろいろ考える。そういう認識があるから私たちは会話ができるわけですが、ではこの机とは何だというと、道具です、木でできています、価格はいくらだった、などと言葉で概念化しそのレッテルを貼って答えていきます。説明はされても、それは机そのものではない。

「私」というものにしても、私は男です、日本人です、何某会社の社員です、優秀な人間です、失恋して絶望しています、等々、頭で考え、はからって概念化し、それをレッテルとして自分のうえにペタペタと貼っています。それが「私」だと思っている。しかし、それらは自我が作り出した概念、観念であって、私というイメージを頭で作り上げて、でっちあげている。それは自我的自己と呼んでもいいものです。釈尊が「自己の鎧《よろい》を壊せ」とか、道元禅師が「自己をわすれる」と言うのは、この自我的自己のことです。

自我的なレッテルを貼って作り上げた自分というものがここにあり、お互いがそれをやっているからコミュニケーションがとれるし、社会生活が成り立っていくわけです。それはそれでいいのですが、ここで苦しんでいる自分とは何か、ということまで考えを及ぼしていった時、自我的自己というものは素直に物事を受け止めずに、ないものをねだり、かぎりなくねだる自分がここにある。そうなった時に自我的自己のレッテルを外して裸の自分になってみないと、人生の苦しみは乗り越えられない。

科学者の柳澤桂子先生は、私どもの感覚器官が一切働かないと仮定したらどうなるでしょうか、という問題提起をしています（『生きて死ぬ智慧』）。これが『般若心経《はんにゃしんぎょう》』の「無眼耳鼻舌身意《むげんにびぜっしんに》」です。私どもの分別・はからいというものは、すべて感覚器官が外界からの得たものをもとにして心で作り上げています。これがないのが空《くう》なる世界というわけです。これを柳澤先生は、病気で苦しみ、絶望感に浸《ひた》りながら生きてこられて、一つ突き抜けたところに、それが大自然と一つになった姿ではないかと受け止めておられるものでしょう。それでも私たちはしょせん人間ですから、そこから元の世界に戻ってきて社会の中で生きてゆくことになります。

この初禅から滅想受定までというのは、そういうふうに、私は私のものだというところから出発して、私どものはからいを超えてゆくプロセスだと理解してください。

四禅の内容

それぞれの段階の意味が具体的にどういうことかといってもそれは難しくなってしまいますが、まず順序として初禅から第四禅までについて見てみましょう。

この四禅を宮坂宥勝先生はつぎのようにわかりよく意訳し、説明されています。

初禅：愛欲を離れ、不善を離れ、そうした離脱の喜びにひたり、安楽を得た心の状態ですが、ものごとを粗《あら》く、あるいは細かく思惟《しゆい》する働きはまだ残っています。

二禅は精神がより内面に深化し、思惟する働きは消え、そのように精神が深まったことの喜びにより、安楽を得た心の状態です。

三禅はそうした喜びの感覚さえも消えて、いかなるものからも超越し、ただ念のみの心の状態に

クシーナガル・涅槃堂の涅槃像

おいて安楽を得る段階です。
四禅に至ると、その安楽の心さえも消えて、全く清らかで透明な心の状態となります。　（宮坂宥勝「釈尊の悟りへの道程」）

四禅の上の禅定のなかで、七番目の無所有処定は「いかなるものであれ、これはオレだ、オレのものだ」という自我の執着《しゅうじゃく》を払拭した境涯でしょう。二十九歳で出家した釈尊がまず教えを受けたアーラーラ・カーラーマ仙から教えられたのがこの禅定で、釈尊はそれをすぐにマスターしたが、これは真の悟りではないと知り、ここを去っています。
つぎにウッダカ・ラーマプッタ仙から学んだのが八番目の非想非非想処定です。「想うということも想わない」と一切の想念を無にした境涯といってもいいものでしょう。これも釈尊はすぐにマスターしたものの、自分の求めているものとは違うといい、そこを去って、ただひとり六年間にわたる難行苦行の生活に入っていかれました。

後代の教理学は釈尊が修行当初に学んだ二つの禅定を悟りの直前の禅定として位置づけ、次いで滅想受定を経て、悟り、つまり涅槃《ねはん》に入られたとしたものです。

入滅

初禅から滅想受定に至った釈尊は、今度は滅想受定からずっと戻って初禅に至ります。そして再び初禅から第四禅に入って、入滅します。

そこで尊師は滅想受定から起って、非想非非想定に入られた。非想非非想定から起って、無所有処定に入られた。無所有処定から起って、識無辺処定に入られた。識無辺処定から起って、空無辺処定に入られた。空無辺処定から起って、第四禅に入られた。第四禅から起って、第三禅に入られた。第三禅から起って、第二禅に入られた。第二禅から起って、初禅に入られた。初禅から起って、第二禅に入られた。第二禅から起って、第三禅に入られた。第三禅から起って、第四禅に入られた。第四禅から起って、尊師はただちに完《まった》きニルヴァーナに入られた。（Ⅵ・9）

ニルヴァーナ（パーリ語でニッバーナ）は、涅槃と訳されます。

釈尊の入滅した日ははっきりしません。テーラヴァーダ仏教諸国では釈尊の誕生・成道《じょうどう》（初転法輪《しょてんぽうりん》）

そして入滅の日が同じ「ヴァイシャーカ月の満月の日」とされ、この日を「ウェーサーカ」祭として祝います。しかし、日本をはじめ東アジアの仏教諸国では入滅の日は二月十五日、誕生日は四月八日、成道が十二月八日ということで伝承されています。どうしてそうなったかはむずかしいのですが、入滅が二月というのは、インド伝承のヴァイシャーカ月は月暦の第二番目の月だから二月にされたのではないか、などという意見もあります。

「完きニルヴァーナ」とありますが、原語はパリ・ニルバーナ、パーリ語でパリ・ニッバーナ（pari-nibbāna）です。パリが「完全な」という意味なのですが、では、「完全な涅槃」とはどういうことでしょうか。ごく普通に説明される答えはこういうことです。

釈尊は三十五歳で悟りを開かれました。ニッバーナ（涅槃）に入られたわけですが、まだ生身の身体を持っています。痛いという感覚もあれば風邪を引くこともあります。当然のことでしょう。私などは終始「人間釈尊」と理解し私淑《ししゅく》していますから、お悟りを開いた後も、心の中の煩悩欲望の声が悪魔の声として囁《ささや》いてきたり、豚肉（と思われる）料理を食べて血のほとばしる病気にかかったりするのもなんの不思議もないと思えます。

しかし、釈尊は次第に超人化され、部派仏教時代から大乗仏教にかけて完全無欠の仏陀のイメージが確立されてきます。ですから、「仏陀《ぶっだ》」ともあろう方が足の痛みを訴えたとか、身体が不調になった、などということはありえないと考えられました。そうしたことから、釈尊はたしかに悟りを開いて涅槃に入られたのだが、八十歳で亡くなり、肉体が無くなった時に本当の悟り、般涅槃《はつねはん》に入ったと考えられるようになりました。ですから三十五歳成道の時から八十歳までの涅槃を有余《うよ》涅槃（拠《よ》るべき身体が残っている）といい、肉体が滅して無余《むよ》涅槃に入ったともいいます。般涅槃とはこの無余涅槃とも関わっているようです。こうしたことから般涅槃とは仏の入滅、死を意味するようになりました。本経の『マハー・パリ・ニッバーナ・（スッタンタ）』、訳して「大・般涅槃・（経）』とはその意味です。

入滅を悼む声

釈尊が亡くなられた時に大地が揺れたといいます。

尊師がお亡くなりになったとき、入滅とともに大地震が起った。人々は恐怖《くふ》して身の毛が逆立ち、また天の鼓《つづみ》（=雷鳴）が鳴った。（Ⅵ・10）

そして神々や弟子が偈《げ》を唱えます。

尊師が亡くなられたときに、亡くなられるとともに、サハー世界の主である梵天《ぼんてん》が次の詩を詠じた。――

「この世における一切の生あるものどもは、ついには身体を捨てるであろう。あたかも世間において比すべき人なき、かくのごとき師、（知慧の）力を具えた修行実践者、正しい覚りを開かれた人が亡くなられたように。」（Ⅵ・10）

まず梵天＝ブラフマーが登場します。

仏教文化の伝承ではヒンドゥーの神々との関わりがいろいろあります。釈尊も弟子や信者たちもヒンドゥー世界に生きていたものです（第2回参照）。もともとヒンドゥー世界の中に起こった仏教ですから、ヒンドゥーの神々を特別に呼び込んだわけではなく、最初から当然のこととして、いろいろな神々がいたわけです。そして釈尊が仏教を説き、仏教文化の伝承が出来上がると、こうしたヒンドゥーの神々との関係が当然出てくるものでしょう。日本でも仏教が中国から渡来するとすぐに仏・菩薩・明王などと神道の神々との関係が問われました。本地垂迹説《ほんじすいじゃくせつ》などはその一つです。

ヒンドゥーの神々は次第に仏教に親しい存在として受け入れられていきます。ヒンドゥーの神々は釈尊のところにきて教えを聞いています。仏教及び仏教徒を外護《げご》するものと理解され、仏教文化の中に取り入れられてきます。柴又《しばまた》の帝釈天《たいしゃくてん》や日本橋の水天宮《すいてんぐう》、四国の金比羅《こんぴら》さま、七福神の中の毘沙門天《びしゃもんてん》、大《だい》黒天《こくてん》、弁財天《べんざいてん》もヒンドゥーの神さまに由来するものです。その他、法華経などにもよく出てくる「天龍《てんりゅう》八部衆《はちぶしゅ》」などの鬼霊たちも仏教に取り入れられ、壮大な仏教パンテオンが形成されてくるようになりました。

ここでは梵天が、生ある者は必ず死すと言っています。「一切の生あるものども」の原語はブータ（bhūta）です。人間だけではなく、文字通りのすべての生類です。「サハー世界」のサハーは sahā のことで、漢訳仏典では音写されて娑婆《しゃば》といいます。日本では刑期を終えた者が、「娑婆に帰ってきた」などというようにも使われます。語源的には、忍耐するという動詞から出てきたといわれ、忍土《にんど》という訳語もあります。「十悪に安んじて煩悩を忍ぶ」などと言うように、私どもが生きている世界は煩悩を振り回して自ら苦を招いている、それを耐え忍んでいくのがこの世の中だという意味になりましょう。

次に帝釈天が登場します。

> 尊師が亡くなられたときに、亡くなられるとともに、神々の主であるサッカ（＝帝釈天）が次の詩を詠じた。――
>
> 「つくられたものは実に無常であり、生じては滅びるきまりのものである。生じては滅びる。これら（つくられたもの）のやすらいが安楽である。」
>
> （Ⅵ・10）

これは諸行無常偈《しょぎょうむじょうげ》といわれるものです。漢訳では「諸行は無常なり。是れ生滅の法なり。生じては滅し、滅し已《おわ》って、寂滅《じゃくめつ》を楽と為《な》す（諸行無常・是生滅法《ぜしょうめっぽう》・生滅滅已《しょうめつめつい》・寂滅為楽《じゃくめついらく》）」というもので、仏教の基本の世界観です。

この諸行無常偈をもとに日本で作られたのが「いろはうた」ですのでご存じの方も多いでしょう。

「色《いろ》は匂《にほ》へど散《ちり》りぬるを我《わ》が世《よ》たれぞ常《つね》ならむ有為《うゐ》の奥山《おくやま》今日《けふ》越《こ》えて浅《あさ》き夢《ゆめ》みじ酔《ゑ》ひもせず」

いろいろな解釈があるようですが、仏教的に素直に読めば、諸行無常の世のなかである、思い通りにならない世界（有為の世界）だが、自我欲望を抑制して前向きに生きることで、酔っぱらった浅薄な夢のような人生を乗り越えよう、ということでしょうか。

次に、アヌルッダ尊者が偈を唱えました。アヌルッダは天眼《てんげん》第一と呼ばれた弟子で、シャカ族の人です。

尊師が亡くなられたときに、亡くなられるとともに、アヌルッダ尊者はこの詩を詠じた。――

「心の安住せるかくのごとき人にはすでに呼吸がなかった。
欲を離れた聖者はやすらいに達して亡くなられたのである。
ひるまぬ心をもって苦しみを耐え忍ばれた。
あたかも燈火の消え失せるように、心が解脱したのである。」

（Ⅵ・10）

ここでアヌルッダ尊者は、釈尊は人生の苦しみを耐え忍ばれて、本当の解脱をしたのだと讃《たた》えています。釈尊の死を悲しみつつも、冷静にその死を受けとめています。

しかし、この時アーナンダは悟りを開いていませんし、心乱れた言い方をします。

34 釈尊の葬儀をめぐって

アヌルッダの説示

神々に続いてアーナンダも釈尊の入滅について発言します。


尊師が亡くなられたときに、亡くなられるとともに、若き人アーナンダはこの詩をとなえた。――

「そのときこの恐ろしいことがあった。そのとき髪の毛のよだつことがあった。――

あらゆる点ですぐれた正しく覚りを開いた人がお亡くなりになったとき。」（Ⅵ・10）

釈尊が亡くなられた時のアーナンダの感懐ですから、「そのとき」というのは幾分、違和感があります。後になって入滅の時はどうだったかを述懐している感じがあります。事実、この一文はアーナンダが別の時に語った言葉を本経編集の際に取り込んだのだという解釈も提示されています。しかし、事柄として、釈尊に亡くなられたアーナンダの大きな衝撃を示すものと理解してよいものでしょう。

「髪の毛がよだつ」と言うのはインド語でもごく普通のフレーズで、「身毛樹立《しんもうじゅりゅう》」等と漢訳されています。恐怖であれ、喜びであれ、大きな精神的衝撃を受けた時に「髪の毛が逆立つ」感覚のことです。修行が十分でない弟子たちは悲しみを隠そうともしません。修行の進んだ弟子たちは取り乱すことなく、釈尊の死を無常のことわりとして「悲しみに耐えつつ」受け止めます。

〈釈尊が亡くなったときに〉まだ愛執《あいしゅう》を離れていない若干の修行僧は、両腕をつき出して泣き、砕かれた岩のように打ち倒れ、のたうち廻り、ころがった、——「尊師はあまりにも早くお亡くなりになりました。善き幸いな方はあまりにも早くお亡くなりになりました。世の中の眼《まなこ》はあまりにも早くお隠《かく》れになりました」と言って。

しかし愛執を離れた修行僧らは正しく念《おも》い、よく気をつけて耐えていた、——「およそつくられたものは無常である。どうして〈滅びないことが〉あり得ようか?」と言って。（Ⅵ・10）

この時にアヌルッダ尊者は嘆き悲しむ弟子たちに説き始めます。

そのとき尊者アヌルッダは修行僧らに告げた、——「止《や》めなさい。友よ。悲しむな。嘆くな。尊師はかつてあらかじめ、お説きになったではないですか。——〈すべての愛《いと》しき好む者どもとも、生別し、死別し、死後には境界を異にする〉と。

友らよ。どうしてこのことがあり得ようか?　何でも、生じ、生成し、つくられ、壊滅《えめつ》してしまう性のものが、壊滅しないでいるように、というような、こういう道理はあり得ない。友らよ。神霊たちは呟《つぶや》いています」と。

「尊い方よ。どのような神霊たちが呟いていると、尊者アヌルッダは注意されるのですか?」

「友、アーナンダよ。虚空《こくう》のうちに在って地のことを想うている神々がいる。かれらは髪を乱して泣き、両腕をつき出して泣き、砕かれた岩のように打ち倒れ、のたうち廻り、ころがった、――『尊師はあまりにも早くお亡くなりになりました。幸いな方はあまりにも早くお亡くなりになりました。世の中の眼《まなこ》はあまりにも早くお隠《かく》れになりました』と言って。

……(「大地のうちに在って地のことを想うている神々」も同様に嘆き悲しみます)……

また情欲を離れた神霊たちは、正しく念い、よく気をつけていて堪《た》え忍んでいます、――〈つくられたものは無常である。どうして(滅しないという)そのことが有り得ようか?〉と言って。」

(Ⅵ・11)


釈尊の死を「悲しむな、嘆くな」というのは、文字通りの意味で嘆き悲しむことを禁止しているものではありません。これは仏典特有の言い方に関わっているもので、例えば釈尊は親しい人に死なれて嘆いている人にこう慰《なぐさ》めています。

「あなた方は……いたずらに泣き悲しむ。……泣き悲しむことで何らかの利益《りやく》があるなら、賢者もそうしていい。(しかし)泣き悲しむことによって、心の安らぎは得られない。……いっそう苦が生

じ、身体がやつれるだけである。……そうしたからといって、死んだ人は返らない。嘆き悲しむのは無益である。悲しむのをやめないと、益々、苦悩が襲う。……人が死んで亡くなったら、もう私の所には戻ってこないと思い定めて、嘆き悲しみを去れ。……

（『スッタニパータ』575 ～ 592）

私たちは利益があるから嘆くのではありません。悲しいから嘆くのであって、ですから、「悲しむのは無益である」という表現には抵抗があります。しかし、言わんとする意味はこういうことです。親しい人に死なれて悲しくない人はいません。嘆いてもいいし、悲しんでも泣いてもいい。しかし嘆きっぱなしでは立ち直れないので、無常の現実を直視しつつ前向きに生きていく。そうした生き方の中に悲しみを乗り越えよ、と言っているのです。

ですから、人も神々も、釈尊の死という無常の現実から逃げ出さず、悲しみに「耐えて」いくことが「情欲を離れ」ることであり、『安心』のなかに悲しさを耐えることだというのです。情欲を離れ、とありますが、ここは自我欲望の抑制をいうものですから、私は自我欲望の働きを抑制する、という意味に理解する方がいいと考えています。

釈尊の死の報知

夜が明けて、アヌルッダはアーナンダに地元のクシナーラーに住むマッラ人たちに釈尊の入滅を報知するように命じます。

そこで尊者アヌルッダと若き人アーナンダとは、その夜じゅう、〈法に関する講話〉を説いて過ごした。

さて尊者アヌルッダは若き人アーナンダに告げた。——「友、アーナンダよ。さあ、クシナーラーに入って、クシナーラーの住民であるマッラ族の人たちに告げなさい、〈ヴァーセッタたちよ。尊師はお亡くなりになりました。どうかいつでも、お出でくださいと〉と。」

「かしこまりました」と、若き人アーナンダは尊者アヌルッダに答えて、早朝に内衣《ないえ》を着け、衣と鉢とをたずさえて、一人の従者を連れて、クシナーラーに入って行った。

そのときクシナーラーの住民であるマッラ族の人々は、或る用件があって、公会堂に集まっていた。そこで若き人アーナンダは、クシナーラーの住民であるマッラ族の公会堂におもむいた。そこにおもむいて、クシナーラーの住民であるマッラ族の人々に告げた、「ヴァーセッタたちよ。尊師はお亡くなりになりました。ではどうぞご随意に、お出かけください」と。

若き人アーナンダからこのことを聞いて、マッラ族の者ども、マッラの子たち、マッラの嫁たち、マッラの妻たちは、苦悶《くもん》し、憂《うれ》え、心の苦しみに圧せられていた。或る者どもは、髪を乱して泣き、両腕をつき出して泣き、砕かれた岩のように打ち倒れ、のたうち廻り、ころがった、——「尊師はあまりにも早くお亡くなりになりました。幸いな方はあまりにも早くお亡くなりになりました。世の中の眼まなこはあまりにも早くお亡くなりになりました」と言って。

（Ⅵ・12）

マッラとは今のビハール州の北部にあたり、マッラ人はシャカ族と同じように「部族国家」を形成していました。釈尊は何度もこの土地を訪れていますし、人々と深い関係を持っています。信者もたくさんいましたし、信者たちが釈尊の入滅を悲しんだことは疑いないところでしょう。

アーナンダがマッラ人の所に行った時、彼らは「公会堂」に集まっていたといいます。部族国家の運営は民主的で、主だった人たちの話し合いによって政治や重要なことが決められたといい、そのための会議の場所が「公会堂」ということになっています。シャカ族もカピラヴァッツに公会堂をもっていたことが知られています。この点は専制君主的な政治形態を取る「王国」とは大きく違うところです。

マッラ人たちはちょうどこの公会堂で、「或る用件があって」集まっていた、と中村元先生は訳されています。注釈書は「釈尊の死に関わる諸準備のために集まっていて」としますし、それを根拠にして「その用件があって」という和訳もあるのですが、実際はどうだったでしょうか。

釈尊の入滅が近いことはマッラ人たちも当然知っていたはずです。そうすれば葬儀は自分たちが行わなければならない。どのようにしようか、と主だった人たちが相談していたということは当然ありえますし、私はこう理解するほうが現実に近いように考えています。

葬儀の準備始まる

釈尊の入滅を聞いてマッラ人たちは早速に葬儀の準備をはじめます。

そこで、クシナーラーに住んでいるマッラ族は従僕たちに命じた、「それでは、クシナーラーのうちにある香と花輪と楽器をすべて集めよ」と。

そこで、クシナーラーに住んでいるマッラ族は、香と花輪と楽器をすべて取って、また五百組の布を取って、尊師の遺体のあるマッラ族のウパヴァッタナ、沙羅樹林《しゃらそうじゅ》におもむいた。そこにおもむいてから、舞踊、歌謡、音楽・花輪・香料をもって、尊師の遺体を敬い、重んじ、尊び、供養し、天幕を張り、多くの布の囲いをつけて、このようにしてその日を過ごした。

そのときクシナーラーの住民であるマッラ族の人々は、このように思った、「今日は、尊師の遺体を火葬にするには、あまりにも不適当な時である。明日、われらは尊師の遺体を火葬に付することにしよう」と。

そこでクシナーラーに住んでいるマッラ族の人々は、舞踊・歌謡・音楽・花輪・香料をもって、尊師の遺体を敬い、重んじ、尊び、供養し、天幕を張り、多くの布の囲いをつけて、第二日をも過ごし、第三日をも過ごし、第四日をも過ごし、第五日をも過ごし、第六日をも過ごした。（Ⅵ・13）

遺体を飾るのに花輪と香料を使うことはわかりますが、舞踊、歌謡、音楽を用いたというのはわかりにくいかもしれません。インドでは今日でも特に火葬の場に行く行列などには陽気で楽しい音楽を奏するバンドがつきます。故人は人生を生き抜いて人間としての義務（ダルマ）を果たしたのであり、天に行くことが決まっている。おめでたい事ではないか、というのが一般的な理解です。特に老齢で亡くなった方の葬儀にはこの考え方が定着しているようです。こうした現代の慣行に釈尊の葬儀法がどう関わるかは簡単には言えませんが、経典の語るところによると、釈尊の葬儀に踊りや歌、音楽が奏せられたもののようです。

花輪とありますが、日本のように三本足の台の上にのせて葬祭場に並べるものではありません。小さな生花を糸でかがって首にかけるのがインドの「花輪」です。

また「天幕を張り、多くの布の囲いをつけて」というのは意味がとりにくいのですが、これは原文の直訳です。注釈書にはマンダラ（maṇḍala）という言葉が出てきます。密教のマンダラではなく、本来は何か丸いもの、という意味のようで、片山一良先生は、布で丸いお堂を作って、と訳しています。布切れでテントのような小屋を作ったのでしょう。渡邊照宏先生は日本的に「亭《あずまや》」を作ってと翻訳されています。

マッラ族の人たちは、今日は火葬するのにふさわしくない、と先延ばしして、六日間が経ったといいます。インドに長らく住んでいた私などは、そんなに日数が経つと遺体が傷んでしまうだろうと余計なことを考えてしまいます。しかし、釈尊ほどの方の葬儀をそう手軽には行えない、ということもありましょうし、死を悼《いた》む通夜が六日間も続いたというように理解したほうがいいかも知れません。

そこで第七日に、クシナーラーの住民であるマッラ族の人々は、このように思った、――「われらは、舞踊・歌謡・音楽・花輪・香料をもって尊師の遺体を敬い、重んじ、尊び、供養して、南に通ずる道路によって都市の南にはこび、外に通ずる道路によって都市の外にはこび、都市の南において、尊師の遺体を火葬に付そう」と。

そのとき、マッラ族の八人の首長は、頭を水に浸《ひた》して〈洗い〉、新しい衣を着けて、「われらは尊師の遺体をもち上げて運んで行こう」と思ったが、もち上げて運んで行くことができなかった。

そこでクシナーラーに住むマッラ族の人々は、尊者アヌルッダに次のように言った。「マッラ族のこれらの八人の首長は、頭を水に浸して〈洗い〉、新しい衣を着けて、〈われらは尊師の遺体をもち上げて運んで行こう〉と思ったが、もち上げて運んで行くことができなかったのは、いかなる原因、いかなるわけがあるのですか？　尊い方よ。」

「ヴァーセッタたちよ。あなたがたの意向と、神霊たちの意向とは、異なっているのです。」


（VI・14）

マッラ人は自分たちの民俗的な文化伝承に従って、遺体を町の外を通って南に行き、そこで火葬しようとしたようです。しかし、釈尊の遺体をもち上げることができませんでした。どうしてでしょうかとアヌルッダ尊者に尋ねたところ、そのやりかたが神々の意向と違うからだというのです。

火葬の場へ

「では、尊い方よ。神霊たちの意向はどういうふうなのですか？」

「ヴァーセッタたちよ。お前たちの意向は、〈われらは、舞踊・歌謡・音楽・花輪・香料をもって尊師の遺体を敬い、重んじ、尊び、供養して、南に通ずる道路によって都市の南にはこび、外に通ずる道路によって都市の外にはこび、都市の南において、尊師の遺体を火葬に付そう〉というのである。ところが、ヴァーセッタたちよ。神霊たちの意向は、〈われらは、舞踊・歌謡・音楽・花輪・香料をもって尊師の遺体を敬い、重んじ、尊び、供養して、北に通ずる道路によって都市の北にはこび、北門から都市の中に入れて、中央に通ずる道路によって都市の中央に運び、東門から出て行って都市の東方にあるマクダバンダナ（天冠寺《てんかんじ》）と名づけるマッラ族の祠堂《しどう》に進んで、そこで尊師の遺体を火葬に付そう〉というのである。」

「尊い方よ。神霊たちの意向のとおりに致しましょう。」（Ⅵ・15）

どこの文化にも死に関するさまざまな観念がありますし、古代インドでも、葬儀は南の方角に結びつけられる面があったようです、それは死を司《つかさど》るヤマ神（Yama・仏典の閻魔）が南にいるとされるからです。しかし、その他にも火葬は町の東とか西で行え、と種々な説があるのですが、ここでは、北門からわざわざ町に入り、町の中心を通り、東門から出て、マクダバンダナで火葬しようというものです。町中の人が釈尊の死を悼み、礼拝するものだという仏典編纂者の考え方があるものかも知れません。

そのときクシナーラー（市）は、塵箱《ちりばこ》の塵芥《じんかい》の堆積《たいせき》の上に至るまでも、膝のあたりに至るまでも、マンダーラ華を撒《ま》きちらされていた。

そこで神霊たちとクシナーラーの住民であるマッラ族とは、天界の、また人間的な、舞踊・歌謡・音楽・花輪・香料をもって、尊師の遺体を敬い、重んじ、尊び、供養して、北に通ずる道路によって都市の北にはこび、北門から都市の中に入れて、中央に通ずる道路によって都市の中央に運び、東門から都市の東方にあるマクダバンダナ（天冠寺）と名づけるマッラ族の祠堂に進んで、そこで尊師の遺体を安置した。（VI・16）

「天界の、また人間的な、舞踊……」とありますが、素直に「天界および人間界の舞踊……」ということにしておきましょう。仏教美術には天女たちが空中で音楽を奏しているシーンがよく描かれていますが、そうした状況を思い出してください。天にも地にも快い音楽が奏《かな》でられているなかに、釈尊の遺体は火葬の地に運ばれました。

35 遺体の火葬

遺体の処理

マッラの人々はアーナンダに釈尊の遺体をどう処理したらいいかと尋ねます。アーリンダは釈尊から聞いたとおりのことを伝えます。テキストは例によって、先に第V章第11節（第27回参照）に述べられた釈尊の言葉をそのまま繰り返しています。

そこでクシナーラーに住むマッラ族の人々は、若き人アーナンダにこう言った。「尊き方アーナンダさまよ。われらは修行完成者の遺体をどのように処理したらよいのですか？」

「ヴァーセッタたちよ。世界を支配する帝王の遺体を処理するのと同様なしかたで、修行完成者の遺体を処理しなければなりません。」

「アーナンダさまよ。それでは、世界を支配する帝王の遺体は、どのように処理するのですか？」

「ヴァーセッタたちよ。人々は、世界を支配する帝王の遺体を新しい布で包む。新しい布で包んでから、次に打ってほごされた綿で包む。打ってほごされた綿で包んでから、新しい布で包む。このようなしかたで、世界を支配する帝王の遺体を五百重に包んで、鉄の油槽の中に入れ、他の一つの鉄槽で覆《おお》い、あらゆる香料を含む薪《まき》の堆積をつくって、世界を支配する帝王の遺体を火葬に付する。そうして四つ辻（四つの道路の合一する点）に、世界を支配する帝王のストゥーパをつくる。ヴァーセッタたちよ。世界を支配する帝王の遺体に対しては、このように処理するのである。

ヴァーセッタたちよ。世界を支配する帝王の遺体を処理するのと同じしかたで、修行完成者の遺体を処理しなければならぬ。四つ辻に、修行完成者のストゥーパをつくらなければならない。そこに花輪、または香料、または顔料をささげ、あるいは礼拝をなし、あるいは心を浄めて信ずる人々は、長いあいだ利益《りやく》を得、また幸福となるであろう。」（Ⅵ・16）

最後の文章だけは前になかったのですが、釈尊の遺体に香華を捧げ、礼拝し、塔を建てることは「長い間の利益を受ける」ことであり、つまり功徳を積めると言っているのです。

クシナーラーの人たちは具体的準備に入ります。

そこでクシナーラーの住民であるマッラ族の人々は使用人たちに命じた、「それではマッラ族のよく打ってほごされた綿を集めなさい」と。

そのときクシナーラーの住民であるマッラ族の人々は尊師の遺体を新しい布で包んだ。新しい布で包んでから、次に打ってほごされた綿で包んだ。打ってほごされた綿で包んでから、新しい布で包んだ。このようなしかたで五百重に尊師の遺体を包んで、鉄の油槽に入れ、他の一つの鉄槽で覆い、あらゆる香料を含む薪の堆積をつくって、尊師の遺体を、薪の堆積の上にのせた。（VI・18）

大迦葉尊者の登場

ここで場面は転換して大迦葉尊者が登場してきます。

ちょうどそのときに尊者大カッサパはパーヴァーからクシナーラーに至る大道を、多くの修行僧の集まり、すなわち五百人の修行僧とともに歩いていた。さて尊者大カッサパは、道からはずれて、一本の樹木の根元に坐した。

そのとき、或るアージーヴァカ行者がマンダーラ華を手に持って、クシナーラーからパーヴァーに至る大道を歩んでいた。尊者大カッサパは遠方からアージーヴァカ行者の来るのを見た。そのアージーヴァカ行者を見ていった。――

「友よ。あなたは、われらの師を知っておられますか？」と。

「はい。友よ。わたしは知っています。今日から七日前に修行者ゴータマは亡くなりました。ですから、わたしはこのマンダーラ華を手にもっているのです」と。

そこで情欲をまだ離れていない、かの修行僧らの或る者どもは、両腕を伸ばして突き出して泣き、砕かれた岩のように打ち倒れ、ころび廻った。「あまりにも早く尊師はお亡くなりになった。あまりにも早く、幸いな方はお亡くなりになった。あまりにも早く世の中の眼《まなこ》はお隠れになった」と言って。しかし情欲を離れた修行僧どもは、正しく念い、よく気をつけて耐え忍んでいた。「つくられたものは無常である。ここでどうして（滅びないことが）あり得ようか」と言って。（Ⅵ・19）

大カッサパ（大迦葉《だいかしょう》）は摩訶迦葉《まかかしょう》（Mahākassapa）ともいい、釈尊の教団でいわば大番頭的な人です。十大弟子の一人ですが、釈尊より三つ年上と伝えられています。釈尊が右腕と頼んだのが舎利弗《しゃりほつ》と目連《もくれん》でした。教団の二代目として後を継ぐ人は、教えそのものを受け継ぐ能力と、教団という組織を運営していく才能の両方がないといけません。釈尊の教団の場合は、法を受け継いだのは智慧第一と呼ばれた舎利弗、教団の運営に力のあったのは神通第一の目連です。この二人が老年の釈尊を支えていたのですが、二人は釈尊より早く亡くなってしまいました。そこで一番の長老であった大カッサパが、釈尊が亡くなった後に悟りを開いた五百人の比丘を集めて、経・律を編纂した第一結集《けつじゅう》を行うことになります。その伏線になるエピソード（『ヴィナヤ』小品第11章）がここに記されてます。

大カッサパのグループがパーヴァーからクシナーラーに向かって歩いていると、マンダーラの花を持ったアージーヴァカの行者とすれ違います。アージーヴァカというのはアショーカ王も保護したとされている大きな沙門《しゃもん》集団で、漢訳仏典では邪命外道《じゃみょうげどう》として知られています。マンダーラの花を手にしているものですから、声をかけたのでしょう。釈尊が亡くなられたということが分かりました。一行のうちのまだ修行半ばの者たちは嘆き悲しみましたが、修行を積んだ者たちは「正しく念《おも》い、よく気をつけ

ラーマバール塚。釈尊はここで火葬されたと伝えられている。

て耐え忍んでいた」とあります。前回読んだところにも同様の表現がありましたが、弟子たちの悲しみは良くわかります。

　そのとき、年老いて出家したスバッダという修行僧がかの会衆《えしゅ》のうちに坐っていた。さて年老いて出家したスバッダはそれらの修行僧にこのように言った。「やめなさい、友よ。悲しむな。嘆くな。われらはかの偉大な修行者からうまく解放された。〈このことはしてもよい。このことはしてはならない〉といって、われわれは悩まされていたが、今これからは、われわれは何でもやりたいことをしよう。またやりたくないことをしないようにしよう」と。

　そこで尊者大カッサパは修行僧らに告げた。「やめよ、友よ。悲しむな。嘆くな。友よ。まことに尊師はかつて、あらかじめこのように説かれたではないか？『すべての愛《いと》しき好む者どもとも、生別し、死別し、死後には境界を異にする。どうしてこのことがあり得ようか。――かの生じた、存在せる、つくられた、壊滅する性質のものが、壊滅しないような、このような道理は存在しないのである』と。」（Ⅵ・20）

ここにスバッダという名前が出てきますが、最後の説法を聞いて弟子になったスバッダとは別人です。年老いてから出家した人ということになっていますが、この人が暴言を吐きます。釈尊が亡くなったと聞いてみんなが悲しんでいるのに、「悲しむことはないではないか」と言い出します。今までは釈尊という教祖がいて、厳しく律を守らされてきた。不自由だった。釈尊が亡くなった以上、律を定めた人がいないのだから、もう守ることはない。何でもやりたいように出来るではないか、という発言です。

この話には背景となるエピソードが注釈書に説明されています。片山一良先生の翻訳で紹介します。

――なぜ彼はこのように言ったのか、釈尊に対する敵意があるからである、伝えによると彼はアートゥマーという町にいる理髪師で、二人の息子がいた。年老いて出家し、沙弥《しゃみ》の時、釈尊が千二百五十人の弟子と共にアートゥマーへ来られると聞き、二人の息子にかみそりを持って各家を回らせ、食料を調達するように命じて施食《せじき》をすべて用意した（要するにかみそりでおどしたわけです）。釈尊はそのようにして得られたものは不相応＝正しいお布施の食物ではないとしてその施食を受けられなかった。そしてその日の朝はお布施を受けずに托鉢《たくはつ》に出た（ですからせっかく二人の息子に協力させてまで施食をしようとしたのに受けてもらえず、千二百五十人分のごちそうが無駄になりました）。彼は世尊を恨《うら》んだ。――

同様のことが『ヴィナヤ』大品第6章にも記されていて、当時はそういう理解があったものでしょう。

しかし、怨《うら》みがあるなら何故、釈尊の下で出家したのか、疑問がないわけではありません。

この発言を聞いて、大カッサパは律を釈尊個人の教えであるという以上に、教団として定めたものとし、常に比丘たちの生活規範として位置づけておく必要を感じたものでしょう。釈尊の葬儀が終わった後に、五百人の長老の比丘を集めて第一結集を開催しています。

第一結集についてはこれまでにも申しあげたことがありますが、侍者《じしゃ》和尚として三一年近く釈尊に付き従っていたアーナンダが、記憶の中から、釈尊はある時ここでこんな教えを説かれました、と語り、これが経典の「如是我聞《にょぜがもん》（是《かく》の如《ごと》く我聞《われき》けり）」という出だしになるわけです。これを五百人の長老たちが聞いていて、それを釈尊から直接聞いた人もいますし、初めて聞く人もいる。自分の記憶通りならそれでよし、記憶と違っていれば訂正、確認して、最後にみんなで一緒に朗唱して記憶しました。これをサンギーティ（合誦《ごうじゅ》）といいます。すなわち、経典編纂の事業が行われたものです。次いで律について同じ作業が行われました。その伏線になっているのがこのエピソードなのです。

葬儀

葬儀が始まりました。

そのときマッラ族の四人の首長は、頭を洗い、新しい衣を着て、「われらは尊師の火葬の薪の堆積に火をつけよう」と思ったが、火をつけることができなかった。

そこでクシナーラーの住民であるマッラ族の人々は尊者アヌルッダにこのように言った。

「アヌルッダさまよ。マッラ族のこれらの四人の首長が、頭を洗い、新しい衣を着て、〈われらは尊師の火葬の薪の堆積に火をつけよう〉と思ったのですが、火をつけることができないのは、どういう原因、どういうわけがあるのですか?」

「ヴァーセッタたちよ。神霊たちの意向は〈あなたがたとは〉異なっているからです。」

「尊い方よ。では、神霊たちの意向というのは、どうなのですか?」

「ヴァーセッタたちよ。神霊たちの意向は、〈ここに、尊者大カッサパが、五百人の修行僧の大勢の集いとともに、パーヴァーからクシナーラーに向って道を歩いておられる。尊者大カッサパが頭をつけて尊師のみ足を拝まないあいだは、尊師の火葬の薪は燃えないであろう〉というのです。」

「尊い方よ。神霊たちの思《おぼ》し召《め》しのようにねがいましょう。」

(Ⅵ・21)

大カッサパはまだ火葬の場に向かっている最中です。火葬場では遺体になかなか火がつかない。神々が言うには、大カッサパが到着しないと火葬ができないというのです。

次いで尊者大カッサパは、クシナーラーの天冠寺《てんかんじ》であるマッラ族の祠堂《しどう》、尊師の火葬の薪のあるところにおもむいた。そこにおもむいて、〈右肩をぬいで〉衣を一方の〈左の〉肩にかけて、合掌して、火葬の薪の堆積に三たび右肩をむけて廻って、足から覆いを取り去って、尊師のみ足に頭をつけて礼拝した。

かの五百人の修行僧も、衣を一方の肩にかけ、合掌して、火葬の薪の堆積に三たび右肩をむけて廻って、尊師のみ足に頭をつけて礼拝した。

そうして尊者大カッサパと五百人の修行僧とが礼拝しおわったときに、尊師の火葬の薪の堆積はおのずから燃えた。（Ⅵ・22）

大カッサパたちは到着すると、遺体の周りを右回りに三周しています。インドで伝統的な聖なるものへの敬意の表し方です。右側が聖なる方向なので、身体を常に聖なるものに対して右肩を向けて三回まわりますから、自ずと右回りになる道理で、これを「右繞三匝《うにょうさんぞう》」と言います。

また、「(右肩をぬいで)」という補足がありますが、これは漢訳仏典にいう「偏袒右肩《へんだんうけん》」のことです。たしかに言葉としては「ひとえに右肩を脱いで」ということですが、これは中国（や日本）の衣服を基にした発想です。インドの宗教者は上半身裸ですから、右肩を脱ぐのではなく、大衣で左肩を覆《おお》うのが敬意を表する作法とされています、左肩を覆うから、結果的に右肩がむきだしになるものです。

大カッサパが火をつけたら荼毘《だび》の火が燃えたということから、この大カッサパが釈尊の後継者だと考えられていたと理解できます。インドでは火葬の火は後継ぎの長男がつけることになっているのです。舎利弗・目連はすでに亡くなっていますし、中国、日本に伝わる大乗仏教の系統では、カッサパ尊者が釈尊の後継者ということになっています。

禅宗寺院では今日でも、嗣法《しほう》の系譜を毎朝読み上げます。釈尊の法がどう受け継がれてきたかを示すものですが、過去七仏のあと「釈迦牟尼仏大和尚——摩訶迦葉大和尚——阿難陀大和尚……」という順になっています。それが、大迦葉尊者の拈華微笑《ねんげみしょう》の物語という伝承に連なっています。釈尊が霊鷲山《りょうじゅせん》におられて、一本の蓮の花を示した。会衆はどういう意味か判らなかったが、大迦葉尊者ひとりがにっこりと微笑《ほほえ》んだ。そこで釈尊は我が法を摩訶迦葉に付嘱《ふぞく》す、と言ったというのですが、これは中国の十一世紀に作られた伝承で、インドにはありません。

ここでは、こうしたさりげない表現のなかに、当時のインドでは大カッサパが釈尊の後継ぎだと信じられていたことを示しているとみていいものでしょう。法を継ぐという意味ではカッサパだけではなくて、多くの弟子たちが悟り、法を継いでいるわけですが、教団の後を引き受けた長老が大カッサパだったということになるのでしょう。ただし戒律に関しては、テーラヴァーダ仏教の伝承では釈尊の次はウパーリということになっています。

火葬

尊師の遺体が火葬に付せられると、膚《はだ》も、皮も、肉も、筋肉も、間節滑液も、その燃えがらの灰が認められないで、遺骨のみが残った。譬えば、バターや油が焼けるときには、煤《すす》や灰の残るのが認められないように。それと同じく、尊師の遺体が火葬されたときには、膚も、皮も、肉も、筋肉も、間節滑液も、その煤や灰が残るのが認められないで、遺骨のみが残った。そうしてそれらの五百組の衣のうち、最も内部のものと最も外部のものとの二つの衣だけが焼けた。

さて尊師の遺体の焼けたときに、虚空《こくう》から水流が現れて降って来て、尊師の火葬の薪を消し、（地下の）水屋からも水流がほとばしって来て、尊師の火葬の薪を消した。クシナーラーの住民であるマッラ族の人々も、あらゆる香水をもって尊師の火葬の薪を消した。

そこで、クシナーラーの住民であるマッラ族は尊師の遺骨を、七日のあいだ公会堂のうちにおいて、槍《やり》の垣《かきね》をつくり、弓の柵《さく》をめぐらし、舞踊・歌謡・音楽・花輪・香料をもって、尊び、つかえ、敬い、供養した。（Ⅵ・23）

パーリ語のテキストは、遺体を衣で五百重に巻かれているうち、一番内側と一番外側だけが焼けて残りの四百九十八枚が焼けなかったというのですが、これは近代の学者がこの刊本を校訂し作った時に、打消しの na を入れ忘れたのだといわれています。他の漢訳仏典や注釈書はいずれもパーリ訳と逆で、最も内部のものと最も外部のものとの二つの衣だけが焼けなかった、ということになります。

「（地下の）水屋」（udaka-sāla）からの水、とあるのですが、これもテキストの読み方に疑問があり、パーリ語以外の伝承は周りにあるサーラ樹（sāla）から水がほとばしり出て、という意味にとっています。水屋は唐突すぎますので、やはり、サーラ樹からの水と理解しておきましょう。

ここの「槍の垣をつくり、弓の柵をめぐらし」というのは、次の遺骨八分骨のエピソードの伏線になっています。マッラ族は敬愛する釈尊の遺骨を自分たちがお守りするつもりでいたら、周囲の国々が遺骨をこっちに寄こせと軍隊まで出てくる騒ぎになります。そこで盗まれないように守りを固めたということのようです。

釈尊の教えを受けたすべての人々が遺骨を求めました。遺骨の分配を巡って争いが起こりかけます。

36

仏塔の建立

遺骨八分割

『ブッダ最後の旅』も終わりに近づきました。釈尊の遺体は荼毘《だび》に付され、遺骨の分配を巡って争いが起こりかけます。釈尊と深い関係にあった八つのグループが遺骨を求めました。

さて、マガダ国王であるアジャータサットゥ、ヴィデーハ国王の女《むすめ》の子、は、「尊師はクシナーラーでお亡くなりになったそうだ」ということを聞いた。

そこでマガダ国王であるアジャータサットゥ、ヴィデーハ国王の女の子、は、クシナーラーに住むマッラ族に使者を遣《つか》わして、「尊師も王族（の出身）であり、わたしも王族である。わたしもまた尊師の遺骨（舎利《しゃり》）の一部分の分配を受ける資格がある。わたしも尊師の遺骨をおさめるストゥーパ（舎利塔）をつくって、祭りを行ないましょう」と言った。

（Ⅵ・24）

マガダ国王アジャータサットゥ（Ajāta-sattu）は、サンスクリットでアジャータシャトル（Ajtāa-śatru）といい、阿闍世《あじゃせ》（王）と音写されます。ビンビサーラ王の息子です。śatru は敵という意味ですから、おそらく「敵が生じない」「無敵の」というほどの意味の名前のようです。漢訳は「未生怨《みしょうおん》」。「生まれる以前に母（ないし父）親へ怨みをもつ」というほどの意味ですが、妙な訳語です。今日では精神分析の分野で「阿闍世コンプレックス」などと言い、特に息子・母親との心理的葛藤《かっとう》に関わる概念として使われたりしています。

「ヴィデーハ国王の女《むすめ》」（Vedeīī）というのはビンビサーラ王のお妃《きさき》で、アジャータサットゥの母親です。サンスクリットではヴァイデーヒーといい、原意は「ヴィデーハ地方出身の女性」の意味です。

阿闍世王については『観無量寿経《かんむりょうじゅきょう》』の冒頭に王舎城《おうしゃじょう》の悲劇を演出した主人公として出てきますし、日本では良く知られています。阿闍世は王位を簒奪《さんだつ》し、父親のビンビサーラ王を牢屋に幽閉します。王は牢獄の窓からはるかに霊鷲山《りょうじゅせん》を仰いで釈尊を偲《しの》んだと伝えられ、今日でも王舎城に「ビンビサーラ王幽閉の牢屋跡」というのが残っています。食物を与えなかったにも関わらず、父王は元気でいる。調べてみると、韋提希夫人《いだいけぶにん》が身体に蜜を塗ってふすまのようなものをまぶし、装飾品の中に飲み物を入れて牢屋を訪ね、王に食べさせていたことが分かる。そこで韋提希夫人も殺そうとしますが、父親を殺して王位を簒奪した前例は歴史上あるけれど、母親を殺したという例はないと大臣にたしなめられ、幽閉してしまいます。韋提希夫人が「いかなる罪によってこの悪子を産める」と嘆いた、などと伝えられています。

阿闍世は後に自分のしてきたことを非常に悔《く》いて、釈尊のもとで懺悔《さんげ》し、精神の安定を得たということになっています。

遺骨を欲しがった人たち

次いで釈尊ゆかりの人たちが遺骨を要求します。

ヴェーサーリーに住むリッチャヴィ族は、「尊師はクシナーラーでお亡くなりになったそうだ」ということを聞いた。

そこでヴェーサーリーに住むリッチャヴィ族は、クシナーラーに住むマッラ族に使者を遣わして、「尊師も王族（の出身）であり、われわれも王族である。われわれもまた尊師の遺骨の一部分の分配を受ける資格がある。われわれもまた尊師の遺骨のストゥーパをつくって、祭りを行ないましょう」と言った。

カピラ城に住むサーキャ（釈迦）族は、「尊師はクシナーラーでお亡くなりになったそうだ」ということを聞いた。

そこで、カピラ城に住むサーキャ（釈迦）族は、クシナーラーに住むマッラ族に使者を遣わして、「尊師はわれわれの親族のうちで最も偉い人である。われわれもまた尊師の遺骨の一部分の分配を受ける資格がある。われわれもまた尊師の遺骨のストゥーパをつくって、祭りを行ないましょう」と言った。

仏舎利八分骨・ガンダーラ（丸山勇撮影）

またアッラカッパに住むブリ族は、「尊師はクシナーラーでお亡くなりになったそうだ」ということを聞いた。

そこでアッラカッパに住むブリ族は、クシナーラーに住むマッラ族に使者を遣わして、「尊師も王族（の出身）であり、われわれも王族である。……（以下リッチャヴィ族の要求と同文）……祭りを行ないましょう」と言った。

ラーマ村に住むコーリヤ族は、「尊師はクシナーラーでお亡くなりになったそうだ」ということを聞いた。

そこで、ラーマ村に住むコーリヤ族の人々は、クシナーラーに住むマッラ族に使者を遣わして、「尊師も王族（の出身）であり、われわれも王族である。……（以下リッチャヴィ族の要求と同文）……祭りを行ないましょう」と言った。

ヴェータディーパに住む或るバラモンは、「尊師はクシナーラーでお亡くなりになったそうだ」ということを聞いた。

そこで、ヴェータディーパに住むバラモンは、クシナーラーに住むマッラ族に使者を遣わして、「尊師は王族（の出身）であり、わたしはバラモンである。わたしもまた尊師の遺骨の一部分の分配を受ける資格がある。わたしもまた尊師の遺骨のストゥーパをつくって、祭りを行ないましょう」と言った。

パーヴァーに住むマッラ族は、「尊師はクシナーラーでお亡くなりになったそうだ」ということを聞いた。

そこで、パーヴァーに住むマッラ族は、クシナーラーに住むマッラ族に使者を遣わして、「尊師も王族（の出身）であり、われわれも王族である。……（以下リッチャヴィ族の要求と同文）……祭りを行ないましょう」と言った。（Ⅵ・24）

マガダ国は釈尊が悟りを開き、活躍の本拠とした地域です。そうするとそのマガダの北にあるヴェーサーリーに住むリッチャヴィ族の人々も同じことを言ってきます。これが二番目、以下ほぼ同じ表現が続いて、遺骨が欲しいという人たちが次々と出てきます。

カピラ城に住むサーキャ（釈迦）族だけはちょっと表現が違って、「尊師はわれわれの親族のうちで最も偉い人である」から、釈尊の遺骨が欲しいと要求してきます。

続いて、アッラカッパに住むブリ族、ラーマ村に住むコーリヤ族も同様に「われわれも王族である」からと遺骨を要求します。コーリヤ族というのは、やはり部族国家を形成していましたが、釈迦族の国の東にあった国で、その場所は今のビハールの北、ネパール領にあたります。釈尊の生母で浄飯王《じょうぼんおう》のお妃のマーヤー夫人がこの国の出身と言われています。

次にヴェータディーパに住むバラモンが出てきます。リッチャヴィ族などは部族ないし国家の名前で遺骨を要求しているのですが、ここのバラモンだけは単数です。釈尊が王族だったから、バラモンである私には遺骨をもらう資格がある、というのですが、どういうことかよく判りません。この点に触れた学者は少ないのですが、中村元先生は信者の中にバラモンがいたのだろうと言われています。これはその通りなので、釈尊の弟子の半数近くはバラモンだったことが知られています（第2回参照）。しかし一人で言ってくるはずもなく、やはりこの土地で勢力を持っていた支配階級のグループの代表者だとみていいものでしょう。これはすぐ後にここのバラモンたち（複数）が塔を建てたというところからも察せられます。

バラモンが遺骨を要求したということは、現実にバラモンの弟子や信者が多かったのでしょうし、舎利塔を建てて釈尊に敬意を表したかったのはクシャトリヤばかりでなく、バラモンたちもいたという事実の反映でもあったものでしょう。

配分の調停案

しかし、ここクシナーラーのマッラ族は遺骨を配分することを拒否するのですが、あるバラモンの調停に応じて遺骨は八分骨されます。

かれらがこのように言ったときに、クシナーラーのマッラ族は、かの集まった人々に、このように言った、――「尊師はわれわれの村の土地でお亡くなりになったのである。われわれは尊師の遺骨の一部分をも与えないであろう」と。

かれらがこのように言ったときに、ドーナ・バラモンは、かの集まった人々に、このように言った。――

「きみらよ。聞け、わが一言を。

われらのブッダは（堪《た》え忍ぶこと）を説くかたでありました。

最上の人の遺骨を分配するために争うのは善くありません。

きみらよ。きみらはすべて一致協力して、仲良くしてください。われらはともに喜び合って

（ご遺骨を）八つの部分に分けましょう。

ひろく諸方にストゥーパあれかし。

（あなたがたばかりではなく）多くの人々は眼《まなこ》ある人（＝ブッダ）を信じています」と。

「それでは、バラモンよ。あなたは尊師の遺骨を八つの部分に分けて、平等にうまく分配なさい。」

「承知しました」と、ドーナ・バラモンはその集《つど》いの人々に答えて、尊師の遺骨を八つの部分に分けて、平等にうまく分配して、かの集いの人々にこう言った。――

「みなさん。この瓶をわたしにください。わたしもまた、（尊師の遺骨を納めた）瓶をまつるためのストゥーパをつくり、祭りを行ないましょう」と。

かれらはドーナ・バラモンに瓶を与えた。（Ⅵ・25）

パーリ語以外の伝承、例えばサンスクリット本にはそれぞれのグループが「軍隊を率いてやって来た」という記述もあり、釈尊の遺骨を巡りトラブルが起こりかねない可能性もあったことを示唆しています。しかしドーナ・バラモンという人が調停役として出てきて、遺骨を八分骨し、みんながストゥーパを諸方に建てればいいではないかというもっともな調停案を持ち出します。一同も納得したようで、ここに仏教史上有名なブッダの遺骨八分骨が行われることになりました。

遅れてきたグループもいたようで、経典は灰だけを持ち帰ったグループもいたことを記しています。

ピッパリ林にいるモーリヤ族は、「尊師はクシナーラーでお亡くなりになったそうだ」ということを聞いた。そこでピッパリ林にいるモーリヤ族は、クシナーラーに住むマッラ族に使者を遣わして、「尊師も王族（の出身）であり、わたしも王族である。わたしもまた尊師の遺骨の一部分の分配を受けてしかるべきである。わたしも尊師の遺骨のストゥーパをつくって、祭りを行ないましょう」と言った。

「尊師の遺骨は一部分も残っていない。尊師の遺骨はすでに分配された。だから、灰を持って行きなさい。」

それ故に、かれは灰を持ち去った。（Ⅵ・26）

仏塔建立

こうしてブッダの遺骨、舎利は各グループが持ち帰り、それぞれにストゥーパ、仏塔を建てて奉祀しました。


そこで、マガダ国王であるアジャータサットゥ、ヴィデーハ国王の女《むすめ》の子、は、王舎城《おうしゃじょう》に、尊師の遺骨のためにストゥーパをつくり、また祭りを行なった。

ヴェーサーリーに住むリッチャヴィ族はヴェーサーリーに、尊師の遺骨のために、ストゥーパをつくり、また祭りを行なった。

カピラ城に住むサーキャ（釈迦）族も、カピラ城に、尊師の遺骨のために、ストゥーパをつくり、また祭りを行なった。

アッラカッパに住むブリ族も、アッラカッパに、尊師の遺骨のために、ストゥーパをつくり、また祭りを行なった。

ラーマ村に住むコーリヤ族も、ラーマ村に、尊師の遺骨のために、ストゥーパをつくり、また祭りを行なった。

ヴェータディーパに住むバラモンたちも、ヴェータディーパに、尊師の遺骨のために、ストゥーパをつくり、また祭りを行なった。

パーヴァーに住むマッラ族も、パーヴァーに、尊師の遺骨のために、ストゥーパをつくり、また祭りを行なった。

クシナーラーに住むマッラ族も、クシナーラーに、尊師の遺骨のためにストゥーパをつくり、また祭りを行なった。

ドーナ・バラモンも、瓶のストゥーパをつくり、祭りを行なった。

ピッパリ林に住むモーリヤ族も、ピッパリ林に、（尊師の）灰のためにストゥーパをつくり、また祭りを行なった。

こういうわけで、八つの遺骨のストゥーパと、第九に瓶のストゥーパと、第十に灰の塔とがある。

以上のように、これはかつて起った（昔の）できごとなのである。（VI・27）

釈尊の遺骨を納めた舎利塔が造営されたことは事実と受け止められています。各資料もそれを述べていますし、また約百年後にアショーカ王はこれらの塔を開けて仏舎利を再分割し、八万四千の仏塔に収めたといいます。

考古学的には八基の塔のうちの二基が明らかです。一つはピプラハワの大ストゥーパで、ここから出土した舎利はシャカ族が奉祀《ほうし》したものといいます。この遺跡の北西二十五キロにティラウラコートという遺跡があり、どちらがシャカ族の居城カピラヴァスツかということで論争が起こっています。両遺跡の間にインド・ネパールの国境線があることから、この議論は釈尊はインド人かネパール人かという論争にも発展しています。釈尊の時代にはネパール国は存在していませんから、私たちには実感がないのですけれども……。

もう一つはヴァイシャーリーの仏塔から出土したもので、碑文はありませんがこの舎利容器は釈尊時代のものとされています。

ストゥーパ、仏塔は仏教信仰の象徴です。釈尊が説かれた教え、仏法は世界各地に広がり、私どものところまで伝わってきています。その間に仏塔の果たした役割は極めて大きなものがあります。

宗教信仰は礼拝し祈りを捧げる対象がないと成り立ちません。釈尊在世の時には、とくに崇拝対象がなくても済みました。信者さんがやってきて悩みを訴える、釈尊が応《こた》えて説法する、あるいは釈尊がニコッとするだけでも、救われたような気になって満足して帰っていったに違いありません。そして教えに従って「安心《あんじん》」の生活を送ろうと努力することができました。釈尊の教えの内容もさることながら、釈尊の人格の光が大きな意味を持っていたに違いありません。

その釈尊が亡くなったら、私たちは何を頼りにすればよいのか。アーナンダの質問に対して、釈尊は法、仏法によるべし、と説いています。

法は教えとして理論的に理解するだけでは生活のうえに働き出ません。身体にしみ込んでくる信仰は具体的な身心の行動と相俟《あいま》って形成され、発展し、熟してきます。その最基本の行為が礼拝にほかなりません。

釈尊入滅ののち、人々はその徳を慕い、釈尊に代わる崇拝の対象として仏塔が各地に建てられました。今日でもおびただしい数の仏塔の遺跡が残っています。

仏塔は礼拝の対象であるばかりでなく、ブッダ、仏法の象徴として仏教の発展をささえてきたものです。そして西暦一世紀末ないし二世紀初頭に仏像が作られ、仏塔は仏像と並んで生き生きとした仏教信仰を深め、弘めてきました。

釈尊は涅槃《ねはん》に入られました。しかし仏法は、仏塔を通して新たに普遍的な信仰として歩きはじめ、そして現代の私たちにまで生き続けているのです。

『ブッダ最後の旅』は、ここに、八分骨された遺骨を納める仏塔建立を告げて終わっています。しかし実はテキストはなくもがなの数行を最後に付け加えています。これは今まで読んできたパーリ語のテキストにのみあるもので、他の伝本にはありません。仏舎利に加うるに仏歯《ぶっし》の崇拝に触れていて、明らかに後代にスリランカで挿入されたものです。

その数行は以下に示すにとどめて、本講義を終わります。

眼《まなこ》ある人の遺骨は八斛《こく》ある。
七斛はインドで供養される。
最上の人（＝ブッダ）の他の一斛（の遺骨）は、ラーマ村で諸々の龍王が供養する。
一つの歯は三十三天で供養され、
また一つの歯はガンダーラ市で供養される。
また一つの歯はカリンガ王の国において供養される。
また一つの歯を諸々の龍王が供養している。
その威光によってこの豊かな大地は、

最上の供養物をもって飾られているのである。
このように、この眼ある人（＝ブッダ）の遺骨は、
よく崇敬《すうけい》され、種々にいともよく崇敬されている。
天王（＝神々の王）・諸々の龍王・人王に供養され、
最上の人々によってこのように供養されている。
合掌して、かれを礼拝せよ。
げにブッダは百劫《ひゃっこう》にも会うこと難《かた》し。

（Ⅵ・28）

大パリニッバーナ経　終る

奈良　康明（なら・やすあき）

1929年，千葉県生まれ。1953年，東京大学文学部印度哲学梵文学科卒業。カルカッタ大学博士課程修了。文学博士。駒澤大学教授,1994年，同大学学長。2005年，同大学総長。現在，駒澤大学名誉教授。大本山永平寺西堂。（財）「仏教学術振興会」理事長。

主な著書に『釈尊との対話』（ＮＨＫブックス），『仏陀の詩』（ＮＨＫ出版），『なぜいま「仏教」なのか』（春秋社），『仏教と人間』，『自己をわすれる』（以上東京書籍）など著書多数。

ブッダ最後の旅をたどる

2012年10月1日　第1版第1刷発行

著　者　奈　良　康　明

発行者　石　原　大　道

発行所　有限会社 大 法 輪 閣

〒150-0011　東京都渋谷区東2-5-36　大宮ビル

TEL　03-5466-1401（代表）

FAX　03-5466-1408

印　刷　三協美術印刷 株式会社

製　本　株式会社 若林製本工場

ISBN978-4-8046-1339-0 C0015